「長坂小輪」（大竹直子氏筆）

長坂小輪は井原西鶴作『男色大鑑』巻二の二「傘持てぬるゝ身」に登場する武家若衆。詳しくは座談会「男色のコミカライズをめぐって」、早川由美のエッセイ「針のある梅」を参照。

「若衆人形」（大竹直子氏所蔵）

コミカライズにおいて、若衆の髪型を正確に再現することは極めて難しい。その際、こうした人形の存在は大いに役立つ。若衆の命とも言うべき前髪の振り分け方（下の写真）、後ろ姿の美しさを引き立てるたぼ髪（関西では「つと」と言う）の結いぶり（上の写真）を見て欲しい。若衆の美の結晶がここにある。

男色を描く

西鶴のBLコミカライズとアジアの〈性〉

染谷智幸
畑中千晶
【編】

勉誠出版

はじめに
マイノリティが元気な国は良い国です

宮崎駿《みやざきはやお》のアニメーション『もののけ姫』にタタラ場のシーンがあったことを憶えていますか。

タタラ場とは製鉄所のことです。女頭領のエボシ御前は石火矢《いしびや》（鉄砲）を武器に山を焼き獣を追い払い、巨大な製鉄所を建てました。そこへ物語の主人公アシタカがやってきます。その夜、タタラ場で働く女たちは異郷からやってきた美青年のアシタカを一目見ようと大騒ぎです。そうした女たちの無礼な態度を牛飼いの長《おさ》（男）はたしなめようとしますが、アシタカは長を諭すように「女が元気な村は良い村です」と言います。

古来タタラ場は男尊女卑の制がとりわけ厳しかった場所であるだけに、この場面設定とアシタカの発言の意味は極めて重いものがあります。宮崎アニメの持つ強さと優しさがストレートに表現された場面だと言って良いでしょう。

私は、この言葉を自分なりに引き取って「女」を「マイノリティ」に、「村」を「国」に代え、マイノリティが元気な国は良い国です、と言い直してみたいと思います。

なぜ、国家や民族そして宗教は、人間の関係、特に恋愛や性愛といった個人的な感情や嗜好《しこう》が絡む関係に口出しをするのでしょうか。私の中でこの疑問は一度たりとも消えたことがありません。そればかりか、歳を取るとともにますます疑問は膨《ふく》らむばかりです。また昨今、全世界的に起きつつあるマジョリティ（多数者）の横暴はいささか目に余ります。タタラ場の牛飼いの長がそうであったように、マジョリティに必要なのは、正論ではなく寛容です。しかし、そうした疑問を掲げて批判を展開することは重要だとしても、それ以上に、恋愛や性愛の世界の多様性を推し進めて、豊かな関係性を築き上げようとすること、そしてそれを文学や芸術を通して表現しようとすることは、さらに大切だと感じるようにもなりました。

それは、恋愛や性愛の領域に多くの哲学的新見をもたらした、二十世紀最大の哲学者ミッシェル・フーコーが、亡くなる直前、我々に「懸命にゲイになるべき」（『同性愛と生存の美学』）だと訴えていたからです。これは我々に、単にホモセクシュアルやレズビアンに走れと言っているのではありません。新しい生き方や人間関係を模索するために、積極的に恋愛や性愛の多様性を利用せよという意味です。

このフーコーの言葉は、我々を元気にしてくれます。恋愛や性愛の世界において、相手の意思や生命を尊重するのであれば、そこにタブーなどは無く、どんなスタイルを追求しても構わないとフーコーは言っているからです。

本書で取り扱う「男色」は、まさにそうした恋愛・性愛の多様性を模索するための沃野《よくや》です。そして、この沃野はまだまだ人の手が入っていない未開拓の原野でもあります。たとえば、男色と言えば、そのカノン（聖典）として井原西鶴の浮世草子作品『男色大鑑《なんしょくおおかがみ》』（貞享四［一六八七］年正月刊）を挙げて良いでしょうが、この作品が西鶴の中でも最も研究が遅れた作品であったことはあまり知られておりません。

それは現在においても続いている風景です。ところが昨今、幸いなことにコミックの世界から、この『男色大鑑』の世界に果敢にチャレンジする動きが出てきました。『男色大鑑』をBL（ボーイズラブ）の視点からコミカライズする作品の登場です。それはKADOKAWA／エンターブレインから出版された『男色大鑑』武士編、歌舞伎若衆編、無惨編の三冊です。『男色大鑑』の原話は八巻八冊（初版は十冊）の全四十話で、そのうちの二十話をこの三冊ではコミカライズしています。表現内容や方法は作家によって違いますが、極めて個性的で魅力あふれる作品に仕上がっています。

本書では、このコミカライズの世界、BL世界からのアプローチを取り上げて、それがもたらした問題や可能性を様々な角度から検討してみたいと思います。

また、男色が取る本質的スタイルである同性同士の恋愛は、LGBT*という呼称とともに、今や世界的な問題となり広がりを見せています。日本でも「性的マイノリティ」という言葉と共に、様々な活動が繰り広げられ注目されています。このLGBTの運動は、言葉が英語の略称であることが示すように、北米やヨーロッパを発祥とします。その発祥地から学ぶことは実に多いのですが、男色や『男色大鑑』に象徴される多様な恋愛・性愛世界を保持していた日本の中世・近世社会を知る私たちにとって、LGBTは日本の文化や歴史の中に置き換えて問い直したい問題でもあります。そしてその問い直しは、多様な恋愛・性愛世界の存在が、日本のみならず、アジア全域に広がる問題であることを我々に教えてくれています。今、日本のLGBTにおいて最も大切なのは、日本を含むアジア、つまり足元の文化や歴史の中から、かつて多様であり豊かであった恋愛と性愛の存在を再発見し、我々の手に取り戻すことだと言って良いのです。そしてその認識の上にこそレインボーフラッグ（LGBTの象徴）は立てられるべきでしょう。

そこで、本書においては、このLGBTに対して、寛容・多様な姿を見せている東南アジアのタイと南アジアのインド、そして、〈性〉に関して様々な手がかりを提供しているカンボジアや中国において、この男色や同性愛がどのように展開をしているのかを、この問題に関心をお持ちの研究者を招くなどして検討することにしました。

片や日本の古典、片や現代のタイ・インドそしてアジア。いささか異色な取り合わせに見えますが、この二つはLGBTのアジアからの問い直しという点で共通します。また創作の観点に立つ時、二次創作という点でも深い繋がりがあります。この点については、本書中の「二次創作は虹創作」に書きましたので参照たまわればと存じます。いずれにしても、この二つの問題が自《おの》ずと接点を結ぶ地点から、新たな恋愛・性愛の世界が見えてくるはずだと信じています。

＊LGBT…レズビアン・ゲイ・バイセクシュアル・トランスジェンダーの略称

二〇一七年七月六日

染谷智幸

◉もくじ

第二部……男色とアジア文化圏

篠原　進

◉特別寄稿…『男色大鑑』のショーケース

「女色はその甘きこと蜜のごとく、
男色は淡きこと水のごとし。
無味の味は佳境に入らずんば知りがたし」

（『根南志具佐』一）

シュッタイという江戸の出版用語を多くの人に知らしめた、ＴＢＳ「重版出来！」。石原さとみのファッションが話題となった、日本テレビ「地味にスゴイ！　校閲ガール・河野悦子」。昨年（二〇一六年）は、出版に関する話題が豊富だった。その極め付けが、手書きポップの白黒コピーで書名を隠した手作り感溢《あふ》れる「文庫Ｘ」の思いがけないヒットにある。夏に盛岡市の一書店員（長江貴士）が仕掛けたステルス作戦は的中し、十二月二十五日現在で十四刷、二十万部に迫るベストセラーとなった。

長江は言う、「僕はこの本を、どう勧めたらいいか分かりませんでした。どうやったら「面白い」「魅力的だ」と思ってもらえるのか、思いつきませんでした。だからこうして、タイトルを隠して売ることに決めました」、「これまで僕は、三〇〇〇冊以上の本を読んできました。その中でもこの本は、少しでも多くの人に読んで欲しいと心の底から思える一冊です」と。もちろん、その中身が凡庸なら、巷《ちまた》に溢《あふ》れるあざとい販売戦略と同一視され、すぐに忘れ去られてしまっただろう。だが、そうはならなかった。それどころか書名を明かした十二月以後も売れ続け、未《いま》だにベストセラーの上位に名を連ねているのだ（一月の売り上げベスト10）。なぜか。それは、ビニールカバーの下から出てきた本が期待以上のものだったからである。

一

清水潔『殺人犯はそこにいる――隠蔽された北関東連続幼女誘拐殺人事件』（新潮文庫、二〇一六年八月）。栃木県足利市と群馬県桐生市周辺で発生した五件の少女誘拐殺人事件。手口が酷似することから同一犯の可能性が高かったにも拘《かかわ》らず、その内の一件（足利事件）で起訴された容疑者の終身刑が最高裁で確定（再審で無罪）してしまっていたために再捜査もされず、真犯人は現在に至るまで野放し状態というおぞましい現状。警察、検察、司法当局の致命的ミス。それは同時に、記者クラブという特権に胡坐《あぐら》をかきウラも取らずに当局の発表を垂れ流す、昨今の大メディアへの批判を孕《はら》んだものでもあったのである。文庫本の「解説」（牧野洋）が引用するジョージ・オーウェル（『一九八四年』の著者）は、こう述べている。「権力が報じられたくないことを報じるのがジャーナリズム。それ以外はすべて広報」と。貴重な時間とお金を政府広報に割くほど、人はおめでたくないのだ。

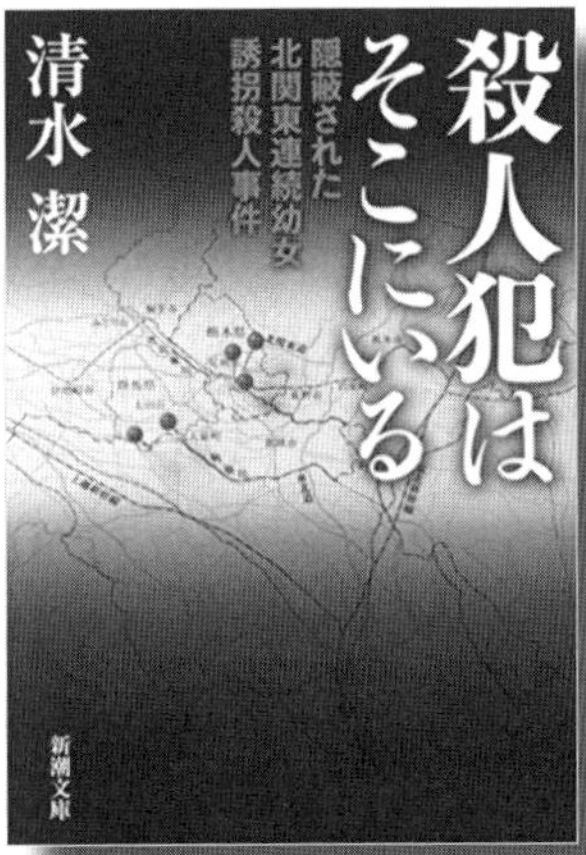

本書は二〇一三年十二月に上梓《じょうし》され、多くの賞を獲得したというが、不明にして私はその存在を知らなかった。そういった意味で、「文庫X」の仕掛けは有難かったのである。自分が読み、心動かされた本を紹介し、他人にも薦める。単純ではあるが、文学研究や批評の原点もそこにある。どんなに美辞麗句を尽したところで、無価値なものは無価値なのだ。当然、逆もある。

文学研究という名の、サルベージ作業。気が遠くなるほど広大で、どこまでも深い書物の海。そこに投じた網で何を引き上げ、何を捨てるのか。何かを選ぶということは、それ以外のものを捨てるということでもある。その鑑識眼を担保する、「三〇〇〇冊以上」という読書体験。その大半を彼は選ばなかった。選ばれなかったものの多寡で規定される、選ばれたものの価値。少数を支える多数という逆説。

そんなことを考えている時、一つのニュースが飛び込んで来た。第八十九回のアカデミー作品賞に『ムーンライト』が選ばれたと。日本ではまだ上映されていないが（三月三十一日〜公開）、マイアミに住むゲイの黒人少年シャロンの三期に亘《わた》る成長譚だ。思えば、上演中の生田斗真主演『彼らが本気で編むときは』（三月十日）もキーワードは「トランスジェンダー」。この夏にはＢＬコミック『ひだまりが聴こえる』（文乃ゆき）の実写版が公開されるという。

「ＬＧＢＴ」を「性的少数者」と言いならわしているが、時代はまさに「少数者」の時代なのである。村上春樹はこう述べている。「ジェンダーというものに対して、僕はすごく興味があるんです。ゲイについても、レズビアンについても、性同一性障害についても」（＊川上未映子との対談集『みみずくは黄昏に飛びたつ』新潮社、二〇一七年）。今から半世紀以上も前、見田宗介《みたむねすけ》はベストセラーを七つの型に分けたが、[1] その二つ目に「見知らぬ世界への関心」を挙げている。多数者の興味はいつも「見知らぬ」少数者の世界にあるのだ。

二

出版界の話題を呼んだ本は、他にもある。コミカライズ版の『男色大鑑』（八巻八冊。全四十話。貞享四年（一六八七））だ。急に読んでみたくなり、センター試験の合間に探したが、三つの大型書店はもとより渋谷周辺の書店は軒並み品切れ状態で、結局取り寄せてもらう羽目となった。手元に届いたのは、『男色大鑑――武士編』（ＫＡＤＯＫＡＷＡ、二〇一六年五月）、『同――歌舞伎若衆編』（同年六月）、『同――無惨編』（同年九月）の三冊で、総計二十話。すなわち、『男色大鑑』の半数が収録されたこととなる。

第一作の「武士編」に言う、「今の世にこそ問いたい、「衆道《しゅどう》」――その壮烈な愛のかたち。井原西鶴の傑作短編集が、珠玉のＢＬ漫画家陣の手により、（傍線引用者。以下同）現代に蘇る!!」、「気鋭のＢＬ作家陣が多彩に描く、時代を超えても変わらぬ、男同士の愛と絆」（同書のオビ）と。また言う、「井原西鶴が男色をテーマに描いた傑作短編集が今、ＢＬ漫画として現代に蘇る」（同・表紙）と。

傍線のごとく、キーワードは「ＢＬ」。ＢＬがボーイズラブを意味することは分かるが、それは「やおい」[2]やゲイとどう違うのかなど、全くちんぷんかんぷんだ。ＢＬとは何か。「朝日新聞」（二〇一六年十一月十九日夕刊）は「ボーイズラブ胸キュン拡大」と銘打ち、出版界の活性化に寄与するＢＬ人気について特集を組んだ。

ボーイズラブという和製英語。その起源は萩尾望都《もと》『ポーの一族』（「別冊少女コミック」一九七二年）や竹宮恵子『風と木の詩《うた》』（「少女コミック」一九七六年）などに求められ、七八年に中島梓（栗本薫・一九五三〜二〇〇九）主導で専門誌「ＪＵＮＥ」（マガジン・マガジン）が創刊されて、人気に拍車がかかる。現在、大型書店のＢＬコミックコーナーには単行本が平積みにされ、毎月四〇〇〇冊の売り上げがあり、宝井理人《りひと》『テンカウント』（新書館）は二年で一五〇万部を売ったという。とりわけ「ストーリーにリアルさやせつなさのある作品の人気が目立」つが、専門誌『マガジンビーボーイ』（リブレ）編集部の藤田早紀は「少女漫画では自分の立場と比べてしまって物語に入り込めないが、男性同士の恋愛は未知の世界。物語として楽しめて胸もキュンとする。登場人物には女性の憧れの男性像が反映されている」と人気の理由を明かす。記事を要約すると以上のようになるが、ここでもポイントは「未知の世界」で、中島梓の存在抜きにＢＬの歴史が語れないことも間違いない。

ＢＬの構成要素は、少年と女性目線。「ボーイ」たる所以であるが、その許容範囲は何歳までなのだろうか。三島由紀夫はこう書いている。「美しい人は夭折すべきであり、客観的に見て美しいのは若年に限られてゐるのだから、人間はもし老醜と自然死を待つ覚悟がなければ、できる限り早く死ぬべきなのである」（「心中論」『決定版三島由紀夫全集』三〇、新潮社、二〇〇三年）。また言う、「人間の平均寿命は、青銅時代は十八歳、ローマ時代でさへ二十二歳だったさうで、そのころの天国は美しい若人であふれてゐたらうが、このごろの天国の景色はさぞ醜悪だらう」（「純文学とは？　その他」同三二、同、同）。「美しい若人」の条件は、さしずめ十八歳、高校生までというところだろうか。

ただ三島は二十歳くらいまでも許容していたふしがある。というのは、絶筆となった『豊饒の海』四部作で松枝清顕（『春の雪』）、飯沼勲（『奔馬』）、ジン・ジャン（『暁の寺』）らを二十歳で逝かせていたからだ。中島梓は言う、「少年がゆるやかに「時」の報復をうけて、この世の生物に姿をかえてゆくとき、私たちは「滅び」をえらぶ営為の真の意味を知るだろう。それは、二度とくりかえし得ぬ瞬間の、その一度かぎりなることをこそ愛すること」で、「少年とは、選ばれてあること、選ばれて、「滅び」それ自体の代弁者であること――そして、何よりも、選ばれてあることを自ら知っている者である」(『増補新版　美少年学入門』ちくま文庫、一九九八年)。

少年という名の、一瞬の夏。北国で暮らした経験のある者なら誰しもが感じる、逝く夏へのいとおしさと、せつなさ。「せつなし」の語源を「刹那」に求めることの是非はともかく、すべては時間の不可逆性という宿命に発しているのだ。ストイックな白皙《はくせき》(皮膚の色の白いこと)の少年。それは決してやり直すことの出来ない一回的な時間を生きる私たちの「夏」のメタファーであり、「少年」とはその後の生を生きるための熱源なのである。

三

BLの二は女性の手による、女性読者のための作品ということだ(ペンネームのみでは性別の判断が難しいが、その大半が女性作家の手によると考えて良いであろう)。女が覗《のぞ》く、男の世界。「男性同士の恋愛は未知の世界」ゆえ(距離がとれ)「物語として楽しめ」るというが、未体験領域を「リアル」に描くというのは、一見論理矛盾とも思える。しかし男だから書けるというものでもないし、女でなくては書けないものもある。ゲイという異世界をガラス越しに見る女性作家たち。彼女たちの眼に『男色大鑑』はどう映じたのか。

仄聞《そくぶん》するところによれば、編集者(斉藤由香里)が各話を割り当てたわけではなく、『男色大鑑』からどれを選ぶかは各作家に委ねられていたという。全三巻を一読した感想を先に述べれば、各々の選択は概ね妥当で、内容も巧く咀嚼《そしゃく》されており、その浩瀚《こうかん》さゆえに敬遠されがちだった該書の入門書《ショーケース》として最適という印象。西鶴を専攻する畑中千晶の「解説」も的確で有益だ。ただ各作家が原作を尊重するあまり、プレテクストを一度解体し自分の創意で再構築《リライト》するという作業が不充分で、その分だけ面白みに欠け、原作にはない性描写ばかりが目立ってしまったという憾《うら》みもある。「武士編」の冒頭に配された一話から見よう。

巻二の三「夢路の月代」（作者・オトノアヲ）

興福寺の薪能を見ての帰途、口に入った砂を川に吐く多村三之丞。川下でそれを掬《すく》い、飲み込む武士。三之丞が非礼を詫びると、それを口にしたかったと明かす丸尾勘右衛門。それ以後三之丞が二月の闇夜に外出する度ごとに、提灯で警護する勘右衛門。思いが通じ二人は初桜の季節の再会を誓うが、勘右衛門は「人の命は儚いもの……そう長くは待てない……」と呟く。開花を待ちわびて家を訪ねると、応対した左内は彼が風邪をこじらせ数日前に亡くなったと告げる。死のうとした三之丞を止めた左内は、実は勘右衛門と五年間念友関係にあったと打ち明ける。二人は契るが、三之丞は勘右衛門に月代を当世風に直してもらう夢を見る。夢から覚め、月代の変化に気付く。

恋する二人の出会いはいつも印象的であるが、該話の「唾」の場面は格別で、『男色大鑑』中の白眉と言っても過言ではないだろう。染谷智幸は言う、「この場面に現代的なフェティシズムやスカトロジー的偏向愛を見ようとするのはいささか的外れ」で、「ここは、勘右衛門が三之丞の唾を飲むことによって、勘右衛門の三之丞への深い情愛と三之丞の口中の清らかさを描写したと見るべき」(3)だと。

男色の美学が凝縮された典型的な一話。だが、悲恋美の世界は左内の登場で一変する。勘右衛門の相手だった彼と三之丞との突然の交情。完結直前の美学に亀裂を入れる、シュールな結末。なぜ、勘右衛門は三之丞のヘアースタイルにこだわるのか。その理由を考えるため、原作に立ち戻ってみよう。

勘右衛門について、西鶴はこう書いていた。「その名隠れもなき、丸尾勘右衛門といふ兵法づかひ、古今類なき少人好き。さまざま文書きて、だますに手なし」。「だますに手なし」とあるごとく、彼は無類のプレーボーイで相手の心をとらえる術に長《た》けていたのだ。恋文はもとより、心魅かれた相手の唾を飲んで見せるのも得意のテクニックだったとは考えられないだろうか。はるばる大和郡山から薪能を見物に来ていた三之丞を見初めた勘右衛門。彼は三之丞のどこに惹《ひ》かれたのか。それについて、西鶴は何も書かない。ただ彼自身が誰にもましてお洒落で「頭つき後《うしろ》下がりに髪先みじかく」した流行のヘアースタイルだったことを思えば、三之丞の髪型にも無関心だったとは考えられない。前髪は若衆の命。勘右衛門が感じた唯一の不満。それは「郡山風にて、鬢《びん》つき下がりすぎて見ぐるし」い、三之丞の髪型だったのではないだろうか。生前の不満を夢の中で解消した勘右衛門。一見堅苦しそうに思える『男色大鑑』であるが、少し角度を変えれば、お茶目な側面も見えてくるのである。

前述の村上春樹もこう記している。「(私は) 同じ題材でも少し見る角度を変えれば、ずいぶん違って見えることを教えた。人にいろんな側面があるように、物体にもいろんな側面がある。子供たちはその面白さをすぐに理解してくれた」(『騎士団長殺し』上)と。優れた文学は、常に多面的なのだ。

四

巻三の五「色に見籠《こむ》は山吹の盛」(雁皮郎)

この話の舞台は江戸の目黒不動。瀧の下で松江藩の奥小姓奥川主馬を見初めた田川義左衛門。元松山藩士で麹町に住む浪人の彼は山吹の小枝を拾ってあげたことを契機に思慕の念が嵩《こう》じ、主馬が住む赤坂の門前に立ち尽くし、国元の出雲までも追いかけ、力仕事をしながら張り付く始末。主馬に会いたい一心で江戸との往復も含め三年間も影のように付き添い、心身ともに衰弱した義左衛門。主馬もさすがに見兼ねて試し切りを口実に対面するが、分厚い手紙に綴られた義左衛門の熱い思いに応えるため、殿に手紙を見せお手討ちを願う。閉門となった主馬は義左衛門と情を交わす。手紙を読んだ殿に三十両を賜わり元服を許された主馬は義左衛門と別れ、隠れ里で山吹を愛《め》でる。

ひとつ間違えば悪質なストーカー事件。それを辛うじて救う主馬の優しさと主君の寛容さ。ひたむきな男色の世界を美しく包み込む山吹の黄。これも原作を巧みに蒸留した秀作と言える。だが決定的に違う点がある。それは右の傍点部。義左衛門が浪人だったことは間違いないが、厳密に言えば先知六〇〇石で再仕官が決まった直後の身。問題はそれを惜しげもなく投げ出し、すべてを捧げた主馬の仕官先にある。すなわち、彼が「松江藩」に仕える小姓だったとは原作のどこにも明示されていないのだ。西鶴は主君の名を曖昧にする一方で、いかにも思わせぶりにこう記述している。「小六の宮を出て桐紋ある御門に入」った主馬は江戸勤務を終えて国元に戻ることとなるが、「(義左衛門は主馬の一行を)やうやう作州津山にて見をさめ、(自分は)出雲の国に入りて、世を渡る業《わざ》とて枌《あふご》(天秤棒)に肩をいたませ」たと。すなわち、主君「X」の国元は津山で、義左衛門はなぜか遠く離れた出雲で力仕事をしていたというのだ。

西鶴作品を特徴付ける謎の存在。ピースの欠けたジグソーパズル。読者は想像力を駆使して、その空所を埋めなければならない。それは『男色大鑑』も例外ではないのである。少し謎解きを楽しんでみよう。

ヒントは三つ。「小六の宮(赤坂氷川大明神)」付近に江戸屋敷があり、家紋は「桐紋」。国元は津山(岡山県津山市)。ちなみに当時の津山藩主は森氏で、家紋も一致する。いきなりビンゴと思いきや、その江戸屋敷は「龍の口(千代田区丸の内)」(天和三年「武鑑」)で合致しない。「小六の宮」付近で桐を家紋とするのは松平出羽守綱近(「赤坂御門之内」同)であるが、その居城は「出雲松江」である。

一長一短ながらも、とりあえずこの二つがモデル候補。前述のごとく『男色大鑑』が執筆された貞享三年当時の津山藩主は、森長義(長武とも)。彼は寵童上りの横山刑部左衛門を重用し奢侈《しゃし》や賄賂《わいろ》に耽《ふけ》る一方で、ためし斬りなどに興じていたために、同年の五月に退隠を余儀なくされたという(『津山市史』『美作略史』)。ちなみに津山は他国者を雇うことを禁じていたが、出雲では延宝二年(一六七四)の大洪水以後、貞享三年にかけて大規模な治水、灌漑工事が行われており、多くの人手を必要としていたとされる(『松江市史』)。

こうした情報を繋ぎ合わせてみると、モデルに近いのは津山藩主の森長義。主馬を慕う義左衛門は長義と男色関係にあった刑部左衛門を併せたネーミングで、「試し斬り」や出雲での労働も右の経緯を反映していると考えられる。もちろん、こうした想像が当たっていなくても、それはそれで良い。もとより正解はないのだ。

五

書かないこと。書き過ぎないこと。意図的に省略すること。所謂《いわゆる》「寸止め」(村上春樹・前述*)。これも西鶴の特質なのである。この問題を考える上で示唆深い例が、「無惨編」に収録されている。そのコピーにはこうある。「「武士編」「歌舞

『男色大鑑』巻二の二「傘持てぬるゝ身」挿絵

伎若衆編」に続き、第三弾の「無惨編」がついに登場。この愛を貫くことができるなら、命など惜しくは無い」(表紙)。命がけの男色。小姓の恋愛に寛容な主君ばかりではないのだ。

巻二の二「傘持てぬるゝ身」(大竹直子)

天和元年(一六八一)、裏の初島(尼崎市)。尼崎に向かう明石藩の堀越左近。雨宿りをする彼に傘を差し懸ける長坂小輪。自身が傘を差さない理由を聞くと、母が造ったものゆえ怖れ多いと述べ、甲州浪人の父親は当地の沖で客死したと明かす。左近に紹介された小輪を本多政利は寵愛する。その美貌ぶりが評判となり、神尾惣八郎に求愛された小輪。力になりたいという彼に本多弾正左衛門政利は父の敵であり、その命《めい》を承《う》けた隠密金井新平が新刀の試し切りをした際に殺されたと打ち明ける。行李に忍ばせた惣八郎との密会を殿に見咎められ言い逃れたが、新平の目撃証言で水泡に帰す。殿は相手の名を明かすことを拒む小輪の左手、右手、首と斬り、惨殺する。卑怯者という悪評に耐えながらも惣八郎は新平を殺し、圧政のため殿が陸奥に転封となったことを小輪の墓に報告。小輪の定紋(一重菱に三引両)を腹に刻み切腹することになる。

大勢の家臣が見守る中でなぶり殺しにされても、兄者の名を明かさなかった小輪。『男色大鑑』を代表する一話で、衆道の極北とされてきた衝撃作。コミカライズ版三部作の掉尾《ちょうび》にこれを置く心憎い配慮に、編集者の精読者《リズール》ぶりが伝わる。問題はここでも匿名性に収斂《しゅうれん》する。西鶴は「明石藩」としか書かないが、大竹は明石藩主の「本多政利」が小輪の親の敵で、金井新平はその走狗《そうく》と改変した。

貞享三年当時の明石藩主は松平直明。天和二年五月に彼がここに移ったのは前藩主本多政利の不祥事のためだった。政利は悪政のため同年二月に明石六万石から岩瀬（今福島県須賀川市）一万石へと所替になったという（『明石市史』上）。付言すれば彼は左遷後も侍女を殺害し、家臣らを打擲《ちょうちゃく》するなどの所行のため領地を没収されることとなる（『寛政重修諸家《かんせいちょうしゅうしょか》譜《ふ》』一二）。

『男色大鑑――無惨編』「傘持てぬるゝ身」（大竹直子）より

ところで、本話の冒頭に堀越左近という人物が描出されている。小説的には彼を不倫相手とした方が、唐突に男色関係となった惣八郎などよりも自然だ。だが彼は小輪を殿に紹介したのみで舞台を去ることとなる。それにしても彼はなぜ尼崎に行こうとしていたのだろうか。ちなみに当時の尼崎藩主は青山幸利（『同』一二）。奏者番《そうじゃばん》をしていた彼は巡見使の経験もあり（『尼崎市史』二）、「忍び目付」の心得まで書き残している（『青大録』）。そんな幸利を政利の監視役と考えれば、左近の役割も理解できる。西鶴は「(殿の) 御機嫌の次手《ついで》に」小輪を紹介したと記しているが、機嫌が良かったのは幸利から得た感触が芳しかったからではないだろうか。

こう考えると、小輪を惨殺した「殿X」のモデルは本多政利である蓋然性《がいぜん》が高いし、大竹がそれを明示したのも間違ってはいない。また政利が左遷されたと記しているのも正しい。だが西鶴は敢えて実名を伏せ、その左遷についても触れなかった。彼はなぜ、こうした婉曲的表現（ぬけ）を用いるのか。もちろん、弟子の北条団水が「人のうき名をたて、ことなる蜜義を書《かく》には。今の悪書のやうに。そんじよそこの三間《ママ》、なに屋の誰が物として何としてと、かく事はせざる事なり」（『好色破邪顕正《こうしょくはじゃけんしょう》』中、貞享三年）[4]と記すごとく、スキャンダルを実名で記す出版物が制約されていた時代であったことは間違いない。

だが、それだけではない。「寸止め」の効用もあるのだ。新平という小悪（彼は職務に忠実だっただけなのだが）が成敗されるのみで、「巨悪X」（殿をそう見ることの是非はともかく）はほくそ笑んでいるというやりきれない結末。多くの謎と空所を残して読者を宙吊りにし、不安定な気分のまま置き去りにした西鶴。大竹はそれを埋め、一応のおとしまえも付けた。読者を満足させる結末。もちろん、どちらが良いかについては一概には言えない。ただ、文学作品の「空所」が読者の想像力の可動域と同義であることを考えれば、それをすべて埋めてしまうことで「(理不尽な権力に対するやるせない思いと憤りをマグマのように溜め込み読者を) 起《た》たせる」（石川淳）エネルギーが減じてしまったことは否めない。

はっきりしているのは、『男色大鑑』が男色のみを描いた作品ではないということである。その奥行きは広く深いのだ。それを感知させる〈ぬけ〉という方法。しつこいようだが、村上春樹もこう記している。「私は揺らぎのない真実よりはむしろ、揺らぎの余地のある可能性を選択します」（前掲＊）と。文学の本質はこうした「揺らぎの余地」にあるのである。

六

「身過ぎ世過ぎで、夜ごと身体を買われながらも、真実の愛を貫く強さ」（表紙）というコピーを付した「歌舞伎若衆編」には、西鶴自身が登場する（巻八の四「小山の関守」大竹直子）。親指を切り、西鶴に心中立《しんじゅうだて》をする上村辰也。なるほど、西鶴は彼への好意を明かしているし（元禄元年三月「眞野長澄宛書簡《まのながすみあてしょかん》」）、『男色大鑑』には「我」という表記が頻出する。だがこの「我」は西鶴そのものではなく、いわば話にリアリティを与えるための虚構としての「我」なのだ。(5)

「人間の諸活動のうち最も動物的部分と卑しめられがちな性を、欲望を満たすためではなく、種の保存という目的を果たすためでもなく、美的な夢へと昇華するのが江戸の「色道」の美学。江戸〝文化〟は実はそこに多くを負っている」（佐伯順子『美少年尽くし――江戸男色談義』平凡社、一九九二年）とされるが、「種の保存という目的」の対極にあるのが男色であり、「性」さえも美学へと昇華させた江戸期にあっては、LGBTも「性的少数者」を意味しない。既に見たごとくゲイは普通のことであったし、男たちはそれに耽る一方で遊廓にも通い、家庭では家の存続のためにせっせと子作りに励むといった二刀流、すなわちバイセクシュアルだったからである。歌舞伎の女形が心身ともにトランスジェンダーだったか否かはともかく、江戸人が夢想した女護島《にょごがしま》はレズビアンの島でもあったのだ。

『色道大鼓』

フェティシズム、性的倒錯、変態性欲。江戸というワンダーランドにはなんでもある。前述の北条団水はこんな話を記している。

新婚早々に江戸勤務となった美男の松形兵部之進。筑紫横領使に仕える彼は男色に走るのを嫌い、「色里は制禁のうへなればつゝしみ」ながらも、一人寝は寂しい。一計を案じた彼は、美しい妻と等身大の人形を京都三条寺町辺の細工人に一〇〇両で注文（「十七ばかりの女。せいたかゝらず下《ひく》からず丸顔。肉《しゝ》つきよく、めでたきは髪。足の大指そつて、肌ぬめりんず、白びろうど、味よき物たかくつきて、内は越前綿をもつてくゝり、上よりかゝる時、手足あがりてしめつけるやうに」）。三十日をかけて完成した人形の出来栄えは精巧を極め、彼女を抱いて寝る時に「口より湯をつげば惣身あたゝまるやう」で「人肌さながら生《いき》て働くごとき」状態。戯れると「手足をあげてしめつけ」、「命をとる程におもわれ。あらき息せぬばかりのなづませぶり」。たちまち夢中になってこれに溺《おぼ》れ、勤めも覚束《おぼつか》ない状態。寝込んでしまった夫を案じて江戸に向かった妻は人形を捨てるよう彼に迫るが、魂が入り勝手に動き出した人形は裸で恨み言を言いながら彼女に襲い掛かる。妻はこれを守り刀で刺し通し、品川に沈めることとなる（巻一の二「我朝の男美人」）。

江戸川乱歩ワールドを彷彿とさせる人形地獄。さながら、江戸のラブドール。そんな夫の悪趣味をあっさりと退ける、江戸の女性の逞《たくま》しさ。もちろん、江戸人の誰もがこうした世界を肯定し、ＬＧＢＴを許容していたというわけではない。若女形の瀬川菊之丞に入れ込み寺宝を質入れした僧。男色に耽《ふけ》り地獄に堕ちた彼を一喝する閻魔大王の姿にそれは典型化されている。もっとも菊之丞に魅せられた彼は、転輪王という分《わけ》知りに「（男色の味は）佳境に入らずんば知りがたし」（エピグラフ参照）と説得され、あっさりと男色派へと転向してしまうのであるが……。

注

（1）見田宗介「ベストセラーの戦後日本史」『定本　見田宗介著作集Ⅴ』（岩波書店、二〇一二年。初出は一九六三年九月）。七つの型とは以下の通り。①現代史と現代社会への関心。②見知らぬ世界への関心。③人間の「生き方」に対する関心。④恋愛とセックスに対する関心。⑤子供と教育に対する関心。⑥ユーモアと機知への関心。⑦実用的な知識への関心。

（2）「やおい」は二〇一七年一月の大学入試センター試験（国語）に出題されて話題となったが、本来は「ヤマなし、オチなし、意味なし」という意味で物語性に乏しい漫画や小説へ貶辞《へんじ》として用いられた。ただ現在は「主に男子同士の恋愛をテーマとした女性向けの二次創作分野をさす同人用語」（ニコニコ大百科）などと定義される。

（3）染谷智幸『西鶴小説論――対照的構造と〈東アジア〉への視界』（翰林書房、二〇〇五年）。

（4）拙稿「凡俗の人・団水」（『青山語文』四七号、二〇一七年三月）。

（5）拙稿「『男色大鑑』の〈我〉と方法」（『青山語文』二七号、一九九七年三月）。

第一部 男色と古典のノベライズ・コミカライズ

【座談会】……男色のコミカライズをめぐって

【二〇一六年九月二十六日、勉誠出版会議室にて】

【出席者】………
大竹直子　斉藤由香里
染谷智幸　畑中千晶（司会）

【もくじ】………

はじめに——出席者の紹介

畑中　今日はお忙しいところお集まりいただき有難うございます。

ひと昔前、BL（ボーイズラブ）と言えば、密《ひそ》やかな楽しみとされた存在だったのですが、今では、少し大きめの本屋さんに行けば、必ずと言って良いほど特設コーナーが置いてあるという一大エンターテイメントの分野にまで成長いたしました。

そうした中、ご存じのようにKADOKAWA(1)コミックビーズログ編集部さんから井原西鶴(2)の『男色大鑑《なんしょくおおかがみ》』(3)をBLとしてコミカライズした作品が出版されました。武士編、歌舞伎若衆編、無惨編と、何と一挙に三冊ものコミックが登場しまして、いま巷《ちまた》というかSNS(4)上を大いに賑わせています。そこで今日は、そのコミカライズに携わった方をお招きし、また西鶴研究者側からも加わって「男色のコミカライズをめぐって」というテーマで座談会をさせていただきたいと存じます。よろしくお願いいたします。

最初に、ご参加くださる方々のご紹介を簡単にさせていただきます。

まず、BL漫画家で時代物や歴史物も数多く手がけていらっしゃる大竹直子さん。今回の企画では、歌舞伎若衆編の「小山の関守」と無惨編の「傘持てぬるゝ身」を担当されています。

それから、株式会社KADOKAWAコミックビーズログ編集部の斉藤由香里さん。

大竹直子◉歴史／時代／ＢＬ漫画家、『男色大鑑——歌舞伎若衆編』『男色大鑑——無惨編』執筆。

(1)　書籍からコミック（BL含む）、音楽、ゲームまで総合的に展開するグローバルエンターテイメント企業。

(2)　江戸時代を代表する浮世草子作者、俳諧師。一六四二～一六九三年。代表作には『男色大鑑』以外に『好色一代男』『日本永代蔵』などがある。

(3)　一六八七年刊行、武家・役者を中心に四十篇の男色物語を収録する。

(4)　ソーシャル・ネットワーキング・サービスの略。とくにコミック『男色大鑑』はツイッター上で話題となった。

装画はZAKK（@ZAKK_ccc）。『武士編』『歌舞伎若衆編』の原画の画像がツイートで公開されている。『武士編』原画は色味を抑えてダークな印象。対照的に『歌舞伎若衆編』の原画は華やかで細緻な表現。なお『無惨編』の表紙は、シルバーの効いた贅沢な仕上がりとなっている。

まさにこのコミカライズの仕掛人と言える方です。斉藤さんの卓抜なセンスと、書き手の表現意欲を刺激する手腕がなければ、この成功はなかったと思います。

そして、西鶴研究者で『男色大鑑』の研究論文を多く書かれている染谷智幸さん。この作品に果敢に挑戦された染谷さんがいなければ、この作品の研究はさらに遅れていたかもしれません。

最後に、司会を担当させていただきます私、畑中千晶です。光栄なことにコミカライズ三冊に解説を書く機会を編集部よりいただきまして、これがすべての発端となりました。

それでは始めます。

スパダリからの大転換
――なぜ『男色大鑑』だったのか

畑中　まずそもそも論となりますが、KADOKAWAがと言うか、斉藤さんがと言うか、この『男色大鑑』をなぜコミカライズすることになったのか。そのきっかけからお話しいただきたいのですが。

斉藤　ちょっと個人的な話からはじめますと、私、卒業論文で井原西鶴をやったんです。

染谷　そうなんですか。

斉藤　そうなんです。ちょうど私が大学を卒業したのは二〇〇〇年ぐらいですね。卒論で取り上げたのは『男色大鑑』ではなくて『好色一代男』でした。もちろん『男色大鑑』も読んだのですが、全然ぴんとこなかったんですよ。やっぱりどんどん人も死ぬし、鬱《うつ》展開(5)だし。

大竹　いわゆる死にネタ。

斉藤　死にネタ、ネガティブ。まったく腐女子的(6)にぴんとこなかったんですよね。二〇〇〇年ぐらいのBLのメインストリームって結構ハッピーエンド一〇〇パーセントってな勢いでしたよね。一人の格好良くて、お金を持っている……

大竹　スパダリですね。

染谷　スパダリ？

斉藤　スーパーダーリンのことです。

染谷　なるほど。勉強になるなぁ（笑）。

斉藤　そのスパダリの攻めに見初められた受け(7)が、結婚して末永く幸せに暮らしてハッピーエンドっていうのが主流だったんです。それで、こういう途中で死んだりとか、お互い死んじゃったりとかっていう話は私はもうまったくぴんとこなくて、一回読んで、そっと本棚に置いておいたまま十数年が経ったんです。ところが、最近のBLの主流っていうのは、もうどんどん変わってきてまして、別にハッピーエンドじゃなくてもみんな読んでくれるし、中に心中BLっていうのが、今ある種の流行《はや》りにもなっていてですね。あとストーカー男子とかも。

畑中　ストーカーまであるんですか。

斉藤　そうなんですよ。結構ボーイズラブの流行りが変わってきていて、ものすごく細分化されてきて、ハッピーエンドじゃなくてもいいっていう人もいるし、死んじゃってもそれはそれで読めますっていう読者の方もどんどん増えてきてるんですね。なので、このタイミングであれば、もしかしたら『男色大鑑』も現代のBL読者にも受け入れられるんじゃないかっていう思いがあって企画してみたんです。もともとアンソロジーという形式が結構ボーイズラブの世界で多くて、一つのテーマを設けて、それに沿っていろんな作家さんに寄稿してもらうっていう形式は多いんです。この流れですね。うちで出してるBLアンソロジー

（5）「陰鬱なる物語展開」のこと。残虐でグロテスクな場面が多くなることを言う。
（6）いわゆるオタク用語で、男性同士の友情を愛情として妄想する女性のこと。
（7）攻めは男役、受けは女役のこと。昔はタチ・ネコとも言った。

「スパダリ」そのものを標榜する作品。

で『男色大鑑』とは全然違うのですが、『ごちそうBL』というのがあって、グルメ漫画＋BL。おいしいご飯を食べてエッチをしようという。

染谷　食べたあとエッチする。

斉藤　そうです。

大竹　今度は僕を食べてってやつ（笑）。

斉藤　そういう感じ、そういうノリですね。普通はこういうハッピーなものを出してるんですけど。

大竹　ところが、今回はハッピーじゃない、まさに究極の衆道ネタですよね。

斉藤　もちろん、心中BL、ストーカー男子みたいなのも受け入れられてる素地はありましたけど、果たして『男色大鑑』は大丈夫だろうかっていうのはあったんですね。ちょっとした賭《か》けでした。実際企画をし、出版してみて、すごくネットで反響が大きかったんですね。畑中先生にも色々アドバイスをいただいたのも良かったと思います。畑中先生の解説はすごくわかり易くて、人気がありましたから。実はこの『男色大鑑』を出版する前に宣伝用のリリース（カタログ）を書きまして、これを各メディアに流したところ、結構みんな面白がってネットでニュースになったんですよね。今、ネットの影響力ってすごく大きくて、もうそのまとめサイトとかニュースみたいなものに取り上げられるとパーっとツイッターとかで拡散をして話題になるという傾向があるんですけど、今回の『男色大鑑』の場合もまさにそんな感じでしたね。ネット上の反応で面白かったのが、井原西鶴ってBL作家だったの？　知らなかった！　みたいな。やはり原作・井原西鶴っていうのが相当面白かったらしいですね。

染谷　なるほどね。

斉藤　あの井原西鶴がBL書いてるの？　みたいな感じで。

大竹　そういえば、教科書に出てた人だよね、とか。

斉藤　そうそう教科書に出てたんですよね。でもこの井原西鶴が『男色大鑑』っていう、ガチの男同士の話を書いてるっていうのを知らない人が結構多かったので、それでみんな驚いて、バーっとクチコミというかネット上で今回広まったというかたちですね。

畑中　面白いですね。

斉藤　そう。いったいどういうことなんだろうみたいな、おそらくそういう興味があったのかなと。

大竹　ネットの意見の中には、ニッポン始まってた、三〇〇年前から始まってた、というのがありました（笑）。

染谷　それはすごい。

大竹　井原西鶴はニッポンの始まり。

染谷　西鶴がそれを聞いたら泣くだろうなぁ。結構目立ちたがり屋だったから（笑）。

斉藤　こんなかたちで注目されるとは、おそらく思ってなかったでしょうにね。

畑中　それだけ隠されてきたっていうか、教育現場でもあえて出さずにきてたってことですよね。

斉藤　『男色大鑑』が西鶴の代表作っていうことには絶対ならないですもんね。

大竹　知らない人も多かったってことでしょうね。

染谷　私は代表作にすべきだし、ずっと代表作だと思ってきましたよ。『好色一代男』や『日本永代蔵』と同じか、それ以上に代表作なんですよ。まず量の問題があります。西鶴作品中、この『男色大鑑』は最も大部です。むろん多

井原西鶴肖像画（芳賀一晶画、天理大学図書館編『西鶴』1965年刊より）

『好色一代男』巻一の四「袖の時雨はかゝるが幸」の挿絵。主人公、世之介が十歳の折のエピソード。袖で頭をおおっているのが若衆姿の世之介、傘をさしかけてようとしているのが念者。

斉藤由香里◉株式会社ＫＡＤＯＫＡＷＡコミックビーズログ編集部。

ければ良いという話ではありませんが、西鶴は一昼夜に俳(8)句を何句詠めるかという矢《や》数俳諧《かずはいかい》で、二万三千五百句という金字塔を打ち立てた人です。人一倍、数にこだわった人間だったわけですから、小説で最も大部のこの作品に力を入れてないわけがありません。また、内容においても、武家と役者という当時の男色の二大温床地帯を踏まえ、様々な印象深い話を取り上げた本書に並ぶ作品は、日本にはありません。そして恐らく外国にもないでしょう。これもまさに金字塔だと言って良いわけです。

斉藤　なるほど、そうなんですね。

恋の精通——規制と性的表現

畑中　それで、斉藤さんにコミカライズを編集することについてもう少し具体的なことをお聞きしますが、『男色大鑑』に収録されている四十作の短編を、どのように作家さんたちに振り分けたのですか。

斉藤　やり方としては、作家さんたちに、作品のあらすじをお渡しして、自分の描きたいものを第三希望まで教えてくださいっていう方法を取りました。第一希望を優先して、どんどんエピソードが売れていくんですが、こちらの予想通りでもなかったですね。例えば巻二の二「傘《かさ》持てぬる〻身」は恐らくどなたかが一番先に描かれるだろうなと思ったんですけど、誰も手を挙げなかったんですね。ちょっと荷が重かったのかなっていう気がします。

大竹　最初にこのお仕事のお話をいただいたときに、ちょっと私事で忙しくて武家編は描けないスケジュールだったんですね。それで私、武家編の中で実はこの巻二の二「傘持てぬる〻身」の小輪の話が一番好きで描きたいなって思ってたんですけど、でも他の方が多分描かれてしまうだろうと諦めていたんですね。ところが誰も手を挙げなかった関係で、無惨編で書くチャンスが回ってきた。

畑中　そうやってパズルのピースが上手く当てはまっていったんですね。

斉藤　いや、それだけじゃないんです。けっこう苦労はあったんですね。

畑中　作家さんと編集の間でトラブルがあったとか。
斉藤　そういうのは無かったのですが、表現上の修正をお願いすることが。たとえば、残虐《ざんぎゃく》表現はそうでもなかったんですけど、やっぱり最終的に性的表現に修正を入れさせてもらったことはあります。
大竹　今回の私が描いた「傘持てぬるゝ身」は、小輪の精通が第二のテーマだったんですよ。恋の精通っていうのが。何と言ってもタイトルが「傘持て」なんで。
染谷　精通？
大竹　精液の前に出て来る透明な液、カウパー腺のことですね。戦前は前触れ液って言ったらしいけど。
染谷　いやぁ、知りませんでした。今日は本当に勉強になります（笑）。ま、「傘」は男性性器の象徴で、それが「濡るゝ」だから、それで精通ってことですね。西鶴は別の作品『西鶴諸国はなし』巻一の四「傘《からかさ》の御託宣」で傘＝男根《だんこん》をバッチリ書いてます。
大竹　で、バッチリ小輪のですね、そのかわいらしい性器を描いたんです。そうしたら見事に消されまして（笑）。
染谷　それやっぱ駄目なんだ。
斉藤　駄目なんです。
大竹　これが一番の私の無惨編（笑）。
斉藤　こちらもできれば作家さんの原稿には手を入れたくないんですけれども。
大竹　ちょっと映倫的な。
斉藤　映倫的というか、やっぱり条例がありますので。
大竹　不健全な図書類の指定ですよね。
畑中　もし引っかかると全体が駄目になってしまうわけですか。
斉藤　はい。不健全図書の指定を受けると、まずアマゾンとかのネット書店の取り扱いが全部なくなりますし、東京都がそう指定すると他の自治体も追随するということがまあるので、ほとんどその本は社会的に死んでしまう状態になってしまうんですね。流通しないっていうのが本にとってやはり一番不幸なことなので。
大竹　そうですね。せっかく描いた物ですから、出せないとなるとね。
斉藤　そこはもう結構ぎりぎりのラインですね。出版社によっても規程は違いますし、ＫＡＤＯＫＡＷＡはかなり厳格なほうですね。

（8）　江戸時代には俳諧と言い、五七五と七七をつなげる連句形式が主流であった。

キャーっていう反応はないよね

――BLと男性の肉体

染谷　今の大竹さんのお話をお聞きすると、BLの作家さんたち、多くは女性でしょうが、男性の体に関してすごく興味を持っているわけですね。例えばペニスがどうこうとか、その精液や前立腺がどうのこうのとか、それがどうなってるか調べなきゃ描けないとこあるじゃないですか。これって今までやってこれなかったことっていうか、つまり男性が、女性はどこが感じやすいとか、どこを触ると相手は気持ちがいいはずだとか、そういうのは私の経験で言うと、中学校や高校の体育館脇の暗い部室で、先輩がエロ本を見せながら教えてくれたような話なんだけど。でもそれとは逆に、女性が男性の体に興味を持つ、これは男性にとってあまり気分の良い話ではないと思うんですよ。特にマッチョ系の人たちは。何故かって言うと、自分たちがやってきた特権を奪われた気がするからです。

斉藤　やっぱ、嫌なんですね。

染谷　多分、嫌だと思うんですよ。そういう、つまり女性が男性の体に興味を持って、ああするといいんだとか、ここで感じてるんだとかいうと、何か自分が丸裸にされた感じでしょう。いつも丸裸にするのは自分だと思ってるから。

大竹　最近、ご存じのように映画『君の名は。』が大ヒットしましたね。あの中で男女入れ替わるシーンがあるじゃないですか。女の子が男の体になっちゃったときに、おちんちんを見てキャーみたいなシーンがあるんですけど、あれは男の妄想ですよね。女性からしたらね、もし、自分が好きな男の体になったら、まずおちんちんを触りまくるとか（笑）。

斉藤　キャーっていう反応はない気がするよね。

大竹　キャーっていう反応は男の妄想で、自分の好きな女の子にこういう反応してほしいっていう、男が作った願望ですね。

武内（勉誠出版編集部）　絶対そうですよね。

大竹　男の子は女の子になったら、おっぱい触りまくる。

武内　やってましたよね。

大竹　それと一緒です。

染谷　男が興味を持つのはいいんだけれども、女に興味を持たれるのは嫌だ。そういう偏った通俗性をひっくりかえす。そこに、ある種BLの核心があるんじゃないですか。

大竹　そうですね。要するに自分が、ま、BL用語でいうところの受けになるのが嫌なんですよ。

染谷　そうそう。タチ、ネコでいうとね。

大竹　ネコになるのが嫌なんだ。俺がなんかそういう性的な目で見られることが不快みたいな感じで、女の立場になるのが嫌なんです、不快なんです、きっとね。

染谷　僕らの世代より、もうちょっと上ぐらいの団塊《だんかい》の世代の男性たち、彼らがたぶん一番嫌がるような気がします。BLは、この人たちにぜひ読ませたい。

斉藤　そうですね。

大竹　男根世代だもん。団塊世代って私は思わない。

斉藤　BL読んでほしいですね。老後の楽しみとして。ぜひ男性におすすめ。中にはちょっと開眼する人も。

大竹　団塊世代が若かった当時、そういう興味のある、例えばこういう世界が好きな男性はすごい肩身が狭かったでしょうね。

斉藤　そうでしょうね。

大竹　俺は非常に興味があるのに、なんか周りのやつらがみんな嫌ってて俺が好きって言いづらいじゃん、みたいな。

斉藤　私、ビブロス(9)っていうボーイズラブの出版社に最初新卒で勤めてたんですけど、そのとき新人賞の応募原稿の下読みをしていて。結構その中には妙齢の60歳過ぎの男性が熱心に送ってきてたりしましたね。『のらくろ』(10)みたいな作品なんですけど。

武内　え、でもBLなんですか。

斉藤　ほのかな感じ。

大竹　なんか時代を感じる。

斉藤　『のらくろ』みたいなBL。さすがに誌面には載せられない。

大竹　読みたい（笑）。

斉藤　そうですよね。今どこに行っちゃったのかな。結構、熱心に送ってきた方がいらっしゃって。

大竹　私も、一番最初に『麗人《れいじん》』っていう雑誌にBLを描いたときですが、源義経と平敦盛《あつもり》(11)の話を描いたんですね。その時に、すごい熱烈なファンレターが来たんです。コクヨの便せんに縦書きで五枚。見事に達筆な、漢字仮名交じり、それも旧漢字を使って書いてありまして。それでファンレターかと思いきや、私のBLとはさほど関係なく、な

(9)　一九九〇年代から二〇〇〇年代初頭まで、BL系コミックを出版する中心的な役割を果たした出版社。

(10)　田河水泡（たがわ・すいほう）の漫画。野良で黒犬の主人公が、犬の軍隊へ入り活躍する物語。

(11)　平経盛の末子。笛の名手で美青年。一ノ谷の合戦（一一八四年）で熊谷直美（くまがい・なおざね）に討たれる。

んと自分の妄想物語が綴《つづ》られているんですね（笑）。

斉藤　ファンレターじゃなかったんだ。

大竹　私の話を、こう直して欲しい、膨《ふく》らまして欲しいというような内容でして、まるで、パロディ風の小説のような文章を送って下さったんですよ。いや、それがすごく面白かったんですが、どう考えても昭和一桁《けた》世代なんですね。文体はもちろん、漢字が旧漢字ですし。これって戦前に教育受けてる人だなと思いました。その方の最終的な妄想話の内容は、弁慶と義経との恋になっていまして、私の作品にはほとんど弁慶は登場しないんですけど。その人の話の中ではメインキャラクターになってて、しかも義経はあくまでも弁慶の「受け」になってるんですね。で、私の義経×敦盛では、敦盛が「受け」だったんですけどね（笑）。

BLコミック誌『麗人』（竹書房、1995年〜現在）

「高杉、お主、誰かと、もう、契っちょるのか」
――『少年探偵団』と南條範夫の男色小説

大竹　私、一番最初にこの世界というか衆道の世界にハマったのは中学一年生の時です。その前の、小学校五、六年生でなんとなくその萌芽《ほうが》があって、中一のときにどハマりしたんです。一番最初にハマったのが、小学校の図書館で江戸川乱歩の『少年探偵団』[12]シリーズを読んだ時ですよ。それまで、親からもらったり、与えられたりした本は、美少女が主人公で、その美少女が、艱難辛苦《かんなんしんく》を乗り越えて成長していくっていう話が多かったんですね。『若草物語』や『小公女』でしたか。でも『少年探偵団』シリーズって、女性は少なくて、明智先生の奥さんの文代さんぐらいでしょうか。なぜか美少年ばっかり出てきて、その美少年が拉致《らち》されて、敵方の怪人二十面相やどろぼうに凌辱《りょうじょく》される。この、美少女を誘拐しないで美少年を誘拐するっていうのが、すごくフレッシュだったんですね。それまで男の子って強い存在で、女の子を守る立場にあるっていうふうな観念でいたんですけど、愛される立場にも成り得るんだなって思ったんです。

畑中　それは何とも早熟というか……。

大竹　その『少年探偵団』シリーズは、通常、女の子ができないような冒険談もあって楽しい。多分それは、今思えばとてもBL的な喜びっていうか、女性では成し得ないようなことを男ならできるっていうことを、女性が体験できるっていう喜びと近しいと言うんでしょうか。とにかく、それを『少年探偵団』シリーズの中に見出してしまったんですね。それから、中学生になって、少年にあこがれ、自分の中でのアイドルの存在となっていったんですね。加えて、うちのおばあちゃんが時代劇を好きだったものですから、それに影響されて、私も小学校の頃から時代劇をすごく好きになったんです。市内に大きい図書館がありまして、その時代小説のコーナーの中から、『城下の少年』ってタイトルの本を見つけて、あっこれだったら私でも読めるかもしれないと思って読んでみたら、久坂玄瑞《くさかげんずい》と高杉晋作《たかすぎしんさく》のまさに衆道のBL小説だった。

斉藤　それを書いた方は女性ですか。

大竹　いや、南條範夫《なんじょうのりお》、男性です。

染谷　まあ、男色小説ですね。

大竹　まさに男色小説でした。南條先生は旧制山口高校の学生だったんですけど、そこで自ら体験したことを、置きかえる形、つまり、自分を高杉に、初恋の少年を久坂にして書いた半自叙伝小説だったんですよ。今は『少年行《しょうねんこう》』という漢詩みたいなタイトルになっていますが。

斉藤　これ、今でも売ってるんですか。

大竹　結構、版を重ねてますね。それで、作品のイントロは、明倫館《めいりんかん》っていう高校に通う高杉晋作がこうやって生まれてみたいなところから始まって、その藩校で久坂秀三郎《ひでさぶろう》（玄瑞の幼名）と晋作が出会い、晋作はその秀三郎にときめくものを感じる。たとえば、秀三郎の汗の匂いとか、お祭りの時に触れた肌の熱さとかを一人で妄想してしまうんで

江戸川乱歩『サーカスの怪人』（1957年）

南条範夫『少年行』（1992年）

（12）　江戸川乱歩の『怪人二十面相』に登場した探偵団で、その後スピンアウトした形で様々な小説やテレビドラマ、映画などが制作された。

す。それで、自分がちょっと体調を崩して寝込んだときに、きっと秀三郎がお見舞いに来てくれるだろうって妄想するんですよ。で、妄想したときに、実際、秀三郎が自分の顔の上に「高杉、大丈夫か」って言ってのぞき込む、それで高杉が死にそうなのを見て秀三郎が涙ぐむ、その涙が高杉の口に当たる、そして高杉はその涙を吸うみたいな……

武内　妄想の爆走ですね（笑）。

大竹　ええ。それでその明倫館の中では、高杉晋作も結構人気があって、東の横綱が久坂、西の前頭《まえがしら》八枚目が高杉になる。ちなみに晋作は年長者から「高杉、お主、誰かと、もう、契っちょるのか」みたいな感じで迫られたりもするんですが、それが明倫館を卒業して吉田松陰の門下生になると、年上の女性を知ってしまうんですね。女を知ってしまってからすっぱり衆道っ気がなくなっちゃうんですよ。それで秀三郎ももう元服して前髪を落として、青年になった秀三郎を見て相変わらず美しいなって思うんだけど、あの頃の狂おしいような感じはどっかになくなってしまったっていう。まさに衆道の話なんですよ。

斉藤　読まなくちゃ（笑）。

染谷　旧制高校ってのは、そういうのはたくさん残ってたと言われますね。

大竹　男色への規制があったと言われますね。鹿児島の或

畑中千晶◉敬愛大学国際学部教授。専門は江戸文学・比較文学。フランス留学を通じて、フランス語も堪能。

右：海音寺潮五郎『田原坂』文春文庫、2011年。西南戦争のアンソロジー。
左：田原坂西南戦争資料館刊。冊子『田原坂』（年刊。表紙は樫木成香画、資料館HPより）

る高校では薩摩独特の郷中《ごじゅう》制度がまだ残ってて。郷っていうのがあって、年長者が年少者をかわいがる風習なんですけど、男子同士でね。まさに衆道みたいな、兄貴分と弟みたいな感じなんですけど。その高校は、全寮制で新入生のベッドがあり、新入生がホームシックになるとかわいそうだから、上級生がベッドで一緒に寝てあげるっていう校則があるらしいんです。

馬上ゆたかな美少年
——薩摩の兵児二才と海の民

斉藤　それは今でもあるってことですか。

大竹　それ「なう」なんですよ。現行なんですよ。郷中制度は今でも残ってるということです。

染谷　郷中は薩摩の武士教育制度です。兵児二才《へこにせ》とも言いますね。若い武士が中心になって切磋琢磨《せっさたくま》する制度があったわけです。これが衆道を考える時には極めて重要です。私も最初は、男色っていうのは男女の恋愛の男性版かなと思っていたのですが、兵児二才を始めとする武家社会の制度を勉強したときに、男女の恋愛世界とは違った独特な精神的世界を作り上げていたのを知って、がぜん興味持ち出したというようなことがありました。

大竹　面白いですよね。

染谷　ええ。最後は田原坂《たばるざか》で負けますけど、なぜ薩摩藩があれだけ強かったのかっていうのは、その郷中、兵児二才の制度があって、殿様を中心にしたピラミッド的体制とはちょっと別の、親衛隊と言いましょうか、「相棒」の特命係みたいなものでしょうか。ともかく郷中、兵児二才は力を持っていました。このトップが貴人の美少年です。この少年を執持児《とりもちちご》と言いまして、最近は刀剣乱舞《とうけんらんぶ》(13)の世界にも広がっているようですが、これが精神的にある種の共同的な支柱になって兵児二才を支えるんです。兵児二才全体が執持児と恋愛関係になり、その執持児に見守られて死ぬのが夢になる。だからもう死なんか怖くないというようになって軍隊として強くなっていったと言われています。

大竹　郷中を調べましたら、元はというと郷中を取り入れてたのは古代ギリシャだそうですね。ギリシャやローマの強さの理由に、染谷さんのおっしゃってた兵児二才に似た

(13)　古今の名刀(「一期一振(いちごひとふり)」「加州清光(かしゅうきよみつ)」など)を男性に擬人化・キャラクター化した上で、それらを育成して、戦場の敵を倒してゆくシミュレーションゲーム(二〇一五年、DMMゲームズより配信)。後にアニメ化された。

制度があって、それを模倣したのが郷だという話を聞いたことがあります。

染谷　ええ、そうですね。ギリシャに神聖隊というのがあり、三〇〇人ぐらいの軍隊らしいのですが、全部男性同士の思い人で、これが最強の軍隊だったと言われています。恐らく、戦争に行ったときの最大の問題は、死を前にして、どうやって敵の前に、その塹壕《ざんごう》を飛び出していけるかっていうことでしょう。そういう時にやっぱり好きな男がいて、こいつのためなら死んでもいい、こいつを守るためだったらっていう思いで飛び出していく。逆だったら戦争になりませんね。俺のためにお前が先に行け、みたいな。これはもうすぐ負けますね（笑）。だから兵児二才もそうですが、無敵を誇るわけです。でも実際そのギリシャの軍隊も負けちゃうんです。やっぱ三〇〇では多勢《たぜい》に無勢《ぶぜい》と言いますか。で、負けたときに、その愛人同士が重なり合っていたと言われています。

武内　そうした話の記述は、実際に残ってるんですか。

染谷　ローマ帝国のプルタルコスが著した『英雄伝』（一般的には「プルターク英雄伝」）ですね。

大竹　私、前々から薩摩の衆道気質ってどこから来たのかなって思ってたんですけど、そのギリシャとは別に、日本の古代にもありますね。『古事記』のヤマトタケル神話って。ヤマトタケルは女装していくじゃないですか。それで熊襲《くまそ》タケルにお酒飲ませて殺すんだけど、古事記の記述だとあそこでヤマトタケルが女装して酒飲ましてるときに、熊襲がヤマトタケルの女装の胸をまさぐるシーンがあって、そこで分かっただろうに、ずっとだまされ続けてたってことは、むしろそれが良いっていう、この話の中の男女床違えがある。『男色大鑑』の「忍びは男女床違ひ」と一緒で、女だと思ったら男。いや、むしろこっちのほうがっていう、なんかその話に通じるものがあり、薩摩の衆道気って昔からっていうか『古事記』『日本書紀』の時代からあったように思います。

コミック『プルターク英雄伝』佐藤ヒロシ画。潮出版社。なお、プルタルコスも伝中で断っているように、あくまでも伝記であり、史実であるかは必ずしも明らかでない。

染谷　これは僕なりに調べたところでいうと、日本は古い時代から、男色の流れはかなり強くて、特に九州が強いですよ。

斉藤　何故なんですかね、不思議ですね。

染谷　それは多分、沖縄や台湾という島《とう》嶼《しょ》の方からですね。さらにオセアニアやメラネシアの男子結社や戦士集団と繋《つな》がるものがあると思います。朝鮮半島の新羅花郎《シルラファラン》や中国の海岸部である福建省に伝わる契兄弟《けいきょうだい》・契父《けいふ》もそうですが。ふつうどの民族でも、子供は生まれると母親や乳母のもと母乳で育てますね。そうした母親を始めとする女性の中で育つと、女の子は良いのですが、男だと強く、つまり戦士にはなれないので、できるだけ早く母親や女性から切り離して男だけで、訓練をする必要があったわけです。その例として、よく取り上げられるのがメラネシアのフェラチオ、つまり男性同士のセックスです。母乳も精液も白いので共通するものがあったと考えられたらしいのですが、ともかく、精液は男を強くする、男らしくすると考えられた。

大竹　ああ、それアフリカにもありますよね。

染谷　かなり広がっていたと思われます。いずれにしても、そうやって男の肉体をつくっていく。それで、男らしくなった段階で、今度は女性と結婚させる。そうしないと強い戦士集団が出来なかった。そうした集団が出来なければ、他の部族に戦争で負ける。そうした背景があってでしょう、同じような制度がずっと広がってるんですよ。

斉藤　南のほうから来てるんだ。だから九州ですか。すごく面白い。

大竹　男色って、いまだに空海が密教と同時に日本に持ち

右：ディヴィッド・ギルモア『「男らしさ」の人類学』（春秋社、1994年）。世界の「男色」を考える時の基本的文献。

左：近世初期の豪商、末吉長方が寛永11年（1634）に京都の清水寺に奉納した船絵馬（模写）。若衆が多く乗り、またその若衆に言い寄る男たちの姿も描かれていて、船上での男色の有様が見て取れる。

込んだと言われていますが、それを打ち砕く新説ですね。

染谷　その空海説は俗説ですよ（笑）。でも、空海が持ち込んだのは船でしょうから、その船というのはちょっと重要です。船の中では、人間がピラミッド関係になりません。俗に板子一枚下は地獄と言われるように、船に乗ったら全員が横並びの一枚岩にならないと沈んじゃうんです。ピラミッド型の伝達系統など要りません。命令するのは船長一人で十分で、あとは全部横並び。その横の関係ってのは、まさにそういう命をかける関係になるわけですね。だから衆道関係になりやすいのです。しかも船、特に遠洋に出る場合には女は乗せにくい。

大竹　今でもマグロ漁船とかって、遠洋漁業になると、そうした関係になることはあるみたいですよ。

究極の人——綿貫六助の体験手記

染谷　いずれにしても、そうした背景があって、薩摩の郷中、そしてそれが近代の学校へと引き継がれていくわけです。

大竹　そう、それで今日、皆さんにちょっとおみやげを持ってきました。拙著で申し訳ないんですけど、衆道の本です。今研究している軍隊と男色という、まさにど真ん中のものなんですが。

染谷　素晴らしい。これは面白そうだ。

大竹　戦時中に従軍した人が、その上官、下士官問わず、実際その軍隊で行われた男色行為を告白している手記を集めたものです。

斉藤　それどうやって集めたんですか。

大竹　ネットと、あと国会図書館と飯田橋の風俗資料館です。

染谷　今こういうふうにまとめていただかないと多分なくなっちゃうものでしょう、これは。

大竹　そう。そういうふうに、その手記もカストリ紙(14)から全部抜粋していて、カストリって3号でなくなるじゃないですか、だから本当に残ってなくて。男色だけを集めてみたら、まあ濃いの濃くないのって。大変リアルです（笑）。

染谷　僕も前に、今しがたに話した、海の民、漁師とかそういう人たちの男色世界って相当に残ってまして、集めたことがあります。

斉藤　漁師いいですね。

大竹　漁師BL、行けるんじゃないですか。マタギはどうですか。

斉藤　マタギもいいと思います。

大竹　海編、山編ですね。
染谷　海幸、山幸みたいな（笑）。
大竹　私、皆さんにお勧めしたいのが、綿貫六助《わたぬきろくすけ》っていう、元軍人で中尉までいった人なんですけど、その人が軍隊内の痴情のもつれで、軍隊をクビになって、そのあと早稲田大学の英文学科に進み小説家になるんですが、自分のマタギや、そういう漁師たちとの、交情と言うか、そういうものの体験手記ばっかりを書いてる作家さんです。
斉藤　どうかしてますね（笑）。
大竹　どうかしてるんです。奥さんもいらっしゃるんです。それで結婚してお子さんもいらっしゃるんですよ。それでしかも、この方すごい老《ふ》け専《せん》(15)で、「詠めつゞけし老木の花の比」じゃないですけど、すごいお爺《じい》さんが大好きで、しかも田舎の純朴なお爺さんばっかり好きなんですね。暇になると田舎に行って、そういうノーマルなノンケ(16)のお爺さんを口説く。そのお爺さんには、ちゃんと奥さんもいるのに。それでお爺さんを自分に夢中にさせるんですよ。それでそのお爺さんをちょっと怒らせたくて、わざと奥さんにも手を出して怒らせて、なんというか仲直りエッチをするわけです。
斉藤　どうかしてる（笑）。
大竹　どうかしてるでしょ。どうかしてますよね（爆笑）。それで毎回その新しいお爺さんができるわけなんですけど、もう町にいる奥さんはあきれちゃって、

『軍隊と男色』大竹直子編。戦後直後のカストリ雑誌（注14参照）に載った男色関連の記事を集める。編集は丁寧で、カストリ誌の挿絵を集めて「名画展」をするなど、多彩な内容を持つ。

(14)　第二次大戦後の日本で流通した粗悪なカストリ紙で作られた雑誌をカストリ雑誌と言う。カストリとは、元は粗悪な焼酎を指し、三合飲むと酔いつぶれたことから三号ですぐに廃刊してしまうのがカストリ雑誌であると言われた。
(15)　「フケ専」とも。老けた人ばかりを好むこと、また好む人のこと。男色で使われることが多い。
(16)　異性愛者のこと。同性愛者から見て、同性愛の気（ケ）がない（ノン）の人のことを言う。

子供たちの前で「あなたもいい加減あなたの一番好きなお爺さんを決めておしまいなさいよ」って言うんです。そしたら、じゃあ、このお爺さんにするって決めて、子供たちに「新しいお爺さんだよ」って紹介することになる。

この、綿貫六助って本名でして、ちゃんと陸軍士官学校の卒業名簿に名前も載ってます。綿貫の父親も男色の人で、兄分がいたんですけど、その人の名前が清六って名前だったんです。それで自分のせがれに清助、六助って名前を付けた。武士の偏諱《へんき》(17)ですかね。元服のときに名前一字与えるみたいな感じ。その『綿貫六助集』を全部手元にかき集めました。誰かどこか出版しないですかね。KADOKAWAさん無理かな。コミカライズどうですか。綿貫六助アンソロジー。

斉藤 いいですけど。綿貫六助って誰？　と言われませんか。

大竹 ですけど、究極の人ですよ。

畑中 なんかファンはいそうですね。

大竹 作家の坂本葵さんが(18)、ネットで私がその綿貫六助を紹介していたらすごく興味を持ってくださったことがありました。その方が大学図書館にも行って調べてくださりました。そして、その方がやっぱりあちこちの出版社をあたってみて下さったんだけど、いまいち上手く行かないとおっしゃってて、だからなんか絶対出版したいっていう希望はありますね。とにかく面白くて。

畑中 強烈なキャラですよね。

大竹 大正時代の人なので三島由紀夫より前だと私は思うんですよ。それでこの最後に「紅蓮《ぐれん》」っていう小説があるのですが。自分の愛するその少年兵に、自分の最期を見届けてほしいっていう話で、超ドMなんですけど「俺が腸《はらわた》を引きずり出すのをお前に見届けてほしいんだ」って、うっとりしながら死ぬっていう、大佐だか何だか結構偉い人の話なんです。それでこの小説が載ったのが『奇譚《きたん》クラブ』です。『奇譚クラブ』は三島の愛読書だった。とすればこの綿貫の話にインスパイアされて『憂国《ゆうこく》』が書かれたということも十分に考えられます。

殿様の愛玩人形
――小輪の意気地とM志向

大竹 今のドM話ですが、私がこの間コミカライズさせていただいた『男色大鑑』「傘持てぬるゝ身」の小輪と殿様も、あれは二人のSMプレイの話なんじゃないかなと思うんですね。あの話は私が調べた限りでは、三人の小説家が

『男色大鑑』巻二の二「傘持てぬるゝ身」挿絵。諸家中の見せしめに殿に討たれる小輪。手前に小輪と同じ若衆三人が控える。藤・桜・丸に揚羽の紋所の衣装が美しい。

小説化しています。南條先生も書かれてました。南條先生は、あの殿様を長束正家《なつかまさいえ》っていう武将にしています。その長束正家はその小説内で小輪の彼氏によって討たれていますが、ご存じのように『男色大鑑』では殿様は討たれてませんね。本来なら小輪の敵って殿様ですよね。これはどういう意図があるのかなと、とても不思議に思っていたんですけど、よく読んでみると、小輪は殿様に殺されることを実は望んでたんじゃないかと思ったんですよ。それは殿様に対する恩義っていうのもありますよね。流浪の身を取り立ててもらったわけですから。加えて、それ以上に殿様との日々の営みによって情も移ったこともあったでしょう。たとえば小説の中に「御たはぶれもあらけなくなりて」とあって殿のお戯れも過ぎるってことが書いてありますね。例として挙げられているのは、殿が小輪に命を捨てると言った時に、小輪がご威勢に従わずに自分で念者を持ちたいと言ったことが書かれていますが、これもそうですが、阿部定《あべさだ》と情夫みたいに、性交渉中に首を締めて窒息する寸

(17) 主君や親などから、名前の一字を拝領すること。

(18) さかもと・あおい。作家。『吉祥寺の百日恋』『食魔谷崎潤一郎』（ともに新潮社）など。大竹直子編『軍隊と男色』にも資料を提供している。

染谷智幸◉茨城キリスト教大学文学部教授。専門は江戸文学、日韓比較文学。

前にすごいエクスタシーを感じるような、そういう究極のSMプレイがあって、小輪の中にそういう感覚が芽生えて、その死と生との間のぎりぎりの境の快楽を覚えてしまったんじゃないかなと思うのです。それでその殿様の寵愛を小輪自身は自覚してて、自分がきれいだってことも自覚してて。自分に対する恋文も多分たくさんもらってただろうなっていうのが想像できるんですけど、そこで小輪がもし殿様以外の念友をつくったら、もちろんいけないことなんだけど、殿様怒るんじゃないかなって。そうしたら、すごいお仕置きプレイが待ってるっていう。

染谷　なるほど。それはちょっと面白いですね。研究者側からいうと小輪の話というのは、今言われたSMっていうか、そこまでは行ってないんですけれども、小輪はやっぱり殿様とそれから念者の両方に愛された、自分も両方ともに愛してたと思うんですね。その中で死んでいくことを理想としてたんだろう、ということまでは多くの学者が認めているんです。それでその理由の一つというのが、同じ時代に佐賀藩士の山本常朝《つねとも》の『葉隠《はがくれ》』の中にそれが出てくるんですね。最高の衆道とは何かっていうと、その殿様の情愛と念者の情愛に挟まれることだと。そういうことが書いてあるんです。

大竹　そうなんですか。

染谷　はい。でも、大竹さんが言われたように、もう一歩進んで、小輪の死の情動というか、リビドーと言いますか、そこまで解釈しているのは、研究者の間ではまだないのです。

大竹　そうですか。

染谷　ええ、だから今聞いてて新鮮でした。

大竹　そこで、さらにその先も考えてるんですけど……。まず、「傘持てぬるゝ身」の挿絵を見ると、小輪が殿に討たれる場面で、きれいな振り袖着た小姓がいっぱい並んでいるでしょう。殿様には、そういう小輪みたいな立場の小姓が何人もいたと思うんですね。殿様にとって小輪はそういう寵愛《ちょうあい》する小姓の一人だったのでしょう。それで、小輪の最期って、左手を切られ、右手を切られ、最後に首を

大竹直子氏所蔵「若衆人形」

切られて、まるで人形みたいだなと感じたんです。殿は、きれいな人形、ひな人形と言うか、若衆《わかしゅ》人形を、だーっと並べて愛《め》でる。ところが一番気に入った人形の扱い方が、殿様はわからない。髪の毛引っ張っちゃったり、結構男の子って乱暴じゃないですか。腕もいだりとかそういうやんちゃな感覚だったのかなと思うのです。それで私、コミカライズの際、首を切ったときに人形の首が転がるように描いたんです。コロコロって。殿は愛する人形の首が転がって、正気にかえり、改めて小輪を失った悲しみに打ちひしがれる。おそらく、私はこの原本読んだ限りですけど、小輪は念者より殿様のほうへの愛情が濃かったと思うんです。小輪は父親が先に死んじゃってるので、父親の愛情ってものに飢えてたんじゃないかなって思うんですね。それでお母さんは父親代わりになって働いてたわけで、要するに親の愛情ってものに飢えていた。ところが、急に殿様から身に余るぐらいの愛情を注がれたものだからパニックを起こしてしまった。でも、その味っていうのが忘れられなくて、やっぱりこの最高の状態で、愛されたまま死にたいと思ったんじゃないかなと。

染谷　それはあるでしょうね。若衆はいつまでも若衆でいられない。いつかは元服して前髪を落とさないといけませんから。また殿の愛情もいつまであるか分からない。そうなったときに今のこの状態はもうないわけですから。

大竹　そうそう、そうなんです。で、そういうお小姓たちが並んでるから、そのお小姓たちが切られてるのも見てると思うんですよ。

畑中　先ほど小輪の最期が人形みたいな感覚だったのではというお話がありましたが、なるほどと思いました。挿絵が与える違和感も、人形のようだととらえると納得がいきますよね。

染谷　小輪人形説、これは新しい。

斉藤　なるほど。

大竹　それと小輪は斬首の後「朝顔寺」に葬られるのですが、小輪の最期は人形のようでもあり、朝顔の花のような儚《はかな》さも感じられます。小輪の名は朝顔の花の小輪を表現しているのでは？　とも思いました。

染谷　それも新しい説になる。いや、すごいなあ。今日は大竹さんの新説祭りですね（笑）。ちなみに、この、児小姓《こごしょう》たちがいっぱいいる中で殿様というのがいて、それで家臣たちもいる。その世界を良く示しているのが、同じく『男色大鑑』「玉章《たまずさ》は鱸《すずき》に通はす」の甚之介《じんのすけ》ですね。

大竹　これ史実らしいですね。

染谷　実際にあった事件を踏まえていますね。この手紙がすごく面白いんですよ。たとえば甚之介が自分で馬に乗ろうとした時、どうも袴《はかま》に泥が付いていたらしく、他の若衆が教えてくれたんですが、甚之介の念者《ねんじゃ》である権九郎《ごんくろう》はすぐ後ろにいたのに教えてくれなかった。しかも隣にいた若衆と目配せして笑ってたっていうので、それはないだろうと。これは今で言ったら中学生の女子が体育祭のときに、お尻になんか付いてて、そしたら何々君教えてくれなかった。それで隣の何子と一緒に笑ってたと。その世界ですよ。

畑中　許せん！って（笑）。

大竹　中学生の世界。

斉藤　子供ですもんね。

染谷　そういう世界がね、お城の中で展開してたっていうことがすごく大事です。ところが今の時代劇等を見ると、そういう世界が一切ないじゃないですか。

畑中　大河ドラマにも全く出てこないですね。

染谷　戦国武将だって、例えば信長が出てくれば蘭丸《らんまる》、坊丸《ぼうまる》、秀次が出てくれば不破万作《ふわまんさく》が出てきて当然なんだけど、一切ないですね。むろん、蘭丸・坊丸や万作は伝説化しているから実体は良くわかりません。でも、そうした児小姓が戦国武将や江戸時代の武将の周辺にたくさんいたことは間違いないのです。

大竹　書かないですね。

染谷　それで私は、時代劇とか大河ドラマとか見てると、ちょっと気持ち悪くなってくる。

大竹　不自然ですね。

染谷　で、なぜ不自然かというと、今の男と女という、この二項対立的な世界を恋愛世界の全てに当てはめちゃってるんですね。でも、そんなはずがないんですよ。先ほど大竹さんが紹介してくれた綿貫さんとお爺さん、お婆さんのような世界があり、小輪や甚之介のような武士の世界もあり、また男女の恋愛だって、いろいろあったはずなんです。結婚と遊廓での恋愛は全く世界が違うし、都市と農村でも違う。赤松啓介《あかまつけいすけ》さんの『夜這《よばい》の民俗学』ではありませんが、夜お姉さん目当てに忍んで行ったのに、間違ってお母さんと関係もっちゃった。暗いからね。それで子供ができちゃったら共同体のみんなで育てるという、そういう文化もあった。多分すごく多様性があった。

やんちゃ萌え——西鶴の辰弥びいき

畑中　いま、小輪のことが話題になりましたが、『男色大鑑』は小輪を中心にした武家の男色が前半に描かれている一方で、後半では歌舞伎世界が描かれていきます。西鶴と歌舞伎若衆というとやはり上村辰弥《うえむらたつや》との関係がクローズアップされてきます。今回のコミカライズで驚いたのは、大竹さんがその辰弥と西鶴の関係をドンピシャで描き出していたことなんですね。

染谷　そうなんですよ。これは畑中さんとお話ししていて、二人で驚いたんです。それで聞くところによれば、大竹さんは、辰弥と西鶴のことをそれほど知らずに今回のマンガを書かれたとのことですが。

大竹　はい。知らなかったんです。

染谷　それであそこまで書かれたっていうのは。

大竹　私が逆にびっくりしたんですよ。私はあの巻八の四「小山の関守」を読んだときに、これ何？　ただ事じゃないと感じたんですね。西鶴が辰弥に思い入れてるの、ただ事じゃないと感じたんですよ。これラブストーリーだなって思ったんです。それで、あれってエッセイみたいな話だったんで、そのまま書いても面白くないなと思って、西鶴との話にしたほうがつじつまが合うんじゃないかと思ったんですよ。その後で畑中先生の解説を読んで、事実だったんだと知ってびっくりしたんです。ええっとか思って。鳥肌立ちましたもの、あれ（笑）。

畑中　私はそのことを書かれた大竹さんのツイートを見て逆にびっくりしたんです。全部勉強された上でてっきりお書きになっていると思っていたので。でも逆に言えば、それってすごいと。作家の想像力というのは、やっぱりすごいと思ったんです。

染谷　私も、本当にびっくりしました。まあ、今回いろんなことでびっくりしましたけれど……（笑）。西鶴研究者の早川由美さん、この本でもエッセイを書かれていますが、その早川さんが書かれた『西鶴考究』（おうふう、二〇〇八年）に載る「上村辰弥評の再検討」という論文が今のところ西鶴と辰弥について一番詳しいと思いますが、これを読んでいらっしゃるのかと思ってました。

大竹　存じ上げなかったです。

畑中　この大竹さんのマンガが出た直後に染谷さんが、西

『百人一句難波色紙』の西鶴肖像

鶴はこれだけイケメンに書いてもらって、きっと草葉の陰で喜んでるだろうなとおっしゃってて。西鶴はほんとにうれしいんじゃないかって。

大竹　それはBLのお決まりで、イケメン同士じゃなかったら受けないっていう。

斉藤　そうなんですよね。

大竹　あの肖像画（27ページ参照）見ても、おじいちゃんの肖像画ですよね。

染谷　芳賀一晶《はがいっしょう》のものですね。

畑中　若い頃の肖像は、結構それなりに精悍《せいかん》な顔付きをしてます。

大竹　四十代の自画像ってのは見たんですよ。眉毛がきりっと上がってて結構格好いいなと思って、坊主頭だけど。

畑中　『百人一句《ひゃくにんいっく》難波色紙《なにわしきし》』ですね。西鶴が四十一歳の時のものです。

染谷　この大竹さんの絵を、大阪の誓願寺《せいがんじ》に西鶴の墓がありますから、そこに持って行って墓前に供えたら多分ちょっと墓が動くかも知れない。松尾芭蕉の句「塚も動け我が泣く声は秋の風」（『おくのほそ道』）じゃないけれど。

大竹　なんか汗が出てきちゃう。変な汗が出てきちゃう（笑）。

染谷　あとで早川さんの論文を、お読みいただければ分かるんですけども、辰弥と西鶴の関係って実際はどうだったのか分からないんですよね。それから、現在残っている資料を見ると、辰弥の評判はそれほど良くないんです。お兄さんの二代目吉弥《きちや》のほうはすごく評判が良くって、あらゆる芸が出来て華やかなのですが、辰弥はその美貌を生かした少々突っ張った芸はできるんですけれども、上品さや愁《うれ》いに欠けることが『野郎立役舞台大鏡《やろうたちやくぶたいおおかがみ》』等の当時の評判記に残ってます。

畑中　コミックの解説に少し書きましたけれども、西鶴って何か枠からはみ出してしまう突出した部分を持ってる人間に心惹《ひ》かれる人だったんじゃないでしょうか。辰弥は平均的にすべての面で整ったというような役者では明らかにない。だから心惹かれるんじゃないかなっていうふうに思います。何かどこか外れちゃってるというか、過剰なとい

『男色大鑑』巻八の四「小山の関守」の挿絵。美しき若衆達が藤井寺の参詣から帰る場面。後ろの籠に載り、木瓜（もっこう）の紋を付けているのが上村辰弥。

うか、そういうものを持ってる人に心惹かれるんじゃないか。それが西鶴の萌えツボなんですね。

大竹 なんとなくその言葉を今のBL風な言葉で言うと、やんちゃ萌えっていうことになりますね。

染谷 やんちゃ萌えってあるの。

大竹 ちょっと不良ぽいっていうか。

畑中 西鶴はやんちゃ萌え。お夏も、お七だってそうですよね。

斉藤 そうですね、男女問わず。

染谷 『男色大鑑』をコミカライズした時に、多分、辰弥の話は上がってこないだろうなと思ってたら、いやいや全然。しかも、こんなかたちで出てくるとは思わなかった。

武内 でも、なんで親指落としたんですか。イメージ的に小指じゃないですか、落とすの。

大竹 そこが意気地《いきじ》だと思ったんです。だって親指ってすごい大事じゃないですか。

武内 一番痛そう。漫画読んだだけで痛そうって思って。

大竹 あえて親指だと思って、そこはやっぱり嫌いな相手に対する見せつけですよ。指は切れないだろうっていうふうなこと言われたときに、そんなの簡単に切れるぜって言って、小指切ったんじゃつまんない。

畑中　周囲の人は常識論から批判するわけですよ。それに対して西鶴は、そうじゃないんだと。そういうこと言う連中はもう捨て置けと。

大竹　格好いいじゃないですか、やっぱり。気持ちいいですよね、その嫌な相手に対して、その一撃で倒すわけですよ、相手を。あれは私は辰弥のプライドだと感じて。芸子っていうのをばかにされた、それこそ河原乞食ってばかにされたっていうことに対する辰弥のプライドだと思ったんですよね。それをなんかカネ持ってるからとか、買える立場だからとか、町人でも偉い人とか、旗本かも知んないけど、偉い人だからといってお前に俺をばかにする資格なんか、俺を、ひいては歌舞伎役者をばかにする資格なんかお前にはないって、一発でペシャンコにしたんです。格好いいですよ、タイマン張って勝ったんですよ。よっしゃ、男だって西鶴が思ったんですよ。これこそ男色だって。

染谷　実は評判記類を読むと、辰弥は昔紙くず拾いをしてた、十一歳ぐらいまでやってたってあるんですよ。それで、それを知ったときに、親指落としたっていうのは、つまり。

大竹　もうできないですよね。

染谷　ちょっと読み過ぎと言われるかも知れないけど、そうした評判や噂に対する反発があったんじゃないかと思うのです。

斉藤　なるほど。

染谷　ここまでやったらもう拾えないでしょ、だから俺は。

大竹　もうやらない。

染谷　もう、俺はそうじゃないんだって。

大竹　決別ですね。

染谷　そう。まさにやんちゃだった気がします。

鍵アカの至福
――二次創作とコミカライズの可能性

畑中　話は佳境に入ってきていますが、話題を少し転換させて、BLの今後を見据えての話をお聞きしたいと思います。そこでぜひ伺ってみたいと思っていたのが、最初の方でも話が出ましたが、BLの、作品を読者とともに作り上げていく部分っていうところですね。二次創作も含めて、作者と読者との距離感っていうのが結構近いというか、地続きというか。

大竹　昔に比べて、今のほうが地続きかもしれないですね。SNSがあるじゃないですか。だから簡単に作者とつながることができて、簡単に作品の感想とかも送れますから。今はむしろ編集部にアンケートのはがきを送るというのは。

斉藤　全然、来ないです。
大竹　ああ、そうですか。
斉藤　圧倒的にアンケートは来なくなりましたね。ツイッターが多いでしょうね、おそらく。
大竹　ツイッターで、作者をフォローしていなかったら「フォロー外から失礼します」という。あとはリストに入れといて情報だけ読むわけです。それで大抵こういうBLを読んでる人たちって、鍵アカ、つまり鍵付きなんですよ。
染谷　鍵アカ？
畑中　鍵付きのアカウントのことですね。
大竹　見られないようにって鍵を付けちゃって見られなくなってるんです。腐女子って隠れたがるのです。何々が好きですって、堂々と言わなくて、腐女子は隠れろっていう傾向があるから、鍵アカでコッソリ今回すげー萌えたとか書いてると思うんですよね。大らかにしてる、鍵付けてない人は、読まれてもいい文章書いてるんでしょう。
染谷　読まれること前提にね。
大竹　何でも、だいたい検索すれば引っかかりますので、表アカでは作家の名前とか漫画のタイトルとか、読まれてもいいようなこと書いてて、本心は裏アカの鍵付きでいっぱい書いてる。
染谷　そうか二つあるんだ。
畑中　でも、もともとファンの集いというか、創作につながる活動がありますよね。
大竹　ええ、同人誌イベントのほうですか。
畑中　そうそう。そういうものの中から実際に作家が誕生してくるっていう。
大竹　最近は多いですかね。
斉藤　そうですね、ことBLに関してはほとんど同人誌で人気のある方に、こちら側からお声をかけて、それでお願いして書いていただくっていうことが多いので、新人賞を取る取らないというところから、作家さんはほとんど育たないんですね。
大竹　そうなんだ。
斉藤　ほとんどパロディをやってらっしゃる方ですね。そこで同人のイベントで人気のある人に声をかけて書いてもらうっていうパターンがほぼですね。
大竹　一般誌でもそうですかね。
斉藤　一般誌はまだ新人賞が機能してるんですけど。
大竹　BLはほとんど。
斉藤　BLはもうほとんど二次的パロディですね。
畑中　パロディというと少し限定されますが、二次創作と言って良いと思います。その二次創作については、東浩紀《あずまひろき》さんが『動物化するポストモダン』[19]（講談社現代新書、二〇〇一年）で詳しく論じていますが、オリジナル対コピーという図式からはみ出すような特徴もあるようです。さらに、この二次創作というものをもう少し大きな文脈でとらえていくと、比較文学やトランスレーション・スタディーズ（翻訳研究）で言うところのアダプテーション（翻案）につながるように思われます。「萌え」に突き動かされるようにして創作意欲がフツフツわき起こり、熱を帯びた状態で作品に結晶化していくわけですから、まさに文学の核とも言えるものにつながっているのではないでしょうか。

染谷　それはとても大切な問題ですね。日本はもともと二次創作が多いのです。これについては国際基督教大学のツベタナ・クリステワさんが「萌え」的情熱を持って研究会を何度も開いていらして、その成果は『パロディと日本文化』（笠間書院、二〇一四年）に結実しています。とすれば、BLの方向というのは決して異端な方向ではないですよ。それに「萌え」にしても同じで、『男色大鑑』は西鶴の「萌え」と見ていいと私は思っています。BLが主に女性たちの男性同性愛に対する「萌え」ならば、『男色大鑑』の特に前半は、町人である西鶴の、武士同士の愛情に対する「萌え」であったと。

『平家公達草紙』（櫻井陽子・鈴木裕子・渡邉裕美子編、2017年）、『パロディと日本文化』（ツベタナ・クリステワ編、2014年）共に笠間書院。

柳腰にこだわる
——『男色大鑑』をコミカライズする楽しさと難しさ

畑中　今の二次創作の話題については、本書のエッセイに私も書きましたし、染谷さんも書いておられるので、それをお読みいただくことにして、さらにもう一つ、実際の男色のコミカライズに関わったお二人にお聞きしたかったのは、コミカライズにあたっての楽しさと難しさです。言うまでもなく、BLは小説などの言葉の世界をビジュアル化するわけですが、そのビジュアル化には、言語での創作、つまりノベライズとは違った力学が様々に働くように思われます。大竹さんは、『男色大鑑』をコミカライズする時、若衆の背中の描写にひときわ力を入れられたっていうことをお聞きしました。

大竹　柳腰《やなぎごし》っていう言葉がありますよね。江戸時代初期に作られた造語で、あれって少年の腰をさすんですね。

染谷　そうです。男性ですよ。

大竹　振り袖も男性のものだったたっていうのがあって。

染谷　その通りです。それまでの女性の着物は裄《ゆき》も短く、袖も小さかったんです。でも男がそれを着ると腕が出てしまってちょっと色気に欠ける。それで袖を大きくしたと言われています。

大竹　柳腰って、少年のほっそりした腰で、しなやかさを表現してるんですけど、菱川師宣《ひしかわもろのぶ》の代表作である「見返り美人図」もやっぱりS字カーブを描いた女性が描いてあって、衣装も小袖で、すごくきれいに描いてあって、髪の毛を下ろしてるじゃないですか。そのしなやかで細い感じが、なんとなく少年の後ろ姿と共通するような気がしたんですね。その師宣も、西鶴の『好色一代男』（江戸版）の挿絵を描いているじゃないですか。そんな大家が描かれてる挿絵作品を私が描くのかって。何と言うかレベルが高すぎて追いついていないと思って非常にやきもきしました。自分の下手くそさに。

染谷　いやいや、そんなことないですよ。凛《りん》として美しいですよ。

大竹　そこでやはりと言いますか、漫画でしか表現できないことをしなければならないと思いました。漫画の一番の利点っていうのは、わかりやすさだと思ったんですね。文章でわかりづらかったところを漫画で一目見て、百聞は一見にしかず、目で見てわかりやすいっていうのを描かなきゃならないと思って、それでなるたけ視覚的に効果があるところを拾っていきたいなと思って描いたんです。だからよくわからなかった風俗だとかそういうものも調べていったりとか。髪型とかも今、時代劇でよく結われてる髪型というのは、文化文政期の髪型ですね。元禄時代ってあんまり資料がないので、こういう挿絵等を拾ってきて探すしかなかったんです。足袋《たび》とかも今の足袋とは全然違いま

(19)　「二次創作とは、原作のマンガ、アニメ、ゲームをおもに性的に読み替えて制作され、売買される同人誌や同人ゲーム、同人フィギュアなどの総称である」（東、二〇〇一年、四〇頁）。

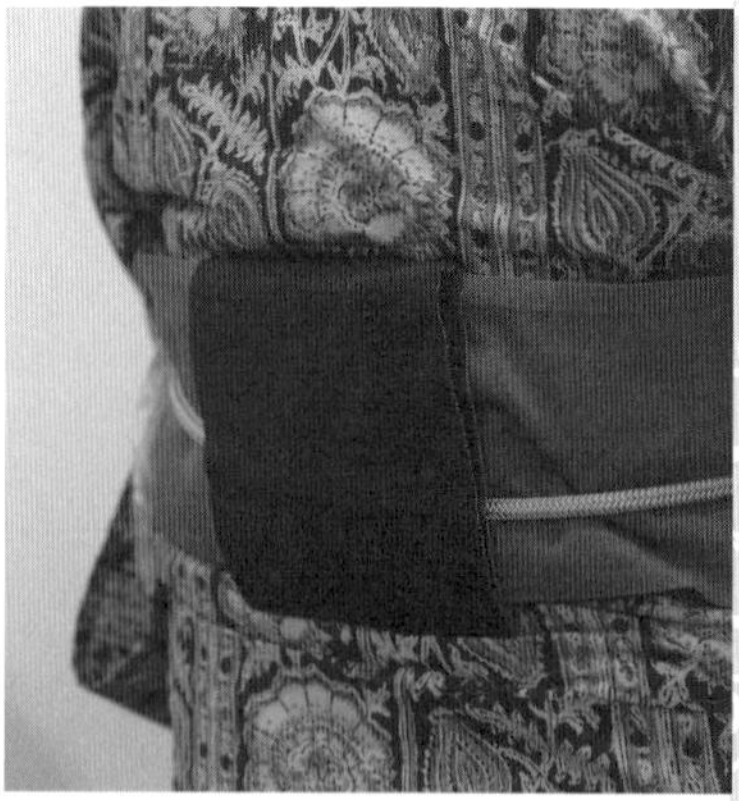

かるた結びの写真

すね。こはぜ二枚しかなかったみたいですね。また、小輪のかるた結びというのが書いてあったんで、これは多分西鶴の萌えツボなんだろうなと思い、かるた結びを研究しました。それで今日かるた結びにしてきたんですけど。

斉藤　これがかるた結びなんですね。ほんとに札みたいですね。これが好きだったんですかね、西鶴は。

染谷　好きとまでは直接書いてないけど、小輪にわざわざこの結び方をさせているのは気に入った結び方だった可能性はありますね。

斉藤　小輪になぜこの結び方をさせたんだろう。

畑中　やっぱり腰がほっそり見えるということでしょうね。吉弥結びみたいな、ふっくらした、リボンみたいなものだと、ほっそりっていう感じがしないように思います。

斉藤　そうですね、ふくよかな感じで、ちょっと女性っぽくなりますね。

染谷　かるた結びのほうが柳腰が出るということですね。

大竹　あと、袴をこの上にはくじゃないですか、『はいからさんが通る』の紅緒《べにお》さんの袴は後ろがふっくらしていたように思いますが、あれは後ろに文庫結びをしてるからなんですよ。文庫って浴衣で女の子がよく結ぶりぼんみたいなやつ。あれだと後ろがこんもりしちゃうわけですよ。だからあれは西洋のバッスルスタイル(20)と一緒で、女性らしさを出すのにとてもいいんですけど、男の子はやっぱりぺったんこのほうが男の子らしくていいですよね。

斉藤　確かに。

大竹　だからかるた結びをまず研究しようと思って、かるた結びは、結び方が簡単で、すごい楽なんですけど。そのかるた結びの帯も解かずに惣八郎とそういう行為に及んだって書いてあったんで、これわざわざ書いてるってことは相当こだわってると思ったんですよ。かるた結びで細腰を強調したということはやっぱり背中にこだわってたと。

染谷　なるほど。そういうところは僕らが見落としちゃう点だよね。学者の注釈というのは、自分で帯を結んでみてとか、そういう風に実際に試して確認するとかしませんね。どの文献にどういう説明があったとか、どこまで古くさかのぼれるかとか、そういう歴史的な実証はちゃんとやるんですけれどね。

畑中　実際にどうだったのかっていう、そこの掘り下げが難しいですね。

染谷　僕らの注釈ってのはネガティブな注釈と言うべきでしょうか。それに対して、こうやってコミカライズしていくのは、ポジティブな注釈と言えるかも知れませんね。実際に復元しなきゃいけないとなると、単に書いてあることを理解するだけじゃなくて、想像力が必要になってくる。

斉藤　そうですね。

染谷　その辺が、これまでの研究者の注釈に、まったく欠落してたなって感じました。たとえば別の例で言うと、近年、日本文学関連学会では、特に日本近世文学会を中心に、和文リテラシーということを言い出しているんです。昔のにょろにょろ文字、変体仮名を読めるようになりましょうという運動ですね。これはとても大切なことなんですが、リテラシー、つまり読むことが中心です。でも、江戸時代の文学を漫画やアニメに復元する時って、変体仮名を書かなくてはいけない場面がありますね。たとえば今回のコミック『男色大鑑』でも何回か出て来た手紙です。これを復元するときに、変体仮名を選ばないといけない。たとえば「あ」という仮名は今一つしかありません。これは安倍首相の「安」を崩した字ですね。ところが昔の「あ」は他にも「阿」「愛」「悪」等幾つかあった。書く時にこれのどれを使うかはなかなか難しい問題なんです。これっていう法則はありません。前後の繋がり、そして文字の連なりの中での美的観点が作用すると思います。こういうことは、書道でよく問題になると思いますが、そういうことも含めて、やっぱり復元していこうとする姿勢は大事だなと、すごく感じたわけです。

西鶴にもっと光を——結びに

染谷　元禄時代を代表する文学者と言えば、西鶴・芭蕉・近松の三人ですが、この中で一番人気がないのが西鶴です。

斉藤　そうですね。確かにそうですね。今人気ないですね。

大竹　メジャー度っていうことですね。

染谷　はい。これには西鶴を研究している私たちの責任もありますが、止《や》むを得ず、そうなってしまった背景もあるんです。たとえば、芭蕉は、今テレビで人気の夏井いつき

(20) ヒップラインを強調するためにスカートの後ろに腰当てを入れて膨らませたスタイルのこと。十九世紀のヨーロッパ等で流行した。

先生ではありませんが、人気があって俳句人口はすごく多いですね。また、近松は、浄瑠璃も歌舞伎も、今でもやっていて、特に歌舞伎は人気があってファンがたくさんいるわけです。ところが、西鶴は小説ですから、西鶴を信奉する小説家がいても良いわけだけど、あまりいないんですね。少し前には、藤本義一さんや吉行淳之介さんなど綺羅星《きらぼし》の如く信奉者がいらしたのですが、最近は随分と少なくなってしまいました。そういうことがあって、ちょっと三人の中では人気が欠けるんですよ。

斉藤　一人だけちょっと。

染谷　これは日本史の教科書の話なんですけど、ずっとこの三人は名前が出てまして、今でも太字で名前出ているんですけど、ところがあるとき西鶴だけが太字でなくなったことがあったんです。

斉藤　ええ、細くなっちゃった（笑）。

染谷　これはまずいと。幸いに現在は、また太字に戻ってるんだけど、いつ細くなるか、いや下手すると消えちゃうんじゃないか、ちょっと心配ですね。これはなんとかしないといけない。

斉藤　じゃBL界が盛り上げ役を買って、積極的に。

武内　三人の中で一番人気になれますよ（笑）。

大竹　私、先日のツイートで、今四十話のうちの二十話しかコミカライズされてない、あと二十話もやって全巻揃《ぞろ》えにして、大学の図書館に置いていていただきたいと書きました。

斉藤　そうですね。ぜひ置いていただきたい。

大竹　だって全国の大学の図書館といったら結構な数ですよ。『源氏物語』をコミカライズした『あさきゆめみし』があるじゃないですか。あれが受験の参考書になってるんですって。

斉藤　ああ、そうでしょうね。

大竹　だからそういう受験需要があるってことで、西鶴も研究需要があるので、なんか置いたら結構な数ですよ。ばかになんないですよ、学生の数。

武内　大学入試に出して欲しいですね。

大竹　そうそう、三十年ぐらい前、都内の有名大学の入試問題に『東海道中膝栗毛《ひざくりげ》』が出たんですよ。それで問題の中に、弥次さん喜多さんの関係は何か二文字で示せ、というのがあったんです。

染谷　それで答えは。

大竹　「衆道」ですよ（笑）。

染谷　それを答えさせる……。

大竹　ええ。確か、弥次さん喜多さんがお風呂に入るところがあったのかな、なんかそういう古文の問題で、その一文を抜き書いて、ここから二人のその衆道関係を導き出すという質問だったと思います。

畑中　そのリテラシーがある学生を取りたいっていう……。

大竹　そういうことになりますね。

染谷　その大学は日本文学科とか国文学科はないんですよね。だから出題者はだいたい予想つきますが（笑）。ま、その詮索《せんさく》はそこまでとして、いずれにしても、今、西鶴の人気復活はBLの作家さんたちの手にかかっていると言っても良いように思います。

畑中　そうですね。西鶴を始めとして、江戸時代の衆道物をぜひコミカライズして欲しいと思います。この本の中にエッセイを書いている濱口順一さんという研究者がいますが、彼は、博士論文で西鶴以後の男色小説をたくさん取り上げていますので、そうしたものを参考にしていただいて。最後に、大竹さんと斉藤さんに、今後の予定などを含めて一言お願いします。

大竹　近況はツイッター（@naokoohtake6969）で呟《つぶや》いてますので覗《のぞ》いてみてください。同人誌は筍書房というサークル名で活動中。本文中に掲載された『軍隊と男色』の続刊も年内に刊行予定です。

斉藤　今回取り上げていただいた『男色大鑑』アンソロジー三冊にご執筆いただきました、雁皮郎《がんぴろう》先生のBLコミックス『とりどり』（B's-LOVEY COMICS）が好評発売中です。染谷先生のブログでもご紹介いただきました。仇《かたき》討《う》ちに燃える美少年と没落武士の恋、歌舞伎若衆とやんごとなき身分の方の恋などを鮮やかに描くほか、人情味あふれる江戸の長屋で育《はぐく》まれる、同心と町医者の色と恋など、とりどりに彩られた、江戸の男たちの恋模様を、ぜひお楽しみください！

畑中　今日は長時間、ありがとうございました。

『西鶴粋談』。西鶴研究の先駆者、暉峻康隆が10人の小説家、文化人と交わした対談を収録（1980年、小学館）。当時の作家たちの西鶴に対する熱い思いが伝わってくる。

早川由美

針のある梅

ボクのために死ねますか？

ホワイトとブラックの小輪

大学の創作系の学部の選択科目で西鶴の作品を取り上げた時に、受講生が女性ばかりの時には「男色」物はかなりウケます。しかし、男子学生がいる場合には彼らの拒否反応がかなり激しい。男女の反応の違いを面白いと思いながら、『男色大鑑《なんしょくおおかがみ》』巻二の二「傘持ってもぬるゝ身」の小輪について二つの読みを提示してみました。

一つは、コミックでも描かれていたような殿を悪役としたもので、小輪は惣八郎を愛していたとするもの。もう一つはまったく違う読みで、小輪は実は殿を愛していたというものです。

「お前のためなら死ねる」という殿の言葉は、一時的な戯れに過ぎないことは小輪にはわかっていたでしょう。なぜなら、殿の周りにいる若衆は小輪一人ではないからです。一つ目入道の怪異が現れた時、殿は「前髪あまためしよせられ」と、たくさんの小姓達を連れて酒宴を行っていたとあります。小輪はその小姓中のナンバーワンではありますが、オンリーワンではありません。小輪の前に一番お気に入りであった少年がいたはずです。

自分が年齢を重ねた時、より若く美しい少年が現れたら、その座はあっさりととって代わられることでしょう。たとえば、巻二の一「形見は二尺三寸」の勝弥のように「我がすがたの花は今を盛り＝今、私は一番美しい時だ」と自慢できるほどであったとしても、殿の心は他の少年へ移っていくのです。

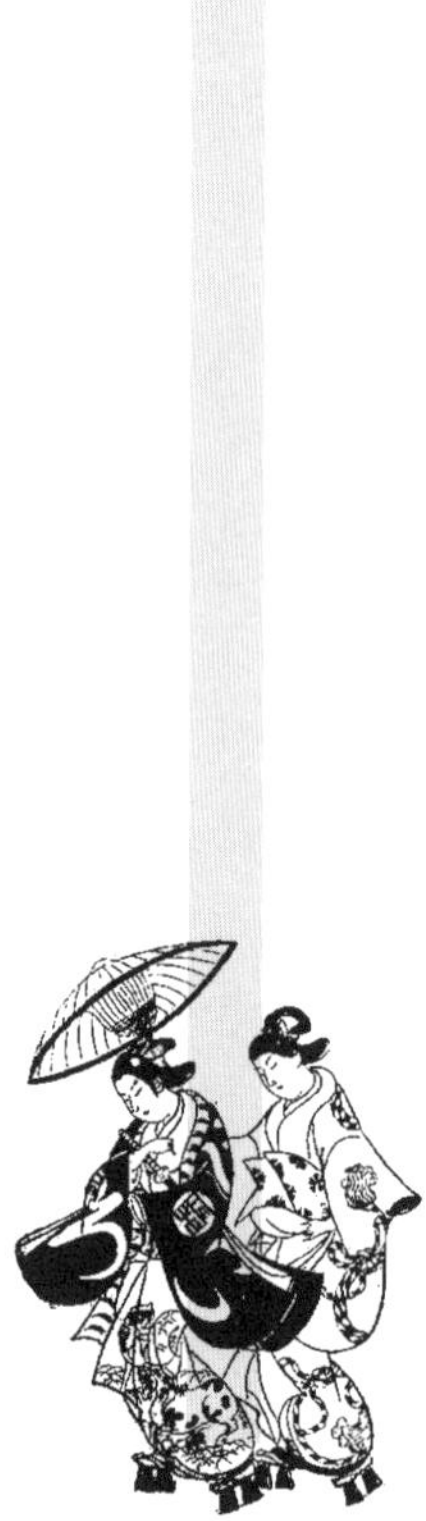

殿のご威勢に従って主恩に感謝しつつ床のお相手を務め、やがては武士として家を興すというのが、当時の社会通念

上は正しい生き方ではないでしょうか。殿の寵愛のおかげで身も立ち、母親を養うこともできるわけです。しかし、小輪は殿との関係に「衆道の誠」という言葉を使っています。

　自分のために死んでくれない殿の愛情は「誠の愛」ではない。本当に命を捨ててくれる相手との恋こそが、究極の愛情と考えるのは江戸時代の人々にとって珍しいことではありません。遊女が客にまごころを形として見せる「心中立て」も、誓いの言葉を書く誓紙などからどんどん深さを増していって、爪をはがし髪を切り、指を切ってみせたりしますが、最後には相対死《あいたいじに》のような命を賭けるものになっていきます。殿との関係を主従の間と捉えることがなかったからこそ、自分だけに真実命をかけてくれる相手を求めて、小輪は「誰であっても私に執心をかけてくれるならば、命に替えても親しくして、この世の思い出に兄分をもって、かわいがってみたい」と答えるわけでしょう。「浮世の思い出」とは、すでに死を覚悟していることを予想させる言葉です。

　彼にとって、自分だけを本気で愛してくれる男と思えたのが、惣八郎だったのでしょう。しかし、殿の目を盗んでの密会には、真実命を賭けてくれる男と逢える喜びと同時に、今現在は自分に命を賭けると誓ってくれた殿へのあてつけ的な暗い喜びもあったと考えられないでしょうか。

　公開処刑の時の小輪の挑発的な言葉にもそれが現れています。衆人環視《しゅうじんかんし》の元で「殿ご自身の手で成敗されるので、思い残すことはない」とにっこり笑ってみせたのは、負け惜しみや嫌みではないでしょう。次ぎに「この手で愛しい男をさすりましたから、さぞかし憎いことでしょう」と言って、右手を差し出します。そして、「この私の後姿、二度と世に現れることがない若衆ぶりでしょう。皆様、これが見納め、よくご覧ください」と自ら宣言して首を討たれるのです。小輪の首を前に号泣して、遺体を寺に収めているのですから、殿は自分を裏切った小輪を憎くてなぶり殺しにしたのではないと思います。

　一方、小輪は殿に切られながら嬉しさに恍惚《こうこつ》感さえ感じたのではないでしょうか。目の前にいる泣きながら自分を斬る殿と、どこかで血の涙を流しながら見ているだろう惣八郎の二人にとって、永遠の「ただ一人の若衆＝オンリーワン」になれるのです。今を盛りの前髪の美少年のまま、人々の記憶の中に生き続け、時間を止めることができる。それは無量の歓び。春を待つ十二月十五日の朝、家中の人々を観客として、無残に折り取られる梅の花の落花狼《らっかろう》藉《ぜき》、嗜虐《しぎゃく》的な美しさを演出する最高のパフォーマンスを行ったということになります。
権力者に蹂躙《じゅうりん》される花のような美少年小輪と惣八郎の純愛をホワイト小輪とするならば、近づく者を傷つけずにはおかない激しさと美しさゆえの残酷さを持った若衆のナルシスティックな物語、小悪魔のようなブラック小輪もまた、一興ではないでしょうか。西鶴の作品は読みの可能性を広げてくれるものです。ホワイト小輪が、少し刺のある白梅のようなイメージとしたら、ブラック小輪は、匂い立つ鮮やかな紅梅に恐ろしい針を持つようなイメージで考えたらどうでしょうか。

モラトリアムの前髪

若衆の花の時期は短いものです。前髪を剃り落としたら、野郎という成人男性となります。その姿は、花のない枯れ木にたとえられています。この若衆の象徴「前髪」とは、現在の女子高生の制服と似ているかもしれません。JKと呼ばれ、独自のカワイイ文化を創り出している女子高校生の制服姿。スカートの丈も、結ぶリボンも、持つ鞄も靴もそれぞれに工夫を凝らして装っているようです。

ところが、高校を卒業して数ヶ月後の大学の入学式では、多くの女子大学生が同じような黒いスーツを着て出席します。まるで制服のように見えてもそれは就職活動の時にも着るもので、JKの制服とはまったく違います。いつまでもカワイイではいられない、しっかりと仕事が出来る女性へと社会に準じていく心を形として見せるものでしょう。いつまでもJK姿でいることは無理があり、年齢を重ねるとどれほど若作りしても制服姿はコスプレにしか見えなくなる。アンチエイジングをしても、女子高生の状態をキープすることは不可能です。

若衆も同様に、いつまでも前髪を置いた若衆姿ではいられません。現在の男子高校生の制服姿は女子ほどの変化のインパクトがないので、男子にとって「若衆」は想像しにくいのかもしれません。しかし、制服を着ている限り、社会人としての責任を負わなくてもいいことでは、同じだといえないでしょうか。世間のしがらみからまだ自由でいられるのですし、高校生男女の付き合いではすぐに「結婚」が見えてくるわけではないでしょう。

親や主君の許しがない自由恋愛が成立しないのが江戸時代です。与謝蕪村《よさぶそん》に「御手打《おてうち》の夫婦なりしを更衣《ころもがえ》」（明和七年『句帳』）という句があります。武家社会においては、自由恋愛は不義密通、露見すればお手討ちになってもおかしくない。商家であっても、命を取られることはないにしろ、お店を追い出されることになるのです。

　男性にとって、そのような間違った道に踏み込まず社会で確実に生きていくためには、許された妻を娶《めと》って家の存続と繁栄を図ることが大切なのです。恋愛をしたければ遊《ゆう》廓《かく》に行けばよいと、『世間胸算用』巻二の三「尤《もっと》も始末《しまつ》の異見」で言われています。遊女との疑似恋愛の場として遊廓がありますが、普通の女性との自由恋愛には危険が伴います。そうした中において、真の自由恋愛は男色に求められたのではないでしょうか。

『武道伝来記』八の二「惜しや前髪箱根山颪」

　念者と若衆との関係は、若衆に前髪がある間だけのことであり、いつかは卒業しなくてはならない期間限定の恋です。二人が共に卒業を迎えて、後は先輩後輩や同僚として社会で暮らしていくことになるわけです。兄分の方は、たとえば巻二の三「夢路の月代《さかやき》」のように新しい若衆を恋人にすることもあったでしょう。少年の方も、社会的責任を猶予されているモラトリアムの「青春」時代の思い出として兄分との恋を割り切り、後は頼もしい後ろ楯《だて》となってほしいと思ったのです。事実、何かあったときにかつての兄分は頼りになったようで、『好色一代男』でも女にこりごりした世之介はかつての兄分を訪ねているのですから。

　前髪で思い出すのが、『男色大鑑』の作品ではありませんが、『武道伝来記』巻八の二「惜しや前髪箱根山颪《やまおろし》」です。この作品には、兄分と若衆との間で、終わりの時期に対する認識の違いが招いた悲劇が描かれています。

　兄分松枝《まつえ》清《せい》五郎は自分の許しもなく元服

した恋人水際《みづき》岸《きし》之助《のすけ》を刺し殺し、元服を画策した父親岸《きし》右衛《え》門《もん》とその相役鳶尾《とびお》与七《よしち》右衛《え》門《もん》を殺害し、自分も与七右衛門の若党に討たれた、という物語です。父親岸右衛門は、息子岸之助を元服させて跡を継がせることで殿の許しも得ていたが、清五郎の許しを得られない岸之助は元服を承知しない。父と恋人清五郎との板挟みになった岸之助は、「親父にだって身に覚えのあることだろうに」と親戚から心情を伝えてもらいます。兄分との恋は、誰でもが経験のあることなのです。

事情を理解した父親は、知り合いに清五郎の説得を依頼しました。殿の許可も出た事であるからと穏便に清五郎に話をつけようとしますが、彼は聞き入れません。仲介役の与七右衛門は、清五郎の言葉を無視して元服を強行させると言い捨てて帰ります。

十七歳になった岸之助の美しさは家中で評判であり、その夜清五郎が招いた友人達にもうらやましがられています。そういう彼らでも「年月の流れをせき止めることはできず、一つ年を重ねれば、若衆としての美しさは薄くなるが、いつまでも前髪を残しておきたいものだ」と語ります。年齢と共に確実に若衆としての華は枯れていくのです。十七歳の岸之助自身にも、それはわかっていたでしょう。友人達は、清五郎をうらやましがりながらも、岸之助の元服が近いことにも気づいているようです。

しかし、清五郎はその言葉の毒に気づきません。岸之助が元服してしまったら、二人の関係は終わりですから、そんなことは認められません。岸之助も自分と同じように、二人の関係をずっと続けていきたいと望んでいると信じていたのでしょう。

ところが、岸之助はすでに若衆の時代を卒業して、親の跡を継いだ先の将来を見ていました。兄分の清五郎が与七右衛門たち大人の理屈に反抗して時を止めておきたいと思っていることは理解しつつ、それが無理なことをわきまえていたのです。

清五郎の許可を得たと聞いた岸之助は、そり落とした前髪を形見として渡そうと訪ねてきました。自分の思いが岸之助に通じていなかったことを、友人達の前で知らされたことによる恥の思い、自分の思いを理解してくれなかった岸之助に対する怒りの思いが清五郎を激高させました。「衆道の誠」があるならば、兄分である自分の言葉が何よりも大切であるはずですから、岸之助を「無心底者＝裏切り者」と言って刺し殺すのです。

兄分と若衆の男色関係は期間限定の恋であるからこそ集

中して思いは深まり、相手への不寛容となって様々な悲劇を起こして、命を奪うような事態も起きています。

辰弥はよい子

これまで取り上げた二つの話は、自由恋愛としての男色でした。『男色大鑑』には、金で買われる歌舞伎若衆の物語があります。舞台で芸を見せるだけではなく、客の相手もした若衆たちの場合はどうなのか。西鶴自身が、気に入っていたと思われる「上村辰弥《うえむらたつや》」を取り上げてみましょう。

西鶴は大坂の医師に宛てた手紙の中で「人は何ともいへ、たつや能子《よいこ》にて候」と書いています。「他人はなんとでも言えば良い、辰弥はよい子です」とは、どういうことなのか、当時の役者の評判記などでは辰弥について、

1　出自が卑しいこと。十一歳頃までは町を回って紙くずを集めてわずかな金をかせいでいた。

2　上品な芸ができず、愁嘆事には向かない。

3　酒が過ぎることがある。

という否定的な意見が書かれています。

辰弥は、貧しい家に生まれて十二歳くらいで、「売られた」ということでしょうか。衣食住に不自由しなくなった分、親に感謝したかもしれません。芸と色を仕込まれてやがて舞台に立つことができるようになったのです。美しく着飾っている姿をみると、以前はこうだったのにと昔を言いだす人間がいるものです。

もう一つは、そうした育ちからという見方をする人もいたでしょうが、辰弥の芸はしっとりとした上品なものではなかったというものです。当時女方の芸は、しっとりとした憂《うれ》い事への評価が高まっていました。華やかな踊りよりも、夫や恋人や子供を思って愁嘆《しゅうたん》するなどの悲しみの演技が求められていたのです。

江戸幕府にとって風紀を乱す場として認識されていた歌舞伎は、元々が役者の容姿重視・踊り重視という芸能であったわけです。幕府の様々な禁止を乗り越えて、成人男性のみで演じられるようになり、かつての容姿重視・踊り中心というものから、筋のある芝居を見せることへと重点を移していきました。そうした時代の流行と辰弥の芸は合っていなかったといえるでしょう。

また、お酒が好きで舞台に酒が抜けきらずに立つこともあるし、宴席ではしたたかに酔うという話も聞こえているようです。

しかし、もちろん人気役者ですから誉められる点もあります。辰弥の場合、評判記で高評価を得ているのは、容姿の美しさと舞のうまさです。舞は色っぽく扇情《せんじょう》的であり、笑顔の美しさと明るさはしっぽりした愁嘆事のじゃまになるほどだと言われています。西鶴は、こうした世の評判を知った上で「人は何ともいへ」自分は辰弥がすばらしいと思うと言っているのです。

『男色大鑑』にも辰弥は登場します。巻七の五「素人絵に悪《にく》や金釘」では、西鶴を「かわゆらしき手して」呼ぶ様子や、小舟に乗って浮かれている姿が描かれています。きっと、明るく笑っていたことでしょう。

この章では、岡田左馬之助《さまのすけ》が取り上げられて「身に入れ瘊子《ぼくろ》ひとつもなくて、その情ふかし」と書かれています。指を切ったり、太ももに煙管《きせる》を押しつける煙管焼きをしたり、刺青《いれずみ》で相手の名前を彫りこんだりする入れぼくろは、客をつなぎ止める「勤め」のための心中立てです。左馬之助は、そうした手段を取ることはないが、情けは人一倍だということです。若衆も遊女も同じで心中立てとは客のために痛みをこらえることで、客にして見れば、この痛みを我慢できるほど自分の事を思ってくれているのだと実感できるわけです。心中立ては、今ならDVと言われるような行為ですね。

ところで、この左馬之助の話と違って、勤めのために指を切ったのが辰弥です。巻八の四「小山の関守」では、目録に「上村辰弥よい子に極る事」と副題に書いたほど西鶴が思い入れを持っている章と考えられます。

そこでは、しめっぽくて酒も進まない初めての客の席での辰弥のふるまいが書かれています。沈んだ席の中で誰かが、「心中立てといっても、指を切ることはめったにないだろう」と言ったところ、辰弥は「ことによっては、命でも捨てるものですから、指くらいたいしたことではありません」と笑って答えたが、人々は気にもとめませんでした。すると、辰弥は自ら親指を切って、「これをお肴《さかな》に」と投げ出したのです。驚く周囲をよそに、辰弥は普段よりもご機嫌に騒いで座を盛り上げたという話です。

この話の前で西鶴は、義理にもせよ欲にもせよ、数が決まっていてしかもそれぞれに役割のある指を、よくも切ることができるものだと、「あはれさ」が増したと書いているのですが、辰弥の指切りについては、「これは、客によく思われたいなどという欲からの行為では断じてない。後先も考えない無分別だというような人は放っておこう。こんなことが普通出来るものではない」とその行動を誉めたたえて、「古今の若衆で最高だ」と言い切ります。初めての客が楽しめないような沈んだ席で、心中立てについての否定的意見が出されたのは、命を捨てる覚悟を示す「衆道の誠」そのものを否定するようなものに聞こえたのではないでしょうか。勤めの身であろうと、普通の若衆であろうと、いざとなったら命を捨てる覚悟を持っていること、それを証明するために指を切ってみせたとすると、欲のため・客のため、もちろん義理でもありません。辰弥の意気地《いきじ》というものを高く評価しているのではないかと思われます。さらに、指を切ることで重たくなった場の空気を、賑やかにはしゃぐことで明るくするのはいかにも湿っぽさが似合わない辰弥らしい行動でしょう。

『難波の㒵は伊勢の白粉』巻二「上村辰弥」（『近世文学資料類従』西鶴編20、勉誠社、1976年より）

　商売で客の相手をする歌舞伎若衆ですが、西鶴はあからさまに金のために客と寝る若衆には批判的な言葉書いています。逆に、真実自分に思いをかけてくれる相手には、金銭とは無関係に優しく接するという「情け」ある若衆を理想としています。

　辰弥についての非難の一つに「小町風」というものがあります。小野小町は絶世の美女であったのですが、身体的欠陥があって男性を受け入れることが出来なかったという伝説に基づいた表現です。西鶴はそういう悪口を言う人は、自分が辰弥に振られたからだろうと反論しています。辰弥は、金のためなら誰にでも身を任せるような若衆ではなかったのでしょう。

　さらに、評判記を読んでいくと辰弥について、着物や持ち物がぜいたくで洒落た物であることを挙げて「呉服屋の支払いはどうなっているのかは知らないが、まあ綺麗なことだ」と評されていることがわかります。『椀久二世の物語』の中に「戸川瀧川」と並んで書かれている戸川早之丞《はやのじょう》・瀧川市弥は、呉服屋からの借金の取り立てを苦に自害したということです。早之丞は七の三「袖も通さぬ形見の衣」に書かれた通り、念者へ心中を立てて客を振り続けた結果、次第に金に困るようになっていきました。早之丞や市弥の死は、金に困ってのことではありますが、兄分への心中立てを守った結果でもあるのです。小町風の辰弥の未来も明るいものではなさそうです。

そうやって見ていくと、評判記に「上村辰弥は、この世を恨み冥途の旅役者となった」という一文があります。元禄五年頃までには、辰弥は世を恨んで自害したようです。

同時代の資料からうかがえる上村辰弥とは、仮初めの客であっても情けをかける優しさを持ちながらも、金になる客であっても簡単に身を任すことはしない。卑しい出自であると陰口を言われながらも、それを感じさせない贅《ぜい》を尽くした美しい衣装を着ていた。笑顔がよい美しい役者で、明るく軽やかな舞ぶりや芸風であったとまとめることができるでしょう。経済的破綻《はたん》が予感されるような衣装の贅沢《ぜいたく》ぶりも、愁嘆が似合わないほどの明るい芸風も、すべてが西鶴の好みに合致したのではないでしょうか。辰弥もまた、針を持つ梅の花のような若衆であり、命をかけた恋「衆道の誠」を貫いた人物だったといえるでしょう。

選ばれし者の梅苑

「男色」とは、江戸時代独特の男同士の恋愛であり、前髪立ちの美少年「若衆」との恋であるから、「若道・衆道」といった方がはっきりします。「男色」とは、女との関係「女色」と対比される言葉ですが、この二つはどう違うのでしょうか。

『男色大鑑』巻一の一は「色はふたつの物あらそひ」として、この二つを比べています。中でも、「素戔嗚《すさのお》の尊《みこと》が、年寄りになってから稲田姫にたはむれたことによって、世に姦《かしま》しき赤子の声、産婆さん、結婚仲介業の仲人も出来たのだ」といい、「結婚に向けての嫁入り長持・葛籠《つづら》が二親の厄介ごとになった」という部分に取り上げられるように、女とつきあえば子どもが出来るし、結婚という社会制度の中に取り込まれることになります。

『好色五人女』巻二で同僚の腰元から手紙をもらった手

代茂《も》右《え》衛門《もん》は、「付き合ってもいいけれど、子どもが出来たら面倒だ」という返事を書いています。子どもを間に置けば、「父」と「母」であり、いつまでも恋人同士ではいられなくなります。生活も子ども中心になることでしょう。『西鶴置土産』巻四の一「江戸の小主水と京の唐土と」に登場する大尽は、安女郎の借金を清算して夫婦となったのですが、次々と子どもが生まれてしまいました。生活も苦しく、セックスレスとなったということです。

『武道伝来記』五の二「吟味は奥縞の袴」

男色関係の二人の間には、子どもは生まれません。元服することなく二人で暮らしていったとしても、巻四の四「詠めつづけし老木の花の頃」のように、いつまでも恋人同士でいられることでしょう。

また、親や主君の許しが必要な結婚という制度の外側にある関係ですから、身分の釣り合いなども考える必要もないわけです。つまり、若衆に兄分として選ばれるのは、思いの深さと人間性ということになります。選ばれなかった男たちは、自己を否定されるような屈辱を感じることになり、選ばれた男に対して激しい憎悪の念を抱いて果たし合いなどの血なまぐさい解決方法を取ることも多いのです。「命を捨ててもいい」という衆道の誠の変形ですね。なんとも物騒なことであり、『男色大鑑』にはこうした刃傷沙汰《にんじょうざた》がいくつも描かれています。

そうした振られ男の復讐の仕方としてすごいのは『武道伝来記』巻五の二「吟味は奥縞の袴」です。美少年梅之助は、身分の低い与十郎を兄分としていました。若殿から出仕を求められた梅之助は、与十郎への心中を立てて仮病を使います。若殿の側近新六は、かねてから梅之助へ恋慕していたが断られたため、与十郎への嫉妬押さえがたく、若殿を利用して与十郎をえん罪で成敗してしまいます。

梅之助は、与十郎を慮って若殿からの出仕命令のことを伝えていなかったため、与十郎は若殿から昇進の誘いにいそいそと乗ってしまいました。与十郎の死を知った梅之助は、謀略の主が新六であることを突き止めて、仇を討って自らも切腹して果てるのです。彼の書置きには、「恋慕に捨てる命は風塵よりも軽い」として、無実の者を殺した「人の皮を着た畜生」がいる世界に生きるよりも「いとしいと思う兄分の敵を討」って、あの世へ行くと書かれていました。命を賭けて愛を貫けることが「衆道の誠」というもの。忠義や義理といった道徳ではなく、恋慕のために命を賭けることを公言できるのは、男色が道徳の範囲外だからなのでしょう。

男色の関係は、何事もなければ元服と一緒に覚める夢、薔薇よりも鋭い針を持った梅の花の園。えもいわれぬ香りで人を誘う梅の花ですが、この梅苑には、花自身に選ばれた男しか足を踏み入れることができません。この梅の花は雄しべだけで、雌しべをもたないもので、自身で実を結ぶことはありません。咲いて散るだけの命。

こういう梅の花は折り取ってやった方が、木のためにもよいのかもしれません。しかし、自分もけがをするかもしれませんし、下手をすると命も落とすかもしれません。針は毒針かもしれないのです。さらに、垣根の外では中に入れなかった男たちが、石つぶてを投げつけようとしています。それでも、梅の花の美しさに惹かれて、門の前に立って扉を開けてもらうのを待つ男たちはたくさんいたのです。

参考文献

『男色大鑑』『武道伝来記』（新編日本古典文学全集67・69、小学館、一九九六・二〇〇〇年）
『男色大鑑』（武士編、歌舞伎若衆編、無惨編）B's-LOVEY COMICS
「傘持てぬる丶身」は『西鶴が語る江戸のラブストーリー』（ぺりかん社、二〇〇六年）に掲出されている。
拙稿「上村辰弥評の再検討――『難波立聞昔語』の読みを中心に」（『西鶴考究』おうふう、二〇〇八年）

あまりにもか弱い美少年のあまりにも強い愛情

井原西鶴の「香木男色譚」二題

浜田泰彦

井原西鶴の浮世草子作品の中で、男性同士の同性愛を中心に扱った『男色大鑑』（貞享四年（一六八七）正月刊）は、マンガ版（『男色大鑑――武士編』、『（同）――歌舞伎若衆編』、『（同）――無惨編』ＫＡＤＯＫＡＷＡ、二〇一六年）が相次いで刊行され、広く知られるところとなりました。けれども、西鶴が男色を扱ったのはこの作品だけではありません。

西鶴には「武家もの」と呼ばれる一連の作品があります。『武道伝来記《ぶどうでんらいき》』（貞享四年（一六八七）四月刊）、『武家義理物《ぶけぎりもの》語《がたり》』（貞享五年（一六八八）二月刊）、『新可笑記《しんかしょうき》』（元禄元年（一六八八）十一月刊）の三作品がそれです。やはり武士の敵討《かたきうち》あるいは果し合いがその大半を占めるのですが、武士の世界は男同士の固い絆《きずな》が支えているため、「ブロマンス（性愛を伴わない男同士の友情物語）」に終始することもありますが、性愛がからんでくることもしばしばあります。

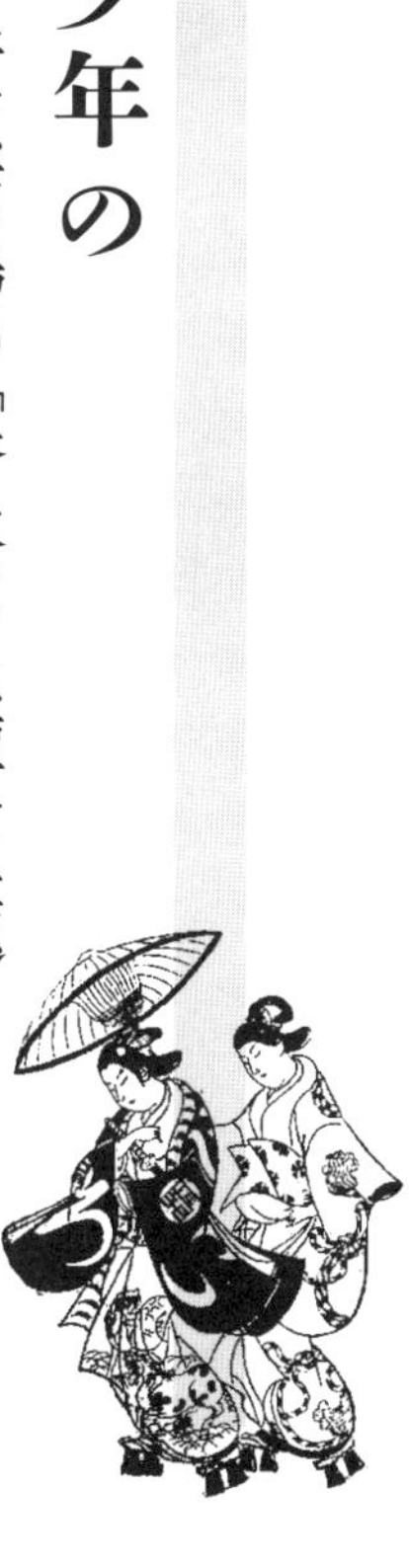

たとえば、『武家義理物語』巻一の三「衆道《しゅどう》の友呼ぶ千《ち》鳥《どり》香炉《こうろ》」は、次のような物語です。

頃は、室町幕府八代将軍足利義政（在位一四四九―七三年）の治世。銀閣寺に代表される「東山文化」が花開いた時代です。こぞって風流な趣味をたしなむご時世にあって、将軍の屋形では日本全国から集めたえりすぐりの六十種の香木を焚《た》いて楽しんでおりました。すると、どこからともなく聞き慣れない薫りが漂ってくるではありませんか。将軍は早速丹波守利清《たんばのかみとしきよ》に命じて持主を捜索させました。利清は、賀茂川の岸で蓑《みの》笠をかぶって香炉を持ち添えた六十三歳の老人に行きあたります。住まいさえ定めていない風変わりな老人に「その香木は何か」と尋ねたところ、

「年寄りにはよく分からない。燃え尽きて消えかかっているが聞き分けたまえ」

『武家義理物語』「衆道の友呼ぶ千鳥香炉」（巻一の三）

と、あっさり香木を譲り、松並木を分け入って帰ってしまいました。この老人が毎夜川岸に立ち、群れ飛ぶ千鳥の鳴き声を聞いたことにちなんで、将軍はこの香木を「千鳥」と命名し、名物となりました。

ところで、将軍は関東出身の桜井五郎吉という十六歳の美少年を召し抱えていました（ちなみに、年上の君主が年若い美少年の侍を召し抱えるのは、武士の世界ではよく行われていました）。五郎吉は、千鳥の香炉を見るなり、何やら物思いに沈むようになり、ついには床に臥してしまいます。樋口村之介という五郎吉と懇意の仲間が理由《わけ》を尋ねたところ、

「実は千鳥の香炉の老人とは、故郷で兄弟分の契りを交わしておりましたが、『お前の出世に差し障りがあるといけない』と気遣った老人が、故郷を離れ京都に上ってしまったのです。今私がこうして将軍にお仕えしているのは、もしかしたら彼と再会できるかもと期待していたからなのです。けれども、私は病気に冒されてしまいどうしようもありません」

と事情を告白しました。ますます重篤となった五郎吉は、村之介に自分の代わりに老人と兄弟の契りを結んで欲しいと依頼します。さすがに無理な注文でしたの

で、ためらったものの五郎吉とは何事も命を懸けると誓い合った義理の友人であったので受諾すると、五郎吉は嬉しそうに微笑《ほほえ》んで最期の時を迎えたのでありました。

村之介は、今出川の藪垣《やぶがき》のほとりにあった老人の粗末な住まいを訪ね、五郎吉の死を報告します。老人はいつもは沈着冷静、泰然自若《たいぜんじじゃく》を決めておりましたが、愛する五郎吉の訃報に接し、さすがに動揺し、男泣きに泣きました。悲嘆にくれる老人の姿は、年相応に外見も醜く、それを見るにつけ、村之介は例の五郎吉の遺言を老人に切り出すのをためらってしまいます。しかし、草場の陰に眠る五郎吉の恨みを買うのもつらかったので、ついに切り出します。ここは原文を引用しましょう。村之介の心情を察しながら読んでみてください。


「五郎吉になり代はりて、今より兄弟分と思《おぼ》し召して、かはゆ（可愛）がらせ給へ」


老人は、五郎吉が死んで間もないのに身代わりとはいえ村之介と関係を持つわけにもいかず、いったんはこれを拒否します。村之介が命を捨てる覚悟を示すと、老人は態度を改め（村之介の覚悟を察したのでしょう）、これを受け入れ、以降二人は毎夜忍び逢いを重ねたのでありました。

村之介は、十六歳の五郎吉と小姓《こしょう》仲間ですから、その年齢は十五〜十八歳といったところでしょう。したがって、千鳥香炉の持主であった老人とは四十五歳程度の年の差があります。しかも、この老人はいわゆる「枯れ専」好みのステキなジェントルマンでもなかったようで、本文では「人の形も卑《いや》しかる（＝外見も卑しげであった）」と描写されています。では、二人の美少年を惹きつけた老人の魅力はどこにあったのでしょうか？

これには確定した解答があるわけではありません。老人が持っていた香炉の「千鳥」は、群れで飛ぶ小鳥であって、この物語に西鶴が「衆道の友呼ぶ千鳥香炉」なる章題を与えたのも、「千鳥」こそが五郎吉・村之介・老人といった友を呼び寄せる機能を果たしたのだ、と解釈するのが妥当なところでしょう。また、仏前で焚くお香には人を結びつける「香火因縁《こうかいんねん》（香火之旧《こうかのきゅう》）」という特異なパワーがあると信じられていたのも、あるいはこの年の差を埋める要因の一つになっているかもしれません。気になった人は、原文を読み、それぞれの解釈を与えてみてください。

さて、香木が男性同士を結び付けた物語を西鶴はもう一作執筆しています。『男色大鑑』「東《あずま》の伽羅《きゃら》様」（巻二ノ四）

がそれです。この物語は、『男色大鑑——武士編』に眞山りか作のマンガ版が収まっているので、ご存じの方も多いかもしれません。

『男色大鑑』「東の伽羅様」（巻二の四）

　津軽の町人で男色狂いであった伴《ばん》の市九郎が、仙台城下芭蕉が辻の町はずれにあった小西の十助の薬屋の前を通りかかったところ、暖簾《のれん》の向こうから聞きなれない薫香が漂ってくるではありませんか。市九郎は早速、その香木を所望するも「息子がたしなんでいる伽羅ですので」と断られてしまい、諦めて帰ってしまいます。その息子こそ、十太郎という美少年でしたが、暖簾越しに市九郎の姿を見初めるなり恋わずらいに臥してしまいます。いよいよ最期という段になって、十太郎は「明日の夕方、市九郎がここを通りかかる」と予言。周囲は半信半疑でしたが、予言通り市九郎が現れ、見事再会を果たしたのでありました（厳密には、市九郎は十太郎と初対面です）。すっかり元気を取り戻した十太郎は、「眠っている間に魂が抜け出し、市九郎の袂《たもと》に伽羅の割欠けを入れておいたはずだ」と問いただすと、確かに市九郎はかけらを持っており、十太郎の持っていたかけらと合わせるとぴったり一つに。この奇縁がきっかけで、十太郎は市九郎とともに津軽に下り、末永く兄弟分となったのでした。

　この物語も先の「衆道の友呼ぶ千鳥香炉」と同じく、聞き慣れない薫香に誘われた登場人物が、珍しい香木を入手したのをきっかけに離れ離れになっていた男性が繋がるという共通項があります。

　加えて、両物語とも恋煩いの美少年が登場する点も共通しています。「東の伽羅様」の小西十太郎は死の間際まで追い込まれてしまいましたが、伴の市九郎と再会するなりあっさり回復します。何とも都合がいいというか現金な病気だと思われるでしょうが、古典文学作品における恋煩いはこの展開が鉄板です。一方、「衆道の友呼ぶ千鳥香炉」

の桜井五郎吉は、せっかく京都で恋人であった老人と再会するチャンスに恵まれたにもかかわらず、ついに回復することなく死に至ります。なんと、か弱い！

あまりにもか弱い二人の美少年は、それに反比例するような強い愛情を恋人（念友）に向けている点も見逃せません。十太郎は遠く離れた市九郎のもとへ魂を飛ばす離れ技で、五郎吉は樋口村之介を自らの代理に立てる離れ技で、それぞれ恋人との愛情関係を持続させているのです。ただし、十太郎―市九郎が思いを遂げて末永い兄弟関係を築いたのに対し、五郎吉はついに自身が老人との再会を果たせなかったのですから、現代の読者には悲恋に映るかもしれません。

ここで少しばかり現代の作品に目を移してみましょう。

『トーマの心臓』（小学館文庫、1995年）

ヨーロッパの男子寄宿学校（ギムナジウム）を舞台とし、そこで繰り広げられる少年愛を描いた名作である萩《はぎ》尾《お》望《も》都《と》『トーマの心臓』（初出は『週刊少女コミック』一九七四年）には、自殺したトーマ・ヴェルナーと瓜二つの美少年エーリク・フリューリンクが登場します。エーリクは貧血に似た症状（医者によれば「神経症」）でしょっちゅう倒れてしまう美少年です。この作品ではトーマとユリスモール・バイハン、トーマの身代わりであるエーリクとユリスモールは両想いであったにもかかわらず、ついに思いを遂げることはありませんでした。悲恋を綴《つづ》ったこの作品において少年の病弱さは悲劇を演出するに一役買っていると言えるでしょう。この作品は一九八〇年代に少女のための男性同士の性愛の物語を中心に提供した商業誌『ＪＵＮＥ』系の作品と同様に、性交を伴わないがゆえに、愛し合いつつも生き別れ、死に別れるという悲劇に終わるパターンの先駆けでもありました（石田美紀『密やかな教育〈やおい・ボーイズラブ〉前史』洛北出版、二〇〇八年）。

一方で、これまで見た西鶴の男色譚は、男性同士が生物的な性交を行えない葛藤は伴っていないので、病弱な美少年が必ずしも悲恋の導き手にはなっていないのでした。桜井五郎吉は老人との再会を果たせなかったけれど、樋口村之介に託す形で愛を貫いたという意味では、エーリクがトーマの身代わりになれなかった『トーマの心臓』とは違った展開を見せていると言うべきでしょう。このように、西鶴の男色譚は現代の少年愛を扱った作品とは異なり、性的タブーを克服するハードルがなかったために、幸せな結末を準備する十分な条件が整備されていたとまとめられそうです。

今回は限られた数の作品しか扱っていませんので、右のような結論を出すのは早計かもしれません。今後さらに、江戸時代の男色を扱った作品と近現代の少年愛を扱った作品とが詳細に比較検討されることを期して、筆を擱《お》きたいと思います。

追記　本稿は、佛教大学での自主ゼミにおける成果の一部である。出席者の河戸愛実・廣嶋桃香・森上亜希子・矢ノ口由美の各氏に記して感謝申し上げる。

涙と笑いの男色セレクション
『男色大鑑』の影響下に生まれた作品より

濱口順一

はじめに

井原西鶴の作品の中でも長らく研究が避けられる傾向にあった『男色大鑑』（井原西鶴作、貞享四年（一六八七）正月刊）が、近頃、コミカライズされるなどして、ようやく日の目を見始めているようです。

西鶴は『男色大鑑』以外でも男色話を扱い、西鶴以外の作者によっても、多くの男色話が書かれ、江戸文学史の一角を占めていると言っても過言ではないでしょう。しかし、それらの存在は今では世間から忘れ去られて、埋もれたままになっています。この時代の風俗や文学を語る上で、男色話は欠かせないものであるにもかかわらずです。これまで男色話が取り上げられなかったのは、要するに男色というものがタブー視されていたからです。しかしながら、今の時代、そのような偏見はもう無用です。

幸いなことに、この場を借りて、西鶴以外の男色話を紹介させていただくことになりました。どの話を紹介すればよいか非常に悩ましいところですが、私が面白いと思う話で良いとのことなので、紙幅やバランス等を考え、独断と偏見でセレクトさせていただきました。紹介させていただくのは、『男色大鑑』に触発されて書かれたいわゆる「男色物」の『男色木芽漬《なんしょくきのめづけ》』（漆屋円斎作、元禄十六年（一七〇三）三月刊）と『男色今鑑《なんしょくいまかがみ》』（宝永八年（一七一一）正月刊）、西鶴の弟子の北条団水による『野傾友三味線《やけいともじゃみせん》』（北条団水作、宝永五年（一七〇八）閏《うるう》正月刊）の中から一話ずつです。男色話のストーリーを紹介しながら、合間合間に解説を入れるというスタイルをとりました。執筆に当たっては、流し読み感覚で気楽にご覧いただけるよう、なるべくわかりやすい表現と解釈を用いて、一人でも多くの方に興味を持っていただけるよう心がけました。

それでは男色話の世界をほんの少し垣間見てください。

小坊主にカツラをかぶせ
――『野傾友三味線』巻三の一「男色のばけ物」

木曽（現在の長野県の木曽地方）の山里にある椹《さわら》大明神がすっかり荒れ果てたので、名主の八十八歳の老人の発案で、修復し再興することになりました。その資金を集めるために、竹田のからくり人形芝居を呼び、合間に野郎の踊りを入れる興行をすることになりました。これに集まる人を目当てに、三本足の美人・鬼婆・海坊主の見世物なども軒を連ね、近隣の者どもは伊勢参りか西国三十三所の巡礼のついでにしかこのような芝居を見たことがなかったので、大盛況となりました。堅木村の者が人形ではなく人間が踊っているとクレームをつけるトラブルもありましたが、都では歌舞伎というものだということを説明して納得させました。

この話が収録されている『野傾友三味線』の「野傾」とは「野郎」と「傾城」のことです。「傾城」は遊女で、この話で登場する「野郎」とは色を売る役者の総称です。

「堅木村」というのは実在する村ではなく、そういうことも知らない「堅い」人たちが住む村という洒落でしょう。今の木曽地方の方が読まれたらお怒りになるかもしれませんが、歌舞伎を知らない人がいるほど田舎の地域だということを強調する役割をしています。当時、竹田のからくり仕掛けの人形芝居は人気を博し、実際に野郎の踊りもセットで行われていたようです。

そんな中、この里の大尽（大金持ち）が竹田の楽屋に密かに使いを送り、野郎を買いたいと打診してきました。こういうことに精通している男が、小坊主に若衆カツラを被せて、松井艶之介・小作りしのぶなどと名を付けて、金剛（野郎の従者）の作兵衛をお供に仕立て遣わせました。茶屋などないので、薬師堂に集まり、野郎たちへのご馳走も田舎料理。茶碗酒でも大尽はご満悦。ただ、田舎でも床入りだけは都と変わることなく、小坊主たちに恐ろしい思いをさせるのでした。

章題の「男色のばけ物」はこの野郎に化けた小坊主の事を言っています。見世物小屋の化け物たちと同列と暗に皮肉っているのでしょう。おそらく、本物の野郎をこんな田舎の座敷に出すのははばかられたので、奉公人の小坊主を年齢的にもちょうど良いので野郎に仕立てたのです。小坊主も主人たちの相手をしていることでしょうから、床入りも問題ないので野郎の代役にはうってつけです。慣れているとはいえ嫌なものは嫌なのでしょうが。

事が終わり、しばらくうとうとしていると、艶之介もしのぶもカツラが外れていることに気づきました。坊主頭をあわてて隠そうとしている間に、大尽も目を覚ましてしまいました。「艶之介殿としのぶ殿はどうされた」と聞く大尽に、小坊主はカツラを袖に隠し、「お二人とももう帰られました。私たちは召し使いの小坊主でございます」と機転をきかせて答えました。大尽は少しも気づかず、「もう夜が明けたのか。すぐに芝居見物に行って二人のお姿を拝もうと思うので、小坊主たちよ取り計らって下され」と頼むのでした。

小坊主たちが機転を利かせてこの場を切り抜けたところで見事に終わるかと思いきや、最後にひとひねり加えられています。大尽が拝みに行きたがっている野郎は目の前にいる茶坊主です。しかも、彼らが実際の舞台に立つことはありません。今度はどうしたものかとあせる小坊主たちの姿が目に浮かぶようですね。

吐血しても吐血しても買い続け

——『男色木芽漬』巻四の四「千仏のかわりに刻《きざみ》たつる猿」

江戸の牛込町に若い僧がいました。この僧は、十二・三歳の頃に、飼っていた猿がじゃれついてきたのを小刀で脅そうとして、誤って頭を切りつけて殺してしまいました。それをきっかけに、因果というものを感じて出家したのです。「殺してしまった猿のために、千体の仏を彫る気持ちで、千匹の猿を彫る」と決め、桃や梅の種を集めて、毎日のように猿を彫り、その細工は巧みを極めました。

寺の檀家の今村源兵衛という、とある武家の家臣が、このような僧の殊勝な心がけに感心し、夫婦の死後の弔いを頼み、実の子供のように色々と世話をしたのでした。源兵衛が亡くなると、僧は生前の恩に報いるように心を尽くして仏事を執り行ったので、源兵衛の妻も源兵衛が生きている時と同じように僧の世話をしたの

『男色木芽漬』巻4の4「千仏のかわりに刻たつる猿」（国立国会図書館蔵）

でした。

源兵衛には源三郎という十一歳になる一人息子がいました。十五歳未満の子供は、与えられるべき俸禄を一旦殿に預け、その間は最低限の手当てを与えられて、十五歳になる年の暮れから本来与えられるべき俸禄を受けるのが、この武家のしきたりでした。俸禄を全て召し上げられて、源三郎は母親（源兵衛の妻）と共に僧の寺近くの牛込町の横丁にある町屋に送られたのでした。母親はこの僧を頼りにし、僧も実の親のように家に出入りし、源三郎に手習いや読み物を教え、親身に接しました。「お主は源兵衛殿の跡取りなのだから、早く殿に召し出されるようになって、母上を楽にさせるのだぞ」と。

源三郎も子供ながらにも僧の言うことはもっともだと思ったのでしょう、手習いに励み、外に出て悪さもせず、心も容姿も優れた美少年に育ったのでした。母親は深く寵愛《ちょうあい》し、誰にも源三郎を渡さず、どこに行くにもこの僧にまかせました。僧は色恋のことは全く行わず、僧仲間から「岩屋の聖」とあだ名されるほどでしたが、いつしか源三郎と男色の契りを交わしていたのでした。

千体仏は同じ形に作られた無数の小さな仏を一箇所に安置したもので、有名な玉虫厨子にも見られます。

「岩屋の聖」というのは、「石部金吉」と同じように、「岩＝堅物」という連想からつけられたあだ名でしょう。そんな岩屋の聖でさえも、男色の対象になる年齢の少年と長く一緒に過ごしていると、色欲は抑えきれなくなったのでしょう。寺院では女色はご法度でしたが、男色に関しては寛容だったということもあります。寺院での男色は弘法大師が伝えたというほど武家の男色よりも歴史が古いものです。

源三郎十五歳の正月、ついに殿へお目見えし、源三郎の美しさに驚いた殿は、お側で仕える小姓待遇で源三郎を召し出したのでした。僧と源三郎の関係を母も大体知っていましたが、主命に背くことは出来ないので、源三郎は殿のお屋敷に引っ越しました。月に一度のお休みに母の町屋に来る時も、監視役の目付坊主がついてくるので、僧とは筆談すらままならないのでした。

殿は時折、源三郎の手を取ってくどくのですが、源三郎はわざとあどけないふりをして、「ご奉公のためなら命も捨てる覚悟ですが、こればかりは嫌いで」と恥ずかしそうにうつむくのでした。殿は僧との関係を知らないので「母に育てられた町屋育ちなので、色恋のわきまえも知らないのであろう。いずれにしても、そのうち我が物になるので慌てる事はない」とゆったり構えるのでした。

当時は度々禁止令が出るくらい武家内での男色が問題となっていたので、町屋に送られたのは、おそらく、それを避けるための意味合いもあったのでしょう。しかし、それがかえって仇になってしまったというわけです。

しかし、源三郎は僧のことを寝ても覚めても思い嘆き続けるあまり、間もなく労症（肺結核）になってしまいました。母の願いで町屋へ戻り、医療や祈祷の限りを尽くしましたが、その甲斐もなく、臨終の時に僧の手を取り「この世での縁は薄うございましたが、来世も再び契りを交わしましょう。私が死んだ後、他の者と契りを交わしたら、恨みが尽きることはありません。ただ一人の母上を私の代わりにお世話くださいませ」と言い、何度も「決して他の者と契りを交わされるな」とばかり口癖のように言って、八月十八日の八つの刻に亡くなりました。

僧は源三郎を仙覚寺に葬り、その夜は母親の話し相手をするために町屋に泊まり、月山素桂童子《げっさんそけいどうじ》という戒名をつけ、香と花を供えて陀羅尼《だらに》を唱えていると、障子が開いて源三郎の霊が現れました。「決して他の者と契りを交わされるな」と言う源三郎に、僧は恐れもせずに仏道の教えを説くと、源三郎は姿を消しました。源三郎の霊は七日の間は同じ時間に毎日現れましたが、その後は現れなくなりました。僧は世の無常を感じ、源三郎の母に別れを告げ、高野山を始めとして国々の古仏を巡って源三郎の菩提を弔ったのでした。

恋が原因で結核にかかるということはありえないことなのですが、不治の病を患うほど僧を思っていたことを表現したかったのでしょう。

死してもなお僧のことを思い続ける源三郎、それに応えて回向を続ける僧の殊勝さが描かれたところでこの物語が終われば、めでたしめでたしだったのでしょうが、この話にはまだ続きがあります。

僧は大坂に逗留している時に宿の者に誘われて、竹島座の芝居を見物することになりました。そこでふと目にした出来島小三郎という野郎に心を奪われて煩悩を起こし、座敷に呼びます。床に入ってお決まりのことをしようとした時、僧は急に吐血して小三郎の紫帽子や顔を赤く染めてしまい、興が冷めてその日は宿に帰りました。それでもその後も何度も呼びましたが、いつも吐血してしまいます。僧は「源三郎の霊の仕業」とわかっていながら、吐血にかまわず買い続けたところ、ついに吐血は止まりました。

それから京都へ上り、名前を「今」と改めて、有名な野郎たちにあれこれ恋をしかけます。しかし、茶屋へ支払いができるはずもなく、京を夜逃げして、吐血よりも厳しい因果で、故郷にも帰ることができません。

なぜ、吐血をさせ、行き場を失わせるほどまでに、源三郎は僧に執着したのでしょうか。男色の関係というのは、元服後の大人（兄分）と元服前の少年（弟分）の組み合わせが基本です。弟分が元服するとその関係は円満解消され、今度は弟分が兄分となり、弟分を見つけることになります。しかし、源三郎は死んでしまったのでそれ以上歳を取ることなく、永遠に十五歳のままなのです。ずっと僧を思い続けるしかなかったのです。

『男色子鑑』(山八《やまのやつ》作か、元禄六年(一六九三)刊)巻二の三にもこれと同じような話があるのですが、僧は目を潰して修行するという壮絶な最後になっています。教訓的な話としてはそちらの方が優れているのですが、私は色におぼれる僧の方に人間臭い魅力とリアリティを感じます。色遊びでは本名を名乗らないのが常です。僧は粋《いき》だと思っているようですが、そこまでどっぷり色にはまっていることにほかなりません。僧が心を寄せる出来島小三郎は実在し、実際に元禄十五年(一七〇二)三月に大坂で竹島幸十郎座の舞台に立っています。「紫帽子」は野郎が月代を隠すために被っている帽子のことです。京で関わった野郎の中に瀬川竹之丞や山本掃部《かもん》と思しき名前も見られ、リアリティを増す効果となっています。

章題にもなっている冒頭の千匹猿のくだりは、後のストーリー自体には関ってきません。ただ、そこまで信心深かった僧が男色におぼれてしまうというギャップの大きさを際立たせています。しかし、いくら供養のためとは言え、猿を仏と同等にみなしてはいけません。猿ではなく仏を彫るべきでした。その報いもあるのでしょうか。猿は一度覚えた快楽を忘れないと言います。それこそ猿のように一度味わった男色の味を僧は忘れられなかったのです。

饅頭を落としてしまい

――『男色今鑑』巻二の三「過《あやまち》を見て情を知る心の風味」

筑紫国(現在の九州地方)の有名な小姓好きの殿様に、山城国(現在の京都府の一部)生まれの深瀬清吉というお気に入りの小姓が仕えていました。ある時、江戸のお屋敷で親しい人たちを招いての酒宴が行われ、その席で深瀬は懐から饅頭《まんじゅう》を二つ落としてしまいます。これ見て客人たちの多くが眉をひそめたり笑ったりする中、深瀬は顔色一つ変えずに、殿の前にかしこまって話し始めました。

小姓というのは、主に殿のお側近くに使える元服前の少年で、時には殿の床の相手もしました。なにしろ深瀬も育ち盛りの少年ですから、こっそり空腹を満たすために饅頭を隠し持っていたと皆は思ったのでしょう。お腹が空くのは仕方ないこととはいえ、お殿様に仕える小姓の身としては、それがバレるのはやはりみっともないことです。しかし、そこには、別の理由があったのです。

「このような有様、さぞかし、いやしいとお思いでしょう。実は、これには訳がございます。殿には隠していましたが、私は殿に召し出される前に、深尾文左衛門という者と男色の契約をしていました。殿には深い恩義を感じてお仕えしているのですが、それでも深尾のことが忘れられませんでした。もちろん、深尾も私がご奉公に出ることを了承していましたが、深尾も私のことが忘れられないようでした。そこで、密かに文を交わして相談し、深尾文左衛門から杉原大学と名を改め、私の従兄弟と偽って、ご家老の黒沼様にお願いして、殿の家来に加えていただいたのです」

殿の寵愛の小姓の頼みでありますし、同じ郷里の従兄弟だというので、家老も安心して家来に加えたのでしょうが、なんとも大胆な行為です。殿に仕え、殿にのみ愛されるべき小姓が、男色の相手を持つことは、言うまでもなくご法度でした。筑紫国から遠く離れており、調査の行き届きにくい山城国出身という設定がここで生きています。

「密かに会う機会をうかがいましたが、人目も気になり、せっかく会えてもお目付け役の榊原十太夫殿が見回りに来られたりなどして、中々思うようにはいきませんでした。それでも何とか密かに示し合わせて、お囃子があって皆も疲れて熟睡していると思しき夜に、事前に用意しておいた留袖の羽織を着て丸頭巾を被り、馬見所（馬術などを見るための建物）の軒で立ったままですが対面することができました。

うまくいったので、翌日も同じように会っていると、馬見所の中から「あの二人は忍び会っているに違いない。明日、殿に申し上げよう」と話し合うのが聞こえました。私たちは今日明日にも処罰が下されるだろうと覚悟していましたが、七ヶ月経っても何の音沙汰もありませんでした。さては他の事を言っているのを、やましい心があるので聞き間違えたのだと判断しました」

なぜ密会するために、わざわざ留袖の羽織を着て丸頭巾を被ったのでしょうか。小姓はまだ元服前ですので、月代を剃っておらず前髪があり、それを隠すために丸頭巾を被ったのです。普段は振袖を着ており、それに加えて留袖を着れば小姓だとはバレないだろうというわけです。

それにしても本当に聞き間違いだったのでしょうか。深瀬は最後までこの真相を知ることはありません。

「今夜は私は宿直で、お客様を招いた時はいつもお酒に酔って殿も早くお休みになるのでよい機会だと思い、杉原と密かに会うを約束しました。寝巻きを入れる葛篭《つづら》に杉原を入れて下人にかつがせ、隣の物置に日暮れから入れておいたのです。さぞかしお腹が空いていることだろうと思い、すきを見て渡そうとこのお菓子を懐に入れておいたのですが、もはや命運が尽きたようです」と言って、深瀬はすぐに殿の前から退出しました。そして例の葛篭を下人にかつがせて自分の部屋に帰り、急いでふたを開いて一部始終を話すと、杉原は「あっ」と答えて立つこともできません。「さては私より先に腹をお切りになったか」と深瀬が声を荒げて責めると、杉原は「いやいや、番所を通る時に、番人が怪しいと葛篭を刺したので、その刀が私の胴を貫き、抜く時に小袖でぬぐって血がつかないようにしてその時はバレなかったものの、その傷が深かったので立つ事ができないのです」と息も絶え絶えに言います。深瀬は、「そのような嘘をおっしゃるな。この世での契りはこれまで、死んで来世での契りを」と杉原の腰を抱いて立ち上がらせ、見つめ合って「さらば」と言って刺し違えて死にました。殿は哀れに思い、二人を同じ墓に葬ったのでした。

懐から落とした饅頭は杉原のためのものだったというわけです。

深瀬が言うように、杉原が番人に刺されたというのはもちろん嘘でしょうが、杉原は自分が先に命を絶つことで、何とか深瀬が助かりはしないかと考えたのでしょう。しかし、一部始終を殿に話した時点で死を覚悟していたであろう深瀬が許されるはずもなく、刺し違えての死を選ぶわけです。

この作品中に直接的な性描写は全くないのですが、この刺し違えるシーンでの「見つめ合って」という描写だけが妙に生々しさと艶《なま》めかしさを感じさせます。この一点に言い知れぬエロティシズムが凝縮されているというのは少し言いすぎでしょうか。

さて、この話にはまだ続きがあります。そうです、例の馬見所での話し声です。この謎は殿の口から明かされます。

それからある時、殿は次のようにおっしゃいました。

「まことに深瀬の心がけは世にも優れたものである。いつぞや、馬見所で忍び会った時、夜中に部屋を抜け出したことは、隠し目付（密かに城内を監視する役人）に聞いて知っていた。深瀬のやさしい心に感心して知らない振りをしていたが、後々に処罰しなければならない事態になるかもしれぬと思い、手足のように動く信頼できる者へ、二人が忍び会う時に、あのような独り言を言うように命じた。それが功を奏したのか、あれから忍び会う様子はないと隠し目付から報告を受けたので、深瀬が改心したと思っていた。それなのに、あのような事になってしまい、残念で仕方ない」

と言って涙をお流しになったのでした。このような殿の深い情けはありがたいもので、そのような殿に仕える者もまた優れた心を持っているのです。

『男色歌書羽織《なんしょくかしょばおり》』（元禄十七年（一七〇四）正月刊）巻五の一に野郎の懐に手を入れたら握り飯が入っていたという笑い話がありますが、最初はこの手の笑い話かと思わせておいて、そのギャップが結末の悲しさを一層深めるという効果をもたらしています。

男色というのは今でたとえると、ホモセクシャルとかボーイズラブのようなものと思っていただいても構わないのですが、本質的には別物です。男色は衆道《しゅどう》（若衆道の略）とも言われ、武士道とも相通じる「道」でありました。「武士道といふは死ぬ事と見つけたり」で有名な『葉隠《はがくれ》』（山本常朝作、宝永七年（一七一〇）三月序）には、「命を捨るが衆道の至極なり」とも書かれています。

先述のように、主ある身でありながら相手を持つのはご法度でした。しかし、主君に背いてでも男色を貫くのもまた美徳とされていました。現に殿も深瀬を褒めながら、改心も望んでいます。つまり、ひとたび男色の契約を結んでしまった以上、深瀬は杉原との関係を続けることも止めることもできなかったのです。殿への忠義を誓いつつ、男色の愛を貫くためには、どちらにしても最終的には死しか残されていなかったのです。饅頭を落としても落とさなくても、同じ結果になったことでしょう。

以上、男色話を三編を紹介しましたが、数ある男色話の中のほんの一部です。しかしながら、そのほとんどが現代語訳などされておらず、翻刻のみの本か原書で読む以外の方法がないのが現状です。男色話がもっと手軽に読めるようになることを祈りつつ、それではこのへんで。

参考資料　主な西鶴以外の男色物・*野傾物《やけいもの》の浮世草子

作品名	刊行年	作者	内容	主な翻刻等
男色子鑑《なんしょくこかがみ》	元禄六年（一六九三）末頃	山八か	西鶴の『男色大鑑』に追随して書かれた男色短編小説集。	国立国会図書館デジタルコレクション（Web）［画像］
男色義理物語《なんしょくぎりものがたり》	元禄十二年（一六九九）正月	不詳	ある武家で実際に起こった、男色が原因の刃傷沙汰を描いた作品。	『男色義理物語』（昭和三十、古典文庫）［影印］
男色木芽漬《なんしょくきのめづけ》	元禄十六年（一七〇三）三月	漆屋円斎	男色短編小説集。珍しい趣向を取り入れているのが特色。	『花街風俗叢書　若衆風俗篇上』（昭和六、北文社書房）［翻刻］
男色歌書羽織《なんしょくかしょばおり》	元禄十七年（一七〇四）正月	不詳	芝居の世界の男色を描いた短編小説集。	立命館大学アート・リサーチセンター古典籍ポータルデータベース（Web）［巻六の画像］
男色比翼鳥《なんしょくひよくのとり》	宝永四年（一七〇七）正月	奥村政信か	男色肯定派と否定派が交互に男色話をする形式の作品。	『江戸時代文芸資料3』（大正五、国書刊行会）［翻刻］
野傾今様梓弓《やけいいまようあずさゆみ》	宝永五年（一七〇八）正月	如麟	椀久（当時の有名な大尽）が法師に夢の中で見せた五ヶ津色里見聞を描いた作品か。巻五のみ現存。	西尾市岩瀬文庫古典籍書誌データベース（Web）［巻五の内容紹介］
野傾友三味線《やけいともじゃみせん》	宝永五年（一七〇八）閏正月	北条団水	野郎と傾城のエピソードをほぼ交互に描いた短編小説集。	『北条団水集　草子篇2』（昭和五十五、古典文庫）［改題本の翻刻］

野白内証鑑《やはくないしょうかがみ》	宝永七年（一七一〇）八月	江島其蹟	野郎と白人（私娼）を三十二卦の銭占いになぞらえて交互に描いた短編小説集。	『新編日本古典文学全集　浮世草子集』（平成十二、小学館）［翻刻・現代語訳］
男色今鑑《なんしょくいまかがみ》	宝永八年（一七一一）正月	不詳	武家の男色を中心に描いた短編小説集。	国立国会図書館デジタルコレクション（Web）［画像］
後前可笑記《ごぜんかしょうき》	宝永八年（一七一一）頃	西沢一風か	武士・野郎・傾城関係を描いた短編小説集か。「後」は男色、「前」は女色を意味する。巻四の写本のみ現存。	尾崎久弥『江戸小説研究』（昭和十、弘道閣）［巻四の内容紹介］
野傾旅葛籠《やけいたびつづら》	正徳二年（一七一二）正月	江島其磧	巻一・二で野郎、巻三～五で傾城を描いた短編小説集。	『八文字屋本全集２』（平成五、汲古書院）［翻刻］
風俗傾性野群談《ふうぞくけいせいやぐんだん》	享保二年（一七一七）正月	未練か	和東内という大尽の諸国色里遍歴を描いた作品。	『八文字屋本全集６』（平成六、汲古書院）［翻刻］
野傾髪透油《やけいかみすきあぶら》	享保二年（一七一七）四月	八文字自笑	役者評判と遊女短編小説を組み合わせた作品。	『歌舞伎評判記集成６』（昭和四十九、岩波書店）［翻刻］
野傾咲分色孖《やけいさきわけいろふたご》	享保三年（一七一八）三月	江島其磧か	野郎と傾城になった双子を中心に遊里を描いた作品。	『八文字屋本全集７』（平成六、汲古書院）［翻刻］

＊野傾物《やけいもの》…「野傾～」などとタイトルにつけられた、野郎（男色）と傾城（女色）の両色をセットでメインとして扱った作品群。

畑中千晶

アダプテーションから読む『男色大鑑』

「萌え」を共振・増幅させていく「創作」

煙草から煙草へ長く火を移す

なかやまなな「飛行記」

BL俳句×映画吟行「ブエノスアイレス」

（『庫内灯』2、二〇一六年）

この句は、映画『ブエノスアイレス』（一九九七年公開、ウォン・カーウァイ監督）の中でも最も印象深いシーンの一つ、ウィン（レスリー・チャン）がくわえ煙草のまま、ファイ（トニー・レオン）の手を取り、煙草より火をもらう場面を切り取ったものです（**図1**、これを「シガー・キス」と呼んだ卓抜な表現もネットで見かけました）。長い睫毛《まつげ》を伏せたのち、無言でチラリと上目遣いにファイを見上げるウィンの眼差しには、ファイならずとも「瞬殺」されるに違いありません。この句がツイッターのタイムライン上に流れて

図1　映画『ブエノスアイレス』より、煙草の火を移すシーン

きたときに、私はBL俳句と（本当の意味で）出会い、そして、なかやまななという俳人に心惹かれることになったわけです。そして、そうか、映画を観てその世界観に浸り、その余韻をさらに増幅させて脳内に刻みつける方法として、俳句という手段があったかと気付いた次第です。

コミックであれ、大河ドラマであれ、その作品世界に心とらわれ、登場人物への愛着をさらに増幅させるようにして新たな「創作」に取りかかり、それを披露するということは、SNS（ソーシャル・ネットワーキング・サービス）の広がりとともに近年とみに増加していると思われます。多くはイラストなどの形を採るのでしょう（「真田丸」ファンによる「丸絵」などが記憶に新しいところ）。これを俳句という媒体で実現させることも可能なのだと、『庫内灯』2の「BL俳句×映画吟行」特集は示してくれました（**図2**）[1]。これならば、絵を描くのが苦手な人でも取り組めますし、また、考えようによっては、ビジュアル表現として固定されることをまぬがれたことで、鑑賞者が心のなかで自由にイメージを繰り広げる余地が生まれたということにもなります。これは「萌え」から始まる「創作」世界であり、「創作」することでますます「萌え」るとともに、それを鑑賞することで「萌え」の感覚を共振・増幅させていく世界とも言えます。

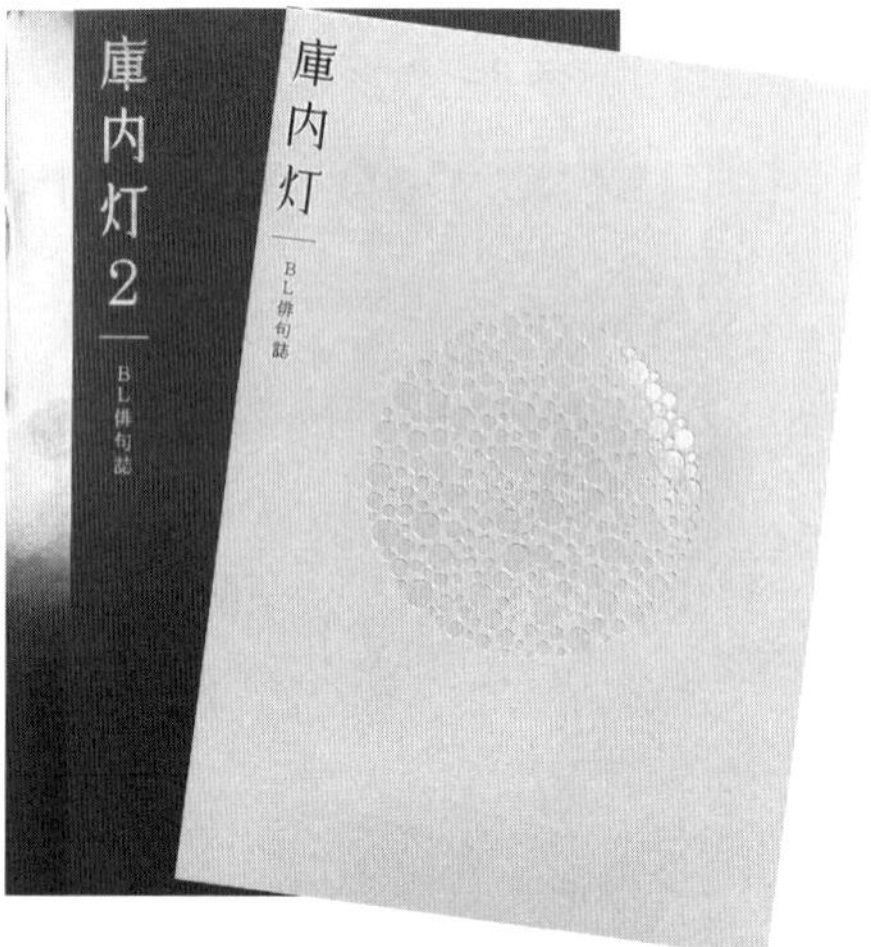

図2　『庫内灯』創刊号と2号

九州男児さんの〝ぶっとび〟アレンジ

KADOKAWAによってコミカライズされた『男色大鑑』三冊に解説を寄せる機会を得たことをきっかけに、BL作家・編集者・享受者らが形づくる魅惑的な共同体の存在を知りました。そうしたなか、『男色大鑑』を読むうえで非常に示唆に富むと思われた作品があります。それは、九州男児さんの「螢も夜盤勤免の尻」（『歌舞伎若衆編』所収）

図3　コミック『男色大鑑——歌舞伎若衆編』89頁

です。ネット上でも、その個性あふれるアレンジぶりが話題となっていたようですが、なかでも眼を引くのが、藤村半太夫の熱狂的ファンとして造型された法師像です。その熱い想いは周囲の人々を圧倒し（あるいは呆れさせ）、「創作」とは「私の信仰の形なのだ」「半太夫様は神」と鼻息荒く力説する法師の姿がコミカルに描かれ、その姿を遠目に見ていた半太夫が、「あの人の頭の中の私は」「現実の私より美しく崇高で」「そして自由なのだろう」と理解を深めていく場面へと展開していきます（図3）。ここに登場する法師のことを、周囲の人々は「素人春画《エロ同人》野郎」と呼び、作者からは吹き出しの外にあるやわらかい手書き文字で「ぶっとび同人野郎」と形容され、本人の内なる心の吐露として「半太夫たんモエ〜」との書き込みも見られます（次頁の図4）。要するに、現代の「コミックマーケット」や「文学フリマ」などに集う人々のパロディとなっているわけです。(2) 歌舞伎役者への「萌え」を募らせ、「客に買われる役者」という現実からは目を逸《そ》らして「役者同士の純愛物語」を紡ぎ出し、「創作」のなかの半太夫に「萌え」て、現実の半太夫とは別次元のところに存在する「半太夫」に執着するという「役者オタ」の創出です。これを読んだ多くの読者は、九州男児さんの「ぶっとび」ぶりに驚くとともに、それを楽しんだようです。

図4　コミック『男色大鑑――歌舞伎若衆編』104頁

しかし、実は、この九州男児さんのアレンジが、意外にも『男色大鑑』の世界に相通《あい》ずるものを捉えているのではないかと私には思えたのです。もちろん、「ぶっとび同人野郎」との形容はさすがにありませんが、それらしき人物が実は他の章に登場しています。

「萌え」（＝対象への執着）を執筆活動によって昇華する男

九州男児さんの作品においても、吉田伊織の口を借りて「結局」「その坊主は金がないんだろ」と言わせているように、役者を茶屋に上げて遊ぶことができるのは、それだけの財を蓄えた一部の成功者のみです。また、かつては成功者の一人であったのに、今は零落して見る影もなくなり、愚鈍を装って皆の嘲笑《ちょうしょう》を受け、それでもなお、役者遊びの場から離れることはできず、太鼓持ちとして生き続ける哀れな男も登場します。原作の巻七の一「螢《ほたる》も夜盤勤免《よるはつとめ》の尻《しり》」には、そうした男の苦渋の日々が点描されています。

その一方で、大尽《だいじん》（＝派手に散在する遊客）から一挙に卑賤の身にまで転落した男の話も『男色大鑑』には登場します。巻五の三「思ひの焼付《たきつけ》は火打石賣《ひうちいしうり》」です。玉川千之丞に惚《ほ》れた男が、蕩尽《とうじん》（＝派手に遊び尽くすこと）の挙げ句、今は家屋敷も家族も持たず、賀茂川の上流で火打石を拾っては洛中売り歩き、夕方には売れ残りを捨てて五条の河原で寝るという生活を送っています。この男の場合、その零落ぶりが徹底していて、むしろ清々しいほどです。「都の今賢人」などと異名を取り、「清貧の思想」（もう少しアップデートした表現にするなら「究極のミニマリスト」でしょうか）の体現者として、ちょっとした有名人気取りです。

面白いのは、それほどまでに無欲で恬淡《てんたん》とした暮らしぶりを誇示し、あらゆる俗念を捨て去ったかに見えるこの男にも、まだ玉川千之丞への執着は消えずに残っていて、それを『玉川心淵集《ぎょくせんしんえんしゅう》』全四巻という書物にまとめ、昇華させているということです（この書はもちろん架空の書物ですが、衆道をたしなむ人の必読書としてここでは紹介されています。タイトルは「玉川千之丞の情けの深さにはまりこんだ」の意）。例えば、千之丞の身体中に、灸《きゅう》を据えた箇所がいくつあるかとか、蚤《のみ》に喰われているのはどこかなど、あまりにマニアック、かつ、妙になまなましい暴露記事で埋め尽くされているといいます。そもそも当の千之丞すら、灸の痕《あと》が何カ所あるかなど正確には把握していないに違いありません。誰も真偽の程を確かめようのない記述ですから、要するに一種の「創作」です。それが延々と続いて全四巻、ちなみに『男色大鑑』の後半部がまさに全四巻ですから、それに匹敵するボリュームということになります。『男色大鑑』の場合は、各章すべて異なる役者を取り上げるのが基本ですから（例外もあるものの）、一人の役者だけを取り上げてこれだけの紙数を費やすエネルギーたるや、なんとも想像を絶しています。まさに「萌え」からの「創作」、または、執筆することでますます「萌え」続ける状態と言えるのではないでしょうか。

しかも、この話の終わりまで読むと、不思議な結末にいささか面食らうことになります。かつて千之丞の上客であったこの男、実は尾張（＝今の愛知県）出身で、千之丞としては、この客は尾張に帰ったものと思っていたわけで

図5　『男色大鑑』巻五の三挿絵。酒を酌み交わす今賢人と千之丞

す。ところが意外にも洛中で生活していると知り、千之丞は真冬の極寒の夜明け前、酒を携えて河原へとこの男を探しに行きます。顔の傷を手がかりに探し出し、酒を酌み交わして夜明けまで寄り添うのですが（図5）、なんとこの男は「よしなき人の尋ねきて、我楽みのさまたげなり」（＝関係のない人が尋ねてきて、我が楽しみの邪魔だ）と言い残して、姿を消すのです。

　この不思議さは、『男色大鑑』に関する論文を書いて以降も心の中に残り続けました。生身の千之丞が目の前にいるにもかかわらず、それを喜ぶどころか、もはや自分とは関わりのない人と言ってのけ、むしろ迷惑とまで思う心境とは、どのようなものなのだろうかと考えたわけです。『玉川心淵集』と名づけた自らの創作に登場する千之丞のみが、自分にとってのリアルな存在ということでしょうか。九州男児さんの描いた法師が、生身の半太夫を超越した、自らの「創作」の中の「半太夫」を崇《あが》め奉っていたのと同様の心理が働いているとも想像されます。

　また、よりシビアな見方をするなら、もはや大尽客の立場に返り咲く機会など二度と巡ってこないこの男に、千之丞が仮初《かりそ》めの情けをかけたところで、やはり無意味だということになります。そう痛感し、諦《あきら》めの境地に到達しているこの男からすれば、千之丞本人が現れたところで、「関係のない人」に過ぎないのは当然かもしれません。あるいは、千之丞の行為を意地悪な視線で捉えるなら、自らを「情け深い若衆」として演出しようとしているとも言えるでしょう。この男はそうした千之丞の意図を鋭く見抜き、「今賢人」が宣伝材料に利用されることを「迷惑」と思ったのかもしれません。[3]

他方で、こうした展開を取り込んでいく『男色大鑑』の世界観に立ち返ってみると、また、面白いことに気付かされます。執筆へと駆り立てる「過剰な衝動」とも呼ぶべきものが、この作品には多数取り込まれているからです。

「過剰な衝動」からの執筆と「執筆されたもの」の取り込み

以前、西鶴研究者の谷脇理史《まさちか》氏が、『男色大鑑』には、「書簡」(=手紙)の文体が趣向として多く見られるということを指摘したことがあります。次のような指摘です。

私見では、「書簡」を趣向に用いてその文体を作中に利用することが最も多いのは、『文反古』の八章を書く直前の作と思われる『男色大鑑』である。

(『西鶴研究序説』新典社、一九九二年(初版一九八一年)、三五三頁)

また、この一節には次のような注が付されています。

やや長文にわたる書簡の引用が、一の四、一の五、二の一、四の二、六の二、八の三に見られるばかりでなく、書簡を作中でとり上げる例は頻出する(三六一頁)。

谷脇氏は、書簡体小説である『万の文反古』へと連なっていく文体上の趣向として、『男色大鑑』における「書簡」文体の利用に着目したわけですが、この指摘をさらに押し広げ、「執筆されたものの取り込み」として考えてみてはいかがでしょうか。しかも、この「執筆されたもの」のうち、書き手の強い意欲や願い、あるいは、抑えがたい衝動からなされるものに特に着目してみます。

まず、巻頭章「色はふたつの物あらそひ」を見てみましょう。『男色大鑑』の祖型《プロトタイプ》とも言える書『若道根元記《じゃくどうこんげんき》』がパロディで創出されています。[4] 四十二歳になるまで全国を訪ね歩いて書き集めた衆道話が収まっているといい、若衆道を熱く語り尽くした書というわけです。

続く巻一の二「此道にいろはにほへと」には、美しい若衆二人に千々に乱れる心を抑えかね、辞世の歌を二人に遺して去るという僧侶が登場します。この歌が二又竹(ふたまただけ)(=二つに引き裂かれた心の象徴)に書かれていたというところが心憎い演出です。「書き置き」、すなわち、「執筆されたもの」の取り込みがここにもあります。しかもこの時の執筆は、恋しい若衆への想いを断ち切ろうとしての辞世の歌というわけですから、身を引き裂かんばかりの、そして自己矛盾に満ちた、強い衝動を秘めたものといえます。コミカライズ『無惨編』で、あんどうれいさんが本話を取り上げています。[5]

次の巻一の三「墻《かき》の中《うち》は松楓柳《まつかえでやなぎ》は腰付《こしつき》」には、病に倒れた橘玉之助《たちばなたまのすけ》を毎日三度も見舞い、そのたびに見舞帳に名前を記した笹村千左衛門《ささむらせんざえもん》が登場します。日々足を運んでは真剣に病状を案じて名前を記す、それだけの行為ですが、美辞麗句を連ねただけの恋文よりもはるかに強力な「恋文」となっているのではないでしょうか。コミカライズ『武士編』で、宮木りえさんが取り上げています。

巻一の四「玉章《たまずさ》は鱸《すずき》に通《かよ》はす」は、「書簡」取り込みの代表例とも言えるものです。念者への果たし状として延々と書かれた手紙は、本書の共編者である染谷さんに言わせるとまるで「中二病」(=自意識過剰な年齢特有の心理状態)、恋の恨み辛みがさまざま書き連ねてあって興味深いものです。コミカライズ『無惨編』では、クラカミさんが取り上げています。

巻一の五「墨繪《すみえ》につらき剣菱《けんびし》の紋《もん》」では、野原の草の葉に結んだ「書き置き」の筆跡を手がかりとして、若衆が恩人の男と巡り会います。横恋慕を仕掛けてこの若衆から袖にされた男が、意趣返しとして仕掛けた罠もまた、一種の「書き置き」であり、この話では「書き置き」のモチーフが重要な役割を果たしています。

巻二の一「形見《かたみ》は弐尺三寸《にしゃくさんずん》」では、父の敵を記した母の遺言状を中井勝弥《なかいかつや》が開くところから敵討ちの物語が起動していきます。これも「書簡」を描いた代表例と言えます。コミカライズ『無惨編』で、雁皮郎《がんぴろう》さんが取り上げています。

そして、衝動に突き動かされての執筆ということでは、先に取り上げた「都の今賢人」にも劣らぬ熱量を感じさせる人物として、巻三の五「色《いろ》に見籠《みこむ》は山吹《やまぶき》の盛《さかり》」の田川義《たがわぎ》左衛門《ざえもん》を挙げないわけにはいきません。武士の身分をもかなぐり捨て、一目惚《ぼ》れした若衆・奥川主馬《おくがわしゅめ》の後を三年のもの間追い続けたこの男は、「薄紙七十枚」を継ぎ合わせた巻物に、主馬との出会いとその後の日々をすべて書き付けていました。これを、幸運にも主馬本人に見せることができ、それを殿に献上したことで幸せな結末を迎えるわけですが、そもそもは、主馬宛の「書簡」というわけではありません。先に引用した谷脇氏もそれゆえこの章には触れていません。文体の取り込みがなかったからということもありましょう。ですが、溢《あふ》れる想いを執筆で昇華する行為として、注目に値すると考えます。ちなみにコミカライズでは、『武士編』で雁皮郎さんが本話を取り上げています。

このように見ていくと、四十章すべてというわけではありませんが、かなりの数の章に手紙、書き置き、書き溜めたものの取り込み等が見られるとわかります。その中には先に見たような、熱烈な役者ファンの「創作」作品のようなものまであり、考えようによっては、『男色大鑑』全体が「萌え」に突き動かされるようにして執筆され、集積されていったものと言えそうです。[6] そして、三百年以上の時を経て、西鶴の「萌え」を共振・増幅させていく新たな動きがコミックの世界に登場したと言えるでしょう。

二次創作、パロディ、そして、アダプテーション

こうした「萌え」からの「創作」ということを考えるとき、今日の文化状況に照らすなら、「二次創作」へと駆り立てられるエネルギーと類比して考えることができます。西鶴もまた、前半二十章のうちの二章において、写本で伝わっていた既存の物語を取り込んでいるということが、すでに明らかとなっています。『男色大鑑』における「執筆されたものの取り込み」は、このように既存の物語さえも飲み込む規模で存在しているのです。もちろん、西鶴研究者はこれを西鶴の「二次創作」とは呼びません。オリジナルとその素材として捉《とら》えます。「二次創作」という表現を用いると、オリジナル対コピーという対立概念がどうしても付随することになり、そこに価値の上下が生じてきます。[7] あるいは、オリジナル対パロディという図式も考えられることでしょう。[8]

しかし、「二次創作」「パロディ」のいずれの用語でも、はたまた「リメイク」という用語でも取り込みきれないものが、今回のコミカライズ版『男色大鑑』にはあるように思えてなりません。それを本エッセイでは、翻訳研究の術語でもある「アダプテーション」という用語で捉えてみたいと思います。[9] そうすることによって初めて、文学を取り巻く多様な「創作」活動の大きな流れの中に、コミカライズも位置付けていくことができるように思われるからです。ある作品を権威化したり、絶対視したりするのではなくて、その作品のエネルギーに感化を受け、そこに強い愛着を覚え（＝「萌え」を感じ）、その愛着そのものを表現しようと試みたものもまた、オリジナルになり得るということに、ここで思い至ります。映画への「萌え」を新たな形へと結

晶させた俳句もまた、オリジナルなのです。

何かを書く・表現するという行為に含まれる強い衝動のありかを、西鶴の『男色大鑑』は実は捉えていたのではないか、このようなことを今回のコミカライズに触れるなかで考えてみました(10)。

注

(1)　BL俳句誌『庫内灯』は二〇一五年創刊、現在は第二号まで刊行されています（ツイッター・アカウントは@blhaiku1）。庫内灯という命名が秀逸だと思います。冷蔵庫の薄暗さとか冷気とか、チカチカと消えかかるような儚《はかな》さを感じさせるとともに、「クローゼット」（＝同性愛を示す隠語）の連想も喚起。でも間違いなく庫内灯は生活の必需品であって、それがなければ瞬く間に不便を感ずるというもの。この雑誌の魅力に嵌《はま》った人は、この雑誌が無ければ大きな欠落感を感ずるであろうとの予言までを感じさせる優れた命名です。やはり俳人とは、言葉の感覚を極限まで磨いた方々なのですね。

(2)　「コミックマーケット」は有限会社コミケットの登録商標で、「一九七五年に始まり既に四十年近い歴史をもつ日本最大の同人誌即売会」との説明が公式サイトにあります（http://www.comiket.co.jp/　二〇一七年二月十九日参照、ただし、引用に当たって数字表記を改めました）。また、「文学フリマ」は「文学作品の展示即売会」で、「評論家・まんが原作者として知られる大塚英志さんが『群像』誌二〇〇二年六月号（講談社）掲載のエッセイ「不良債権としての『文学』」で行った呼びかけを発端として生まれたイベント」ということが公式サイトに記されています（http://bunfree.net/　二〇一七年二月十九日参照、ただし、引用に当たって数字表記を改めました）。

(3)　寒さ厭《いと》わず河原まで訪ねた行為に感謝されるどころか、むしろ迷惑とまで言われた千之丞は立つ瀬がありません。その後も都中を捜し回り、ついに見付けることが叶わないと知ると、残った火打石を取り集めて塚を築き、「世になきひとを弔ふごとく」（＝死んだ人を弔うように）草庵を結んで日蓮宗の法師を雇い、題目を上げさせたと言います。これは、面目を失った千之丞の精一杯の意地であり、いわば「徹底抗戦」であったと思われます。表向きは、かつて契りを交わした男をどこまでも恋慕う情け深い若衆が演出されることになります。しかしその裏で、「今賢人」として人々から一目置かれ、恬淡《てんたん》とした暮らしぶりを満喫していたこの男は、以後、京の地に留まることができなくなったのです。

(4)　こうした手法は当時の他の書物にも見られます。例えば、『男色大鑑』の十六年後に刊行された『男色木芽漬《なんしょくきのめづけ》』巻一の一では、弘法大師の誕生寺に生まれた児玉団三郎が、毘沙門天の導きによって鞍馬で美童子と契り、『男色木芽漬』を授かるという場面が描かれます。自己パロディであることが明瞭にわかる設定です。これに比べると『男色大鑑』の場合、『若道根元記』というように書名が異なり（『男色大鑑』の別称に『本朝若風俗《ほんちょうわかふうぞく》』があり、こちらにやや近いものの）、一層手が込んでいるように思われます。

(5)　西鶴研究会編の中高生向けアンソロジー『現代語で読む西鶴』（仮題、笠間書院より刊行予定）で、私は本話のノベライズに挑戦しました（あんどうれいさんの美しい情景描写やかわいい少年の姿にインスパイアされつつ）。その際、「BL能」の呼び声高い謡曲「松虫」を取り込んでみました。突然の死によって引き裂かれる二人の美青年というテーマが響き合うためです。なお、二〇一六年九月二十八日、東京南青山の銕仙会《てっせんかい》能楽研修所で上演された能「松虫」を鑑賞する機会がありました。シテは谷本健吾さん、若男《わかおとこ》の面が妖しく美しく魂を宿し、それはそれは幻想的でした。

（6）西鶴の用いた言葉遣いの中で「萌え」に近いのは「すきもの」ではないでしょうか。「此道《このみち》すきものの我なれば」という表現が巻六の五「京へ見せいで残り多いもの」に出てきます。その文脈では、直接的には役者を「好く」心を捉えた言辞ではありますが、「萌え」の深層に「好き」があるということや、「すきもの」の語から性的連想が働くことなども、「萌え」に一脈通ずるものがあると考えます。

（7）「二次創作」については、東浩紀氏が次のように定義しています。「二次創作とは、原作のマンガ、アニメ、ゲームをおもに性的に読み替えて制作され、売買される同人誌や同人ゲーム、同人フィギュアなどの総称である」（『動物化するポストモダン』講談社現代新書、二〇〇一年、四〇頁）。そして、今日の文化状況には、オリジナル対コピーという図式だけでは解き明かせない「データベース消費」という形態が生じているといいます。なお、ツイッターで見かけたあるアカウントのプロフィール欄に、自分は「二次創作」に携わっていると明言しているものを見かけました。明らかに「二次創作」との差異化を意識した表現であり、単に「創作」と言わないところが興味深い現象だと思います。

（8）文学研究において「パロディ」という用語は極めて重要であり、本エッセイでも「自己パロディ」などとたびたび用いています。また、日本文化には古くから「パロディ」が偏在していたのだとの研究成果にも心惹《ひ》かれるものがあります（ツベタナ・クリステワ編『パロディと日本文化』笠間書院、二〇一四年）。

（9）「アダプテーション adaptation」は、adapt「＝〈作品など〉を〈映画など〉に改作する、脚色する、翻案する」の名詞形です。最も近い日本語は「翻案」でしょう。しかし、「翻案」から連想されるものとして、明治期のシェークスピア「ジュリアス・シーザー」の翻案劇「自由太刀《じゆうのたち》餘波鋭鋒《なごりのきれあじ》」や、太宰治による翻案小説（「新釈諸国噺」「走れメロス」）などが浮かんでくるように、イメージとしてはやや限定的ではないでしょうか。よって、異なる媒体への翻案をも取り込む意味で、本エッセイでは翻訳研究の術語でもある「アダプテーション」を用いることにしました。なお、注8で参照したパロディの研究書においてクリステワ氏は、「パロディ」と翻訳との類似についても指摘しています（四六五頁）。

（10）西鶴の作品群のなかで「書かれたものの取り込み」が非常に多く見られるのが『男色大鑑』であるということは、偶然ではないと考えます。西鶴に男色世界への「萌え」があったという理由だけではなく、男色そのものが、古来、文芸世界と馴染《なじ》み深い形で存在してきたことも考えてみる必要があるのではないでしょうか（「ものを執筆する」という知的営為に取り組む僧院など）。今後の課題としておきます。

二次創作は虹創作

染谷智幸

はじめに

物語・小説・映画・マンガ・アニメーション・ロールプレイング・ゲーム等の、いわゆるストーリーテリング・エンターテインメントの世界で、これから「二次創作」はキーワードになると思います。なぜならば、この「二次創作」は、ここ百年ばかり続いた近代の文化、とりわけ文学・芸術世界のメインストリーム（主流）にあったオリジナリティ（独自性）信仰を大きく揺さぶる可能性があるからです。それは同時に、近代以前の特にアジアを中心に存在していた、脱オリジナリティの文化・文芸の復興（ルネサンス）となる可能性があります。この小文では、そうした点について私の思うところの幾つかを述べてみたいと思います。

小学生、夏休みの宿題

それではいささか個人的な話から始めましょう。

遥か昔、小学三年生か四年生の時だったと思います。夏休みの作文（宿題）で「休み中に出会った人」というのがありました。

最初、夏休みのプールで出会った、新しい友だちのことを書こうかと思ったのですが、その友だちは、みなフツーの子ばかりでしたから、べつに面白いことが書けません。当時、漫画で「おそ松くん」が流行っていましたが、そこに出て来るおそ松・カラ松・チョロ松…の六つ子や、チビ太のような面白いヤツがいれば別ですが、そんな子はいませんでした（しかし、ハタ坊に似た女の子はいたんです！……でも、さすがにこれは書けませんでしたが……）。

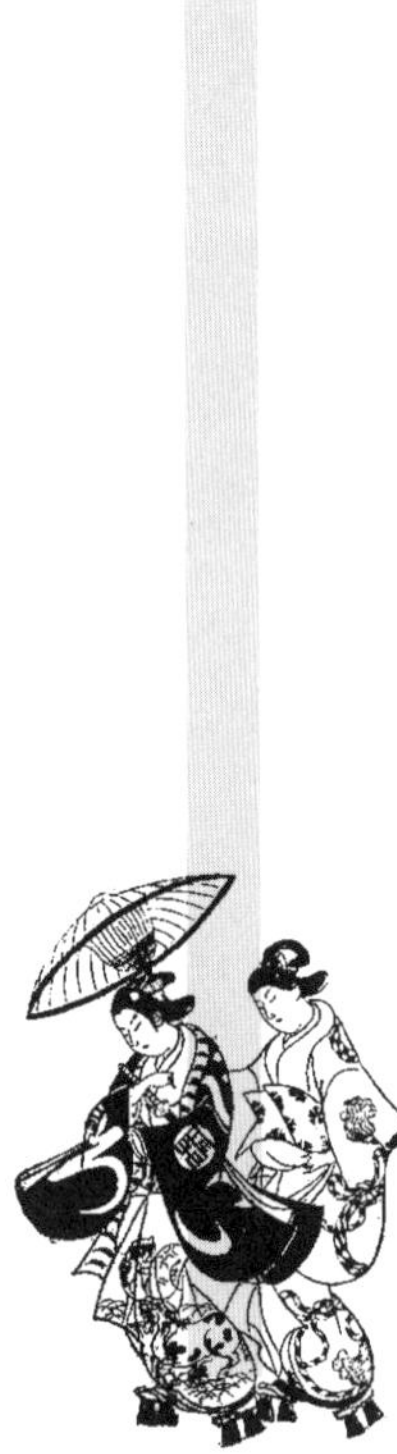

『おそ松くん』のハタ坊、赤塚不二夫作画（竹書房文庫、2005年）

考えあぐねた末、先生受けを狙《ねら》って、休み中のラジオ体操の時に、いつも挨拶をしてくれるお爺《じい》さんがいたので、その方のことを書こうと思いました（お年寄りを大切にする子供を演じようとしたのですね。子供がよくやる演出です）。ところが、書き始めてすぐに書くことがなくなりました。挨拶しかしてないから当たり前です。そこでちょっと「盛り」まして、世間話をしたことにして、学校のこと、野球やサッカーのことなど、お爺さんとの会話を書いたんですね。そうしたら子供ながらに興に乗るって言うんでしょうか、急に原稿用紙のマスが埋まり始めました。そうなったらもう止まりません。日曜日にお爺さんの家に呼ばれるわ、お婆さんやお嬢さん（なぜか小学生）は登場するわ、もう書きたい放題です。挙句《あげく》の果ては、そのお爺さんをかつて戦場をかけめぐった、勇敢な軍人に仕立てあげまして、僕の前で裸になり、脇腹を貫通した鉄砲の弾の痕《あと》を見せてくれるなんてことにしてしまいました（これは銭湯でそうしたオジサンに本当に会いまして、その時の話を合体させたのです）。そして、お別れにお爺さんの家を去りながら振り返ると、お爺さんがじっとこっちを見て手を振っている。こんなところでジ・エンドとあいなりました。

何日も書けなくて苦しんだ作文が、一時間程度で一挙に出来あがりました。夏休みも残り少なかったので、そのまま提出してしまいましたが、さあ出してから、先生がこれを読むことを考えると、急に気が気でなくなりました。ひょっとして、あのお爺さんのこと先生は知っているんじゃないか、この作文のことを尋ねたりしたら、これはまずいと。

結局、それは杞憂《きゆう》に終わりまして、先生から戻ってきた作文には最高点の五重丸と「すてきなお爺さんに出会えて良かったね」との一言がありました。嬉しい気持ちと、それを上回る恥ずかしい気持ちで胸がいっぱいになりました。と同時に、子供ながらに、妄想を創作する楽しさが分かってしまったのです。この楽しさは他人の作品を読んだり、事実を報告したりすること（作文）からは絶対に生まれません。今にして思えば、その妄想創作癖をそのまま発展させれば良かったのですが、妄想＝嘘＝泥棒の始まり？で、子供心に封印してしまったのですね。これは全くもって残念な話で、その封印さえなければ、男色を研究する学者なんぞにならず、男色を書く、コミカライズする創り手の側になれたかもしれません……。

『平家公達草紙』と二次創作

閑話休題《それはともかくとして》、そんな遥か昔のことを思い出したのは、最近出版された『平家公達草紙《へいけきんだちぞうし》』（櫻井陽子、鈴木裕子、渡邉裕美子著、笠間書院、二〇一七年刊、左に書影）を読んだからです。この『平家公達草紙』とは、本の帯に「『平家物語』に満足できないなら自分たちで書けばいいじゃない？」とあるように、『平家物語』を読んだ、あるいはその語りを聞いたであろう中世貴族のお姫様・女房たちが、その平家のキャラクターを使って二次的に新しい物語を作ったものです。

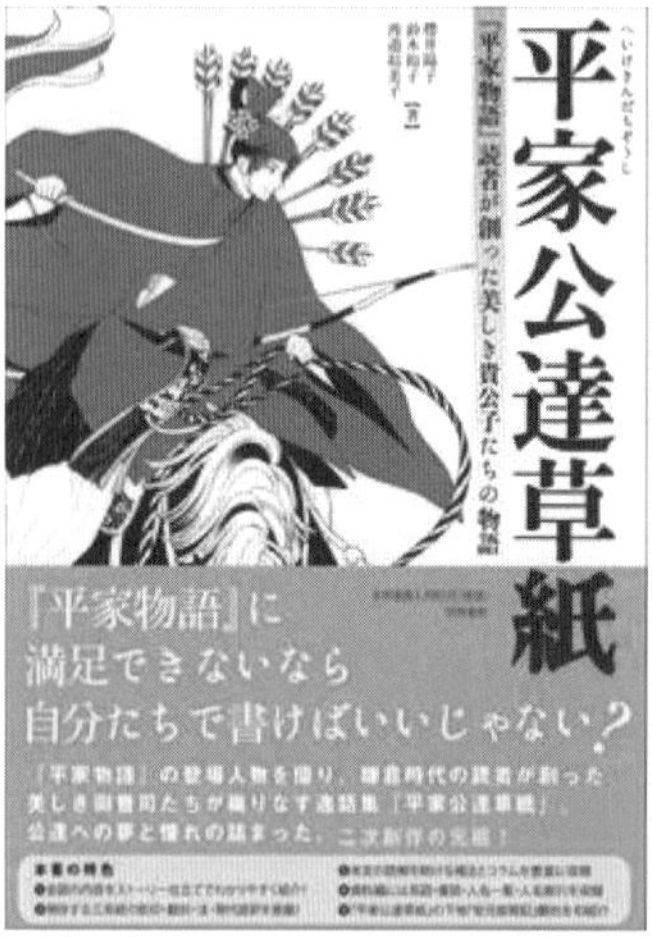

中世当時、そうした物語はたくさんあったと想像されますが、現代にまで残った三つの作品をこの本では取り上げています。

私は、この素敵な本を読みながら、先に書いた自分の小学生時代の作文をにわかに思い起こしました。平家の公達を二次創作する貴族のお姫様たちや女房たちの心情に思いを馳《は》せると、どうしてもこの偽作文の楽しさと恥ずかしさが浮かんでくるのです。おそらく、実際に起きたことを書かないといけない作文に、創作を持ちこんでしまったところが、二次創作的に響くのでしょうね。『平家物語』に満足できないお姫様たちの妄想と、つまらない現実をそのまま書けなくて、でっち上げに走った私の妄想がシンクロしてしまったと言っても良いでしょう。

とくにこの『平家公達草紙』は、全体が、三話目の「恋のかたち」の冒頭、朝靄《もや》の中に見え隠れする平維盛《たいらのこれもり》のように、物語が切れ切れになっていますね。これがスフマート（ぼかし技法）に富む西欧絵画や、東アジアの山水画のようでして、実に美しく、想像力を掻き立てるところだと思います。つまり、二次創作とは二次で完結せずに、三次四次へと繋がって行く、そんな開かれた物語だろうと思うのです。だからこそ、それに呼び出されるような形で、私の妄想体験も記憶の底から引き出されたんだろうと思うのです。

この『平家公達草紙』で私がもっとも気に入ったのは、やはり三作目です。維盛を見る同性の藤原隆房《ふじわらのたかふさ》の視線は、まるで『ヴェニスに死す』（左に書影）で美少年タージオを見つめるアッシェンバッハです。とくに維盛について隆房が「つくろふ所なき、朝けの姿しも、いみじうきよらなる」と言っているところですね。このいささか無防備で、寝起きの香りがほのかに残る美しさを、感じ取るのは容易ではありますまい。ひょっとして作者に男が混じっているのではないかとも思いましたが、書き手は男をよく知る女房なんでしょうね。いずれにせよ、この維盛と隆房、歳が十歳ほど離れています。加えて歳上の隆房が維盛にぞっこんということですから、これは後世の武士感覚からすれば、完全に念者と若衆です。解説では『源氏物語』との関係を強調されていましたが、それとともに、やはりもののふの威儀《いぎ》と綺羅《きら》というものがありましょう。中世の時世粧《じせいそう》でしょうね。

トーマス・マン作、圓子修平翻訳、集英社文庫、2011年。表紙は映画（ルキーノ・ビスコンティ監督）にタージオ役で出演したビョルン・アンドレセン。

BL腐女子と西鶴の共通点

この『平家公達草紙』の世界、すなわち平家を男色読み、あるいはブロマンス読み(1)をして創作する中世の姫御前・女房たちの世界と、自分の好きな作品をBLの観点から二次創作する現代の腐女子の世界は見事に重なります。

その中世と現代、この二つが約八〇〇年の時を超えて繋がってしまうことに、まずもって驚きを禁じ得ませんが、この『平家公達草紙』と現代のBLとは、遠い離れ小島のような関係ではなくて、綿々と繋がる歴史があるように思います。おそらく、従来から研究されてきた写本類における異本、版本類における異版の発生・展開、伝承・伝説・説話における物語や噺《はなし》の膨張、風刺やパロディ(2)、うがちや茶化し、中国や朝鮮文学の翻訳・翻案等が、この「歴史」と深い関係にあるものと思われます。二次創作の観点から、そうした作品群を見直せば、豊かな捉え直しが可能だろうと思います。
この見直しについては、紙数の関係もありますので、これ以上触れませんが、この『平家公達草紙』やＢＬに見られる自噴的「萌え」＝過剰なる情熱の世界は、実は日本の古典を見直す時に極めて重要な視点になるだろうと思います。たとえば、今回コミカライズされた『男色大鑑』の創作の秘密を考えるにもその点が関係するのです。

この挿絵は西鶴筆である、西鶴の挿絵は不思議な点が多く、この絵も貧乏武士の家にしては立派であり、奥方の衣装も豪華すぎるとの指摘がある。

むろん作者の西鶴は男性ですから、壁越しにボーイズラブの世界を覗き込む、ガールズのお焦げ的萌え（＝お焦げは「お釜」につく）はないのですが、創作対象となった念者×若衆と西鶴との間には、男／女とは違った、越すに越されぬ壁があったのです。それは武家と町人という壁です。

町人の西鶴が武家に対してどのような感情を抱いていたのか、はっきりと自分の考えを述べたことはありません。よって彼が書いた作品から類推するしかありませんが、『男色大鑑』の前半や武家物と呼ばれる作品を見る時、武家社会は町人の世界とは違った特別な世界という認識を西鶴は持っていたと思われます。それがよく表れたのが『西鶴諸国はなし』巻一の三「大晦日《おおつごもり》はあはぬ算用」（上の図は挿絵）の最後に武家社会の人づきあいを評して「武士のつきあひ、各別ぞかし」と西鶴が述べたことでしょう。

この「各別」に西鶴の武家へのリスペクトがあったかどうか、昔から議論のあるところですが（私はあったと思いますが）、ともかく町人とは「各別」の世界であった武家社会の男色は、西鶴からすれば手の届かない世界だったのです。この同じ男性であっても、武家の男色には加われない、つまり当事者になれないという点で、BLの腐女子と西鶴は重なるのです。そしてその壁ゆえに過剰なる「萌え」が発生します。

『男色大鑑』を読むと、前半と後半で書き手たる西鶴の情熱に温度差があることが分かります。前半の方が温度が高いのです。それは前半が武士中心、後半が役者中心だからです。前半の西鶴は完全に「萌え」上がっていますが、後半は比較的冷静な、いつもの（他の作品によく見られる）西鶴がそこにいます。ただし、漫画家の大竹直子さんが見事に見抜いたように（本書の前半の座談参照）、後半でも役者の上村辰弥《うえむらたつや》に対してだけは、この狂おしいまでの西鶴の「萌え」が復活しています。ここに西鶴が『男色大鑑』を書いた秘密が隠されていると私は考えていますが、それはまたいずれお話しする機会があるでしょう。ともかくここで強調しておきたいのは、『男色大鑑』を書いている西鶴は、腐女子ならぬ腐男子であったことです。

二次創作と連歌・連句の世界

腐女子、腐男子、いずれにせよ、そこに自噴する「萌え」。この「萌え」に応えるためには、批評や論説文、ましてや作文などの客観的で冷静な何かではダメで、やはり創作というスタイルが必要です。腐女子の中から多くの二次創作が生まれて来たのには、そうした背景がありましょう。

と同時に、二次創作は「二次」が大切です。「一次」ではない「二次」、一番目でなく二番目であることです。普通「二」は「一」に比べてあまり価値的でないと考えられています。「二流」「二番煎じ」「二の舞」などという言葉がそれを象徴していますね。確かに「一」はそれだけで成り立ちますが、「二」は「一」が無ければ成り立ちません。他のものに寄り掛かった姿勢が、何か弱さやいかがわしさを漂わすのでしょう。しかし実は「二」には「一」にはない価値を持っています。それは「一」はそれだけで完結していますが、「二」が入った時に、それは「三」「四」へと転がり、つながり始めることです。つまり「一」は独立性を強く持っているのに対して、「二」は関係性、共同（協働）性を豊かに持っているのです。

この「二」が持つ関係性、共同（協働）性について考えるためには、文学で言えば、物語や小説より、連歌・連句で考えた方が分かりやすいだろうと思います。

連歌・連句(3)は、この関係性、共同（協働）性に満ちた文芸です。連歌・連句と言いますと何やら難しそうな雰囲気

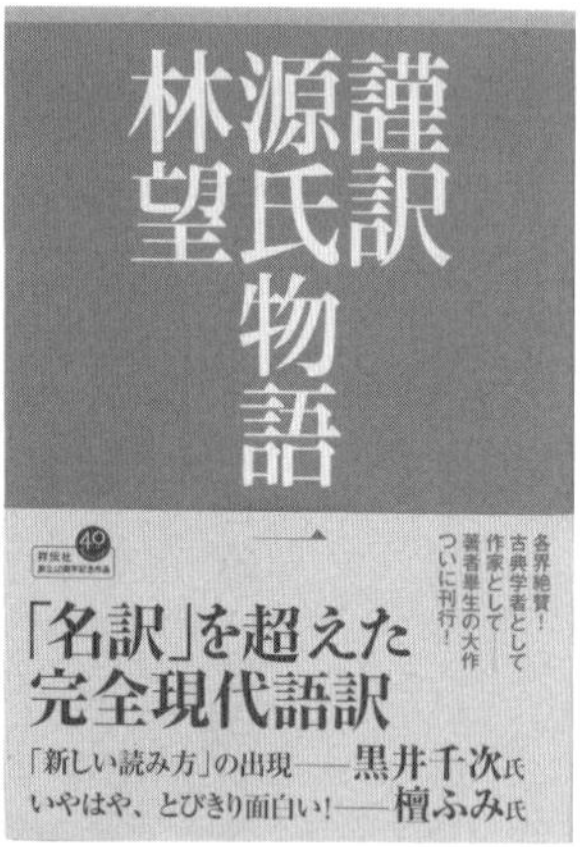

林望訳『謹訳源氏物語一（〜十）』祥伝社、2010年

が漂ってきますが、そんなに難しいものではありません。一種の伝言ゲームですね。ちょっと例を挙げましょう。

かの東日本大震災の折に、茨城で被災した私のところへ、作家の林望さんが安否を問うメールを送ってくださいました。そのメールの最後に俳句が付いていましたので、それを発句（連句で最初の句を言います）にして歌仙を巻きました（連句を仕立てることを「巻く」と言います）。

次に掲げました連句は、その「おほなゐ」（地震）の巻の最初、表六句です。

［発句］　おほなゐのあささへずりのこともなし　宇虚人
［脇句］　いかまほしきと亀の鳴くこゑ　獄雨
［第三］　朝鮮の野遊びはなほ夢にして　宇
［第四］　液晶テレビの君が袖振る　雨
［第五］　メイドらの声かまびすし夏の月　宇
［第六］　濯《すす》げば白し早乙女の脛《はぎ》　雨

宇虚人とは林さんの戯号です。獄雨は染谷の戯号・俳号です。自分が一座した連句を解説するというのは、本当はかなり野暮で気恥ずかしい話なのですが、厭《いと》わずに試みてみましょう。分かり易さを第一にしますので、句そのものの解説ではなくて、その「心」を会話風にまとめてみます。

［発句］　いやはや大変な「おほなゐ」だったけど、獄雨さん、大丈夫かい、生きてる？　こっちは大地震の後にも関わらず、朝は鳥のさえずりがここかしこに聞こえて、平和な日々ですぞ。

［脇句］　消息のお尋ね、まことに痛み入ります。こっちは大変でしたよ。ホント死ぬかと思いましたわ。あの地震の瞬間、「生かまほし」（生きたい）とマジに願いましたよ。でも私の心の叫び声は、宇虚人さんが昨今訳されて評判の『源氏物語』、その最初に登場する桐壺《きりつぼ》更衣《のこうい》のような深刻なものでなく（桐壺は亡くなる直前に「限りとて別るる道の悲しきにいかまほしきは命なりけり」という歌を詠んでいます）、長閑《のどか》な鳥の囀《さえず》りに呼応する、亀

の声のようなものですから、ご心配には及びません。

[第三] それは良かった、安心しました。そう言えば、地震の時に獄雨さんは図書館にいたとか。貴方は、最近朝鮮の本をたくさん読んでいられるから、その朝鮮の本に埋まりながら、朝鮮で野遊びする夢が脳裏に浮かんだんじゃないの。だから亀の声なんて聞こえて来たんでしょう。

[第四] そうかも知れませんね。でも野遊びで連想するのは、近江の蒲生野での額田王《ぬかだのおおきみ》と大海人皇子（後の天武天皇）との恋歌「君が袖振る」の応酬ですね。額田王の美しい袖を、今の時代なら韓国製のサムスンかLGの液晶テレビで見たいですね。それは美しいでしょうねぇ。

[第五] いやいや今どきの液晶で、袖振る姿なんて、ただ五月蠅《うるさ》いだけの秋葉が原の狸女、メイド喫茶の世界でしょう。せっかく美しい夏の月が出ていても、それじゃ台無しですな。

[第六] なるほど。でも昔の田植えの早乙女たちのふくら脛《はぎ》も泥を落とせば白く美しかったと言うじゃありませんか。メイドもそれと同じでしょう。え、やっぱり黒い？ だとしたら夏の月の光が白く見せたんでしょうか。

どうですか。作品の出来不出来は別として、連句って面白いでしょう。私は俳句と同じくらい、いやそれ以上に連歌・連句は面白いと思っていますが[4]、実際、東日本大震災で落ち込んだ自分の気持ちが、林さんとの連句で随分解消されました。それはともかく、連歌・連句で大事なのは「一」の発句でなくて、「二」の脇句なんです。私の脇句は、お世辞にも上手とは言えませんが、私が林さんの俳句に「二」の脇を付けたからこそ、この連句が展開したのです。連歌・連句は「二」の芸術なのです。

二次創作も同じではないでしょうか。オリジナルの小説や漫画だけならば、それはそれで閉じたまま完結してしまうように思います。ところが二次創作によってオリジナルの世界が様々な別の世界に展開し、転がり始めるのです。つまり、誰かが作った一次創作を、面白いと思った人間が二次、三次創作する。その二次、三次の方向は、漫画だけでなく、アニメ化、音楽化、ゲーム化、フィギュア化、コスプレ化とそれこそ二次元・三次元の方向に進んでいきます。いま、漫画が世界に急速に広がっている背景に、私は二次創作の「二」の力があるとみています。

二次創作とマイノリティ

なお、二次創作でもう一つ大切なのは、二次創作がマイノリティ（少数派）の世界と結び付いていることです。たとえばBLを支えているのは腐女子と呼ばれる女性たちですね。また、そこで取り上げられているのは、男性同士の同性愛世界です。この腐女子と同性愛、これはマイノリティの世界です。

この二次創作とマイノリティ世界が結びつくのには必然性があります。そもそも論になりますが、これを文化の根幹を成す言語、とくに文字から考えてみましょう。

良く知られているように、東アジアの文字世界において、漢字は圧倒的な規範力と影響力を持っていました。そしてそれはマジョリティたる中国のしかも男の文字でした。ところが、これが東アジアの周辺国家である朝鮮や日本に伝わると漢字から二次的な文字が生まれて来ます。それが朝鮮のハングルと日本の仮名《かな》です。そしてそれを支えたのは朝鮮も日本も男でなく女たちでした。

なぜハングルと仮名が生まれたのか、それは漢字では朝鮮語も日本語も上手く表現できないからです。まず語順が違いますね。また言語学的には、中国語は孤立語ですが、朝鮮語と日本語は膠着《こうちゃく》語(5)です。言語としては全く別系統のものです。その孤立語である中国語、その文字である漢字を朝鮮や日本にそのまま移すのはあまりに無理があります。そこで漢字を使いながらも何とか根生《ねお》いのネイティブの言語を表現したい。そこで生まれたのがハングルや仮名です。ハングルは漢字音を使いながら記号的な表記方法で朝鮮語を表しました（ハングルの約七〇パーセントが漢字音だと言われます）。仮名は漢字を変形させて作りました。

しかし、ハングルや仮名が出来ても、マジョリティたる男はこれをあまり使いませんでした。そこには東アジアの一次的言語たる中国語、その表記・文字である漢字を使いたい。それがどんなに自分たちの言語や生活・習慣に合わなくても使いたかったのです。つまり今の英語教育と同じで、建前《たてまえ》なんですね。格好つけたいのです。ええかっこしいなのです。

ところが、女たちには、そんな建前《たてまえ》は全く必要ありませんでした。そもそも女たちはそんな建前を必要とする場にいませんでしたから。よって女たちにはハングルや仮名が良かったのです。男たちのように無理せず、自然に、本音で文字表記が出来ますから。だからこそ、朝鮮や日本の優れた文学は、ハングル（朝鮮時代後期の物語や時調）や仮名（平安朝物語、和歌）で書かれたのです。漢字でそれは無理でした。

朝鮮の古典恋愛小説『九雲夢』（表紙、後ろは『彰善感義録』ともに架蔵）作者金萬重は男性だが、父が早世した後、母親に厳しく育てられた。その為、極度のマザコンだったと言われる。

これを簡単に図式化すると以下のようになります。

一次言語（漢字）―マジョリティ（男）―建前
二次言語（ハングル・仮名）―マイノリティ（女）―本音／自然

これを現在のBLや同人漫画誌に当てはめてみると、面白いことが分かります。BLがマジョリティたる男たちの漫画の本音・自然をあからさまにしていることです。BLや同人漫画は、『キャプテン翼』でも『ドラゴンボール』でも良いのですが、そうした男たちの友情の物語を、同性愛世界に引きずり込みますね。でも、それは本当は引きずり込んでいるのでなく、そうした友情って本当は同性愛じゃないのと告発しているのです。この告発は大方が当たっています。何故なら、江戸時代以前の男たちの多くはバイセクシャルでしたから。日本の男たちの友情の下地にはセクシュアルなものがあるのです。でも男たちは日頃、それを無かったことにして隠蔽《いんぺい》しています。BLや同人誌の作者たちは、それを敏感に感じ取って光を当てているのです。

私の経験ですと、日本の男たちはBLを嫌がります。毛嫌いと言って良いかも知れませんね。でもなぜそんなに嫌がるのかというと、それは自分の持っている建前が崩れてしまうからです。男としての矜持《きょうじ》が無くなってしまう気がするからなんです。ＢＬはそんな男たちに向かって、無理せずにもっと自然に本音で生きたら、そっちの方が楽しいよ、と言っているのです。

　この、男の建前と本音の問題には、これ以上踏み込みませんが、ＢＬの持っているマイノリティの世界、それが白日のもとに曝《さら》け出している世界が、単なる偏向的、趣味的な性格から来るのでなく、ある種普遍的なものを含むことを知っていただければと思います。

おわりに　二次創作は虹創作

　何方かがブログ上かツイッター上で「二次創作は虹創作」と書いておられました。私も、そのことは知らずに自身のブログでこの言葉を使いました（二〇一七年三月一〇日、「二次創作は虹創作」染谷研究室）。素敵な言葉だと思います。それで今のマイノリティとＢＬとの関係から改めて述べれば、性的マイノリティの略号であるＬＧＢＴ、そのＬＧＢＴの象徴として掲げられるレインボーフラッグと、ＢＬの二次（虹）創作はみごとに響き合ってきますね。これは偶然に過ぎないのかも知れませんが、現在、世界の様々な場所で、主に男たちが、その建前やメンツから角突き合わせている状況が見られます。そんなに威嚇《いかく》し合わないで、素直に話合えばいいじゃないかと思うのですが、男たちはそれができないんですね。困ったものです。そんな世界の状況に向かって、もっと素直になれ、自然になれ、と諭《さと》すのがマイノリティの文化であり、ＢＬです。

　虹は自然の産物、天空からの贈り物と言われます。二次創作から、建前やメンツの世界を諭《さと》し癒《いや》すような、虹の物語が多く生まれて欲しいと心から願っています。(6)

注

（1）ブラザーロマンスの略。性的描写よりも精神的な繋がりを重視して同性愛世界を描く。ホモ・セクシュアルでなくホモ・ソーシャルの世界と言ってもよいでしょう。

（2）本書のエッセイで畑中千晶さんも「アダプテーション（翻案）」という言葉を使って、この二次創作の問題を論じています。

（3）連歌・連句について説明すると長くなりますので、何かの解説書を読んでいただければと思いますが、ここで簡単に説明すれば、基本的には二人以上でリレー式に句を繋げて行く言葉の遊びです（一人でやるのを独吟と言います）。たとえば、一人が五七五の句を作り、別の人がそれに七七を付ける。これが短連歌です。これにさらに五七五を付け、さらに七七を付けて行く。これを長連歌、あるいは鎖連歌と言い、百句繋がると「百韻」、三十六句で「歌仙」（三十六歌仙に因《ちな》みます）と言います。松尾芭蕉の時代以降は歌仙の形式が多くなり、それを連句と呼びます（連歌と連句の違いは内容の違いで、雅びな言葉を使うのが連歌、俗語も嫌わずに使用するのが連句です）。

（4）しかしながら、俳句に比べて連歌・連句は現在人気があまりありません。その理由はやはりオリジナリティ信仰にあると思いますが、加えて、連歌・連句がやたら形式や式目にこだわることが災いしていると思います。それを救うのも、この二次創作の精神だと私は思っています。

（5）孤立語は独立した語の順番によって文が成り立つもの。膠着語は語と語の間に接着する語（日本語では助詞「の」「が」「へ」等）によって文が成り立つものを一般に言います。

（6）なお、この小文ではBLや二次創作を全面的に肯定する立場から論じましたが、私は現在のBLや二次創作を全て肯定しているわけではありません。いずれ述べることになると思いますが、現在のBLや二次創作はまだ発展途上のものだと考えています。BLは〈性〉の世界を基にしつつも、そこから自由になって恋愛関係全般を、二次創作は二次に留まらず、三次四次への展開を目指すことができますし、また目指すべきです。その時に『男色大鑑』を始めとする江戸時代以前のBL世界は大いに参考になるはずです。また、同じくこの小文では、二次創作から波及する著作権の問題にはとくに触れませんでした。これはあくまでも紙数の問題で、避けたわけではありません。いずれこの問題についてもきちんと自らの見解を述べたいと思います。それが二次創作を論じる上での最低限のマナーだとも思っています。ただ、誤解を招かない為に一言だけ述べておきますが、小文の二次創作に関する議論は、あくまでも芸術・文学上のことです。資本制が至上主義化している現代において、オリジナリティは著作権の上からきちんと守られなくてはなりません。オリジナリティが認められるものには、そのオリジナリティの認定とその対価を主張する権利が当然あります。しかし、それはあくまでも資本制社会の制度下の、経済・法律の問題であり、それ以上の問題ではありません。すなわち芸術・文学と経済・法律の問題とをきちんと切り分けて議論することが肝要です。ちなみに、経済・法律の問題では、一次創作と二次創作が上手く折り合いをつける必要があるでしょう。近年のことですが、モノマネ・タレントの出現によって、忘れられていた本家の歌手が復活したことがありました。そのことと同じように、上手く調整すれば、一次創作と二次創作は助け合う関係にもなるのですから。

第二部 男色とアジア文化圏

【座談会】……

タイとインドの男色文化、その多様性をめぐって

【二〇一六年十二月二十七日、勉誠出版会議室にて】

【出席者】……
ナムティップ・メータセート　ラージ・ラキ・セン
坂東（丸尾）実子　畑中千晶　染谷智幸（司会）

【もくじ】……

◉第一部　タイの男色文化をめぐって

はじめに——出席者の紹介

染谷　本日はお忙しいところをお集まりいただき有難うございます。『男色を描く——西鶴のBLコミカライズとアジアの〈性〉』の二つ目の座談会になります。今回はその「アジアの〈性〉」、その中でも特に最近注目されているタイとインドをテーマに色々とお話をお伺いできればと思います。

本書の「はじめに」にも書きましたように、現在の多様な恋愛もしくは性愛の在り方は、LGBT(1)という呼称とともに、今や世界的な問題となり広がりを見せています。日本でも「性的マイノリティ」という言葉と共に注目されていますが、このLGBTという言葉が英語の略称であることが象徴するように、北米やヨーロッパ中心で、日本やその足元であるアジアを基に、この問題を捉《とら》えるという方向がいささか弱いのではないかと感じます。そこで今日は、日本文学研究者で、アジアの〈性〉や男色文化に関心をお持ちの方をお招きしました。私の方から簡単にご紹介をさせていただきます。

まず、タイ国チュラーロンコーン大学准教授のナムティップ・メータセートさん。ナムティップさんは、日本の大学・大学院に留学されてタイで博士号を取られました。修士論文は、夏目漱石の『漾虚《ようきょ》集』ですね。その後タイに戻られて、最初にタマサート大学で日本語と文学を教えられ、その後、チュラーロンコーン大学に移られて、種々日(2)本の文学作品の翻訳をされつつ、博士号を取られたとお聞きしています。

ナム　はい。比較文学で博士号を取りました。テーマは「山田長政伝説における、日タイ関係の表象」です。BLとあまり関係ないんですけれども、小説を読んでいく中で、タイ表象の小説をたくさん発見して、それに興味を持って、比較の勉強をしようかなと思いました。BLは個人的な趣

(1)　レズビアン・ゲイ・バイセクシャル・トランスジェンダーの略称。

(2)　江國香織『きらきらひかる』、鈴木光司『リング』等多数の翻訳を手掛けている。なお宇戸清治氏は「タイにおける日本文学翻訳の過去と現在」（東京外国語大学『日本研究教育年報19』二〇一五・三）という報告書の中で、「『リング』は十万部以上売れたといわれるが、これは初版がせいぜい一五〇〇部から二〇〇〇部というのが一般的な出版界では、日本の一〇〇万部にも匹敵する大ベストセラーである」と述べている。

味で、一応読んだりはしていますが。とても興味あるテーマですけれども、ちゃんと研究したことがないので、お役に立つ情報を提供できるかちょっと不安ですが。

染谷　いえ、ご心配なく。この座談ではBLに特化するわけではなく、広く〈性〉に関して話を展開できればと思いますので、大丈夫です。個人的には、山田長政と武士道・衆道の話が聞きたいですけどね。

次に東京外国語大学等で非常勤講師をされている坂東（丸尾）実子さん。坂東さんは、この座談会のキーパーソンですね。この座談会は、畑中さんと坂東さんの繋《つな》がりがまずあって、そこから坂東さんの昔馴染《なじ》みであるナムティップさんへと広がっていったわけですから、坂東さんがいなくては成り立たなかったわけです。ご専門は夏目漱石とのことですが、授業でとても面白いテーマを掲げて展開していらっしゃるとお聞きしました。

ナムティップ・メータセート◉チュラーロンコーン大学文学部助教授。専門は日本文学、比較文学、翻訳。

坂東　東京外国語大学で二〇〇五年から、ずっと「鳥の文学」という、鳥がテーマになっている文学作品を扱う講義をしています。レポートでは「鳥が出てくる文学作品を取り上げて、その中でどのように鳥が出てくるかを論じなさい」というテーマを出します。そうすると、非常に面白いものが、とくにアジアの留学生から出てきます。近年、LGBTやBL関連でレポート書く学生も非常に多いんです。香港、台湾、中国で、面白い物が出て、学生から教えてもらうことも多いですね。卒業、修了して、帰国した学生からも次々と情報が「先生、こんなのあるよ」って寄せられたりもしています。これについては本書のエッセイにも少し書きましたので（185―196ページ）それをご覧くだされば と思います。

それから、私もナムティップさんがお勤めになったタマサート大学に二年間、子連れ赴任をしました。そして、ナムティップさんのお子さんと一緒の幼稚園に、息子を通わせていました。そこで驚いたのが、タイの中では、ほんとに奔放に、開放的かつ社交的にジェンダーフリーの方々が話しかけてくることなんです。息子はそんな人、日本にいた時に近所とか周辺で一切見たことがありません。スーパーのレジでもビデオ屋さんでも、全然見たことないんですね。息子も、アニメの『ONE PIECE』に出てくるオカマキャラぐらいしか知らなかったので、すごくびっくりしたんだと思います。それが同じくエッセイに載せた「日本にもオカマはいるのですか」(186ページ)という手紙になっているんです。これはタイから日本の姉の家に送ったものですが、姉が額装して残しておいたんですね。

染谷　これは面白いものですね。

タイ国チュラーロンコーン大学

インド、デリー大学

坂東　そうしたジェンダーフリーの方たちには、息子が一番接することが多かったと思います。ホテルのフロントの人とか、タイマッサージの店のネイルアートの人とか、それがたいていオネエみたいな人で、たとえば、私がタイマッサージを受けてる間、息子は遊んでもらっている。ほんとにもう「顔近いよ」って感じなんですけど(笑)、ものすごくかわいがってもらった記憶があります。

染谷　いきなり本題に入っちゃいそうですから、それはまたあとでゆっくりとお話をお聞きします。

次は、白百合女子大学で非常勤講師をされている、ラージ・ラキ・センさん。インドのデリー大学、大学院で日本文学を勉強されて、筑波大学に国費留学されました。それで研究テーマは、明治時代の文学における養子制度・法制度ということで、これまた異色と言いますか面白そうなご研究で、それだけでも別途お聞きしたいくらいです。

ラージ　ラージ・ラキ・センと言います。「名字はなんですか」とよく言われますが、名字はセンなんです。ラージ・ラキはインドの中でも珍しく、女性の名前でスペースが入ってるのは私だけだと思います。今、ご紹介があったように、二〇〇八年に筑波大学の研究生として来日しました。文芸英語専攻に入り、修士を取り、今年（二〇一六）博士号を取りました。専門は今ご紹介いただいた通りなのですが、現在は、日本比較文学会でインド映画における日本人像の研究も始めています。日本の養子制度は、BL文化にもすごく影響があって、International Graphic Novel and Comics Conference Association for Asian Studies（AAS）という学会が、カナダであるのですが、来年の三月に発表する予定です。今回インドにおける男色文化について、いろいろ調べてみたら、これが膨大な仕事だということに気づいて、怖くなってきたところです。

とりあえず今日はインドの法制度がどうなっているかと、植民地以前と植民地以降の男色文化の表象をまとめてみました。

染谷　確かに男色文献は膨大ですよ。日本に限っても手つかずのものが沢山あります。「日本文学研究における最後の秘境」だと思っています。

最後にご紹介するのは、本書の共編者である敬愛大学の畑中千晶さん。先ほど、坂東さんがこの座談会のキーパーソンだという話をしましたが、この本全体のキーパーソンが畑中さんなんですね。ほんとに畑中さんがいなければ、この本はできなかったと思います。この後半の座談もそうですが、前半の座談会「男色のコミカライズ」のメンバーの招致、そして座談の組み立てをしていただいたりしました。ぶっちゃけて言えば、この本はもう畑中さんの本なんです。で、その畑中さんの企てに乗っかって、私、染谷がいささか好き勝手な話をさせていただいております。

なぜ、タイそしてインドなのか

染谷　そこで、その好き勝手をもう少し続けさせていただきますと、今日の座談でなぜ、タイとインドを取り上げたのか、ということです。ま、これもぶっちゃけて言いますと、タイとインドがめっちゃ面白いからなんです（笑）。ま、それじゃ身も蓋《ふた》もないので、もう少し理由らしいことを述べますと、この両国が、特に〈性〉に関する多様性を保持しているからです。

LGBTとか、性的マイノリティというものの表現活動が今、活発化してきてることは、皆さん感じられてると思うんですね、日本で言えば、漫画、BLを中心に、ちょっとそこから外れたブロマンス(3)とか、アニメとか映画とか、様々な動きがある。ところが、先にも述べたように、LGBTとかマイノリティという言葉が英語であるように、これらは主に欧米の概念なんです。もちろん、欧米の動きは重視しなくてはなりませんが、日本やアジアの中にかつてあって、それが元になって現在の、その恋愛とか性・友情についての表現活動が出来あがっている。それをちゃんと踏まえた上で、アジアのLGBTやマイノリティはどのようなことが可能なのか、もしくはどういう問題があるのかを考える必要があると思うのです。

それで、そのアジアの中でもなぜタイ・インドなのかですが、一つは、日本でアジアといった場合、まず東アジア、特に中国や朝鮮が挙がってきますね。この中国や朝鮮はそういう性的な世界について、ある程度、調べがついているところがあります。例えば呉存存《おそんそん》さんの『中国近世の性愛』(4)という本には中国の明清時代を中心にした性的世界の多様な広がりが捉えられていてなかなか面白いものです。ただ中国や朝鮮半島を全体的に見ると、儒教と言いますか、政治的官僚的な世界が強く、それが統治理論として、男女有別、陰陽というのをちゃんと分けるんですね。そういう世界からすると、この陰と陽の中間地点というか、男でありつつ女であるというのは、なかなか表向きには認められない。それが象徴的に表れた出来事が『海遊録《かいゆうろく》』という書物に書かれています。

ご存じのように、江戸時代に朝鮮通信使行は十二回行われました。その九回目の一七一九年、朝鮮通信使として来日した申維翰《しんゆはん》という儒者が、この『海遊録』を書きました。その中に、日本の朝鮮通信使を接待した、対馬藩儒《つしまはんじゅ》の雨森芳洲《あめのもりほうしゅう》との話が出て来ます。申維翰は日本を旅する途中で、日本に男色風俗が普通に広がっている状況を見て驚くんですね。それで「どうして、陰陽の陽のみがあって陰がないんだ。どうしてそういうバランスを欠くことをするんだ。それはおかしい」と言ったわけです。朝鮮には男色

呉存存『中国近世の性愛――耽美と逸楽の王国』

(3) 「ブラザーロマンス」の略。BLが性的表現を多く含むのに対して、精神的、友愛的な描写を中心とする。
(4) 呉存存『中国近世の性愛――耽美と逸楽の王国』(青土社、二〇〇五年)。

がありなく、日本のそういう状況を見て非難したわけです。それに対して、これもちょっと驚くのですが、芳州は「あなたはまだ、男色の楽しさを知らないんですねえ」(5)と返答するんです（笑）。

ラージ　いかにも、日本らしいですね。面白い。

染谷　こう答えられたので、申維翰もびっくりした。「お前、儒学者だろう」と、言ったかどうかはわかりませんが、たぶんそう思ったはずです。

ラージ　違う違う。そういうことじゃないです。

染谷　そうですよね。で、ここには二つ重要な点があります。ひとつは、朝鮮半島や中国に比べて、当時の日本に男色が広く浸透していたということ。それからもう一つは、芳州のような知識人、彼は新井白石と並ぶほどの優れた学者でしたが、そんな知識人まで男色が広がってた。つまり、下々の者じゃなくて、今だったら東大の総長が率先してやってるっていう感じですね。

ナム　東大の先生が聞いたらショックですね（笑）。

染谷　ただ中国は、さっきも言ったように多様で、特に「明末清初」、すなわち一五〇〇年代の終わりぐらいから一七〇〇年に入るぐらいの時代には、男色がかなり広がっていたみたいです。たとえば、この『中国近世の性愛』の約三分の一の分量が、全て男色に関する考察です。明末清初は男色の時代でもあったと言って良いでしょうね。皇帝をはじめ都市民に至るまで、この時期は男色が盛んだったんです。しかし、基本的にはやはり儒教・儒学があるものですから、大っぴらには出来なかったということでしょう。

　でも、日本はご存じのように、関西、特に九州で男色が盛んでした。地域的な問題でしょう。例えば佐賀の『葉《は》隠《がくれ》』(6)とか薩摩の兵児二才《へこにせ》ですね。南方熊楠《みなかたくまぐす》、それから三《み》品彰英《しなしょうえい》とか、最近では中沢新一さんとか、杉島敬志さんとかが、実は男色文化は琉球とか台湾、東南アジア、メラネシア等の太平洋島嶼《とうしょ》文化へと繋がってるということを盛んに言っておられます。特に注目されるのは、船を中心とした文化です。船ってのは男同士の世界でしょう。板子一枚下は地獄ですから、命を張ります。そうすると、死を乗り越えるために男同士の絆《きずな》が深まります。そこから自《おの》ずと戦士・戦友の感覚や衆道・男色の文化が生まれてくるということになるわけです。

　それからもう一つ、南アジアのインドは、実に多様な社会であることは言うまでもなく、あとでラージさんからいろいろお話が出ると思いますが、人口は現在十二億人ぐらいですか。

ラージ　はい。

染谷　二〇二五年には中国を逆転して多分トップになるだろうと言われていて、二十二言語ほどの公用語があるのも多民族国家ならではですよね。そしてヒンドゥー教、イスラム教、キリスト教、仏教、ジャイナ教とか多宗教でもある。性の問題も非常に多様です。僕がちょっと興味持ってるのは、第三の性であるヒジュラーの問題です。二〇一四年にインドの最高裁判所が、一応正式にヒジュラを始めとするトランスジェンダーの存在を認定しましたが批判や差別もありますよね。

ラージ　もともと差別が多かったから認めたんじゃないかなと思います、保護するために。認めざるをえないというか。

染谷　なるほど、これも後でお話を伺えると思います。それからこの前、小峯和明さん主宰の仏伝シンポジウムが立教大学であって、駒澤大学の石井公成さんが、インドの仏伝（釈迦の伝記）が中国を経由して日本に来ていますが、もともとあったエロティックな記述が、中国の漢文になるとみんな消えちゃう。だから日本には、エロティシズムでいうと、カスしか回って来ない。中国経由にすると、そういうのが消えてしまうという話を発表されて、[7] 私、たいへん感銘を受けました。ですから東アジアはもちろん、南アジアのインド、これを踏まえていくことは、今すごく大事だというのが、今後の見通しから浮上してくると思います。

ただ、多様ということは何でも認められている、何でもOKだということでは、もちろんありません。今のラージさんのお話にもあったように、多様の中にはそれこそ多様

坂東（丸尾）実子◉東京外国語大学、敬愛大学非常勤講師。専門は日本近代文学、文章表現・口頭表現、大学初年次教育など。

（5）『海遊録』には申維翰「豈《あに》獨り陽有りて陰無きや（どうして陽のみがあって陰がないのでしょうか）」、雨森芳洲「學士亦《ま》た未《いま》だ其樂《たのしみ》を知らざるのみ（貴殿はまだ男色の楽しみを知らないのですな）」とある。

（6）佐賀藩士山本常朝が口述し、田代陣基が筆録した。一七一五年ごろ成立。武士道とともに、武士の衆道（男色）についても多く筆を費やしている。

（7）石井公成「仏伝文学に見えるエロティックな記述を中国人はどう受け止めたか」（小峯和明編『東アジアの仏伝文学』勉誠出版、二〇一七年）。

なタブーや規制もあります。それらを含めて文化の体系が出来ていることを忘れてはいけないでしょう。

　では、まずナムティップさんから、タイの現状や問題をお話しください。

タイのLGBT、寛容と自由

ナム　先ほども申し上げたように、私はＬＧＢＴの研究者ではないので、実状はよくわからないんですけど、坂東さんも言ってたように、小さい時からもう社会の中で、そういう方々がたくさん普通にいるので、あんまり問題意識を持ってないんですね。
染谷　なるほど、自然だから逆に問題とする感覚がない。それは面白いですね。
ナム　タイは仏教社会なので、かなり穏やかと言いますか、何でも受け入れるので、いろんな人がいて当たり前みたいな感じなんです。だから抑圧があんまりない分、闘争もあんまりないんじゃないかなと思うんです。制度化もおそらく、行政側としては現状のままでも特に大きな問題がないなら、法律化しなくてもいいんじゃいないという考えかもしれません。ただ、やっぱり社会が近代化して規制が厳しくなってくると、いろんな問題が表面化し、それに対して戦わなきゃいけない人も出てきていると思います。あとは世界的な流れとかもありますね。最近でも、同性婚とか、パートナー登録の問題とかも話題に上ったらしいんです。今回のことで調べてみたら、法律化してほしいみたいな動きもあったようですけれども。でもそれより大きな問題が起こっているから今は静かになってますが。
畑中　フミポン国王が亡くなられたことですね。心より王様のご冥福と国家国民の安寧をお祈りさせていただきます。その王様の継承問題や、タクシン元首相の支持派と反タクシン派の闘争もあって、タイの皆さんは心休まりませんね。
ナム　はい、ありがとうございます。本当にそうなんです。早く政情が安定して欲しいです。
　それで、普通の結婚制度と同じように、その第三の性の方々の事実婚みたいなものは、結構、社会の中で認められ

小峯和明編『東アジアの仏伝文学』（勉誠出版、2017年）

てると思いますね。普通にカップルで生活して、それを公言している方々もたくさんいて、誰も非難したりはしません。そこはタイの一番の特徴だと思います。あとタイの場合は、表ではこう言っていても、裏では別のことをしたり、上の層が別のことを言っていても、一般市民は違う生き方とかやり方をするなど、法律化しなくても、その辺は上手にやりくりして生活しています。ただ、今回、意識調査してみて、友達とか知り合いなら別に構わないけど、自分の家族だったら複雑だと言う人が多いことがわかりました。世代別の意識の違いもあるかと思うんですけど、古い人は反対する人が多いようです。若い世代になるにつれ「いいんじゃない」みたいな人が増えている。

先日、割と男らしい役をやることの多い俳優が、結婚して子どももいるのに、結婚後三十年経ってから「私はゲイだ」とカミングアウトしたんです。結婚した当時はまだ、社会が認めてなかったんじゃないかなと思います。今になってだんだんオープンになって、認められるようになってきたので、結婚していても、子どもがいてもカミングアウトする人は結構いるんです。社会的な影響力のある人でも「いいんじゃないか」という雰囲気は、広まっていると思います。ゲイの方は、オネエとかニューハーフと呼ばれる方達のように見た目では分からないんです。女性になりたいわけじゃないですから。だから坂東さんがおっしゃったように、オネエはいろんな職場に普通にいっぱいいるんです。みんな普通に「オネエだよね」という感じでいるんですけど、見た目では分からない方々もいっぱいいるんですね。

染谷　前に何度か、タイに学生を連れてって、それで地方の或る大学と交流をしたことがあります。二日間ほど学生同士の交流会等があったんですが、タイの学生たちの中に、最後まで男の子か女の子かわからない子がいて、でも聞くに聞けないですよね。それで、ちょっと戸惑ったんだけど、二日目ぐらいになってくると、もう自然なんですよ。「別にそんなことどうでもいいじゃない」と。まあ、それで一緒にみんなで遊んじゃったということがありました。その時に、すごく自然でいいなと感じたわけです。日本だと「あの子はこういう子で、マイノリティだから」云々という、そういう理解があって可能と言いますか、知的な理解があって、それで仲良くなるっていうような形だけど、その時は全くそういうものなしに自然とね。それってすごい良いことで、ほんとに気持ちが良いなと感じました。逆にここから日本に欠けてるところが見えたりもしたのですが、その辺は坂東さん、どうです。

坂東　そうですね。あと「いじめ」みたいなものがないですね。

染谷　ないですか。

坂東　コンドミニアムに住んでたんですけど、そこのプールでいろんなタイプの子が一緒に遊んでるんですよ。ドラえもん状態というか、メガネかけたちょっとどんくさいタイプの子と、やせ細ったかしこそうな感じのと、ジャイアンみたいな子とかが一緒に遊んでる。漫画とかには出てくるけど、でも、日本の小学校でそうした違うタイプの混合はあまり見られなくて、似たようなスポーツ系の子だったりとか、漫画とかで盛り上がるのとか、カードゲームしてる子たちとかが棲《す》み分けていて、自分たちと違う子とは関わらないとか話さなくなっている。それに対してタイでは、体型の差などは関係ないんです。太ってようがやせてようが、肌の色が違っていようが関係ないと言いますか、言語もいろんな国の子たちが、何の言語だろうっていう言語で遊んでましたね。ボディランゲージっていうか、そのまま魂でつながって遊べる感じでした。ところが日本の学校では言葉尻を捕まえられる。遊んでる子に「おもしろいね」って言っただけで「おもしろくねえよ」って返されたりするとか、そこで息子はカルチャーショックを受けてしまって「タイに帰りたい」って言い出したんです。

染谷　その言葉尻云々というのはテレビの悪しき影響だと思いますね。ツッコミやひっくり返しの笑いが誰にでも通用すると思ってしまう。そうした日本の状況については後で少し問題にしますが、タイには日本にはない寛容さと自由さがあるとすると、それは漫画やアニメ、ＢＬといった表現の世界にまで広がっていると考えて良いのでしょうか。ナムティップさんいかがですか。

タイのＢＬ、規制と二層化

ナム　そうストレートには行かないんですね。確かに実社会では寛容なんですが、しかしファンタジーとしてのＢＬは、また別の世界でかなり特殊です。

　私が生活している範囲では、ほとんどが日本語関係、つまり日本語を勉強している学生や、日本の若い学生たちです。特にこの十年、日本のＢＬとかやおいとかが浸透していて、この中で生活してしまうと、これが普通だと勘違いしそうですけども、一歩外の社会に出れば、タイの一般社会はまだほとんどそうしたＢＬのようなものを認知していない状態だと思います。

坂東　でも、タイのミシュランみたいので「ここの料理人はゲイだからすごく味がいい」とかっていう、評判になってたじゃないですか。
ナム　それはBLとは違うでしょう。小説とか漫画はちょっと違うんです。ゲイとか第三の性とかトランスジェンダーの方々が、普通に生活しているということ、これは社会に浸透しているんですが、フィクションとしてのBLは別の問題です。
すこし前のことですが、ある大御所の文学作品の二次創作が問題になりました。BL系の二次創作だったので、作者が「法的な措置を取りますよ」という声明文を出したんですね。それで問題が表面化しました。
染谷　大御所の立派な文学作品をBL化したら、大御所の逆鱗《げきりん》に触れたということですね。
ナム　そうです。一九八〇年代ですが、私が日本に留学する時はタイにネットもなく、日本の情報も限られていて、BLなんて全く知りませんでした。普通の文学でさえあんまり知られていないので、日本に来ても、全くBL作品は知りませんでした。江戸時代の男色研究の方ならご存じかもしれないんですが、近代文学では漱石読んでも「あれ、何かおかしいな」と思う程度ですね。タイでは文学は神聖化されたもので、特に古典は自由に解釈してはいけないという思想が学校などで植え付けられています。とりわけ、タイ文学は絶対、変な解釈してはいけないんです。
ラージ　インド人は変な解釈しかしませんが（笑）。
ナム　近代以前は割と自由だったんですよ。近代化によって、文学は神聖化されてしまい、古典は教えられたとおりの解釈をしないとバツになってしまいます。タイ文学に関して「あれっ」と思っても、あんまり自由に解釈はしてはいけないんです。
それから、先程日本に留学した話をしましたが、おかしなことに、私は日本から離れてタイに戻ってから、BLを認識したんです、学生に教えられて。こうしたことは学生の方が早いですね。
私が日本にいる十年近くの間に、タイは違う世界になっていました。タイムトラベルみたいですね。これはイン

畑中千晶◉敬愛大学国際学部教授。専門は江戸文学・比較文学。

ターネットの影響が大きいと思うんです。タイに戻ったのは一九九九年ですけど、もうインターネットが普及していて、それを通じて世界や日本のサブカルと繋がるBLコミュニティができていました。学生たちは、そういうものを知り、習うことで、最初は消費という感じだったんですけど、自分たちでも創作するようになったんです。出版されたものを見て「こういうのを売っても大丈夫か」と最初はびっくりもしました。一応、大人は知らないと言いますか、そういった文化的状況を、頭が固く管理したがる人たちは認知してないだけで、問題になったらどうなるかというのは、これからの問題なんです。私は、それを今見守ってるという段階です。

BLより前の時代では、西洋のハーレクインも、アンダーグラウンドなんですね。そういうものの専門の出版社があって、一般の本屋さんではなく、ブックフェアで売られています。タイでは大きなブックフェアが年に二回あるのですが、大々的に同人誌販売会みたいな感じで、出版社も結構儲《もう》けているらしいんです。ある時、治安当局に、「子どもにこういうみだらな本を読ませてはいけない」との告発があったんです。それで一斉に取り締まりがあって、一時期消えたんです。そういう経緯があるので、BLも告発されたらそうなってしまうんじゃないかなという心配もあるんですが、今はまだ知られずに。

染谷　しれっとやってる（笑）。

ナム　ええ。一般書店に置いてあるのを見て、びっくりしました。日本でも有名なBLが、普通に売っているんですが、大人は知らないだけで、若い人中心に知る人ぞ知るっていう感じです。今、政治問題の方が大きいから、あまりみんな見ていないだけです。

坂東　表現の自由っていうのは保証されているのですか？

ナム　一応憲法はありますよ。でも、まだ軍事政権ですし、激しいデモもありますでしょ。不敬罪というものもありますし。

染谷　不敬罪って誰に対する罪ですか。王様？

ナム　王族とかですね。王族以外にも例えば、宗教的なも

制作50周年記念版、DVD『王様と私』（映画は1956年公開）

のに触れたら問題になったりとか。

坂東　『王様と私』(8)が公開されないみたいな。

ナム　『王様と私』はタイでは上映されません。前にチョウ・ユンファの映画『アンナと王様』(9)もありましたが、これもタイで上映できなかったんです。王族とか僧侶に触れてはいけないんです。繊細な分野と言いますか、他の国だと仏像などを色々にキャラクター化しますよね。あれはタイではタブーです。

坂東　せんとくんとか。

染谷　ああ、せんとくんはダメでしょうね。

ナム　せんとくんをタイ人は知らないと思いますよ。それは日本だからいいんですけど、漫画もあるじゃないですか。

坂東　『聖《セイント》☆おにいさん』(10)？

ナム　そう。『聖☆おにいさん』もタイではダメです。

坂東　キリストとブッダが仲良く暮らして。立川でバカンスし、ルームシェアしてるって話ですね（笑）。

染谷　立川ねぇ。国文学研究資料館で二人が和本の勉強をしてくれたら嬉しいけど（笑）。

畑中　面白いですよね。でも聖書のネタとかがダメなんですね。

ラージ　多分日本だからそれはできる。

坂東　ちなみに『聖☆おにいさん』は、大英博物館に展示されてるんですよ、クールジャパンっていうので（笑）。

ナム　タイは寛容だと言われるんですけど物によっては、かたくなに、触れてはいけないものもあるんです。

染谷　どこに寛容で、どこに規制がかかるかが、文化の形ですよね。

インドで表現することの覚悟

染谷　そうすると、タイではＬＧＢＴの社会的認知度はかなり高いけれど、漫画や小説、特にＢＬのような文芸世界の認知はまだまだ難しい。しかし日本の影響を受けつつ若い人の間では確実にＢＬ世界が広がりつつあるということですね。つまりＢＬの認知は二層化したまま推移しつつあるということになりましょうか。ラージさん、今議論した問題についてですが、インドから見ていかがですか。

(8) デボラ・カーとユル・ブリンナー主演のアメリカ映画。一九五六年。シャム（タイ）の王様と子供の教育係である女性との物語。
(9) チョウ・ユンファとジョディ・フォスター主演のアメリカ映画。『王様と私』の単なるリメイクでなく、原作に忠実に作られた。一九九九年。
(10) 中村光作、二〇〇六年〜、講談社。

映画『アンナと王様』

ラージ　タイで漫画や小説について自由な表現が難しいということですが、その点についてインドは結構進んでいる方だと思います。

ナム　そうなんですか。公式にそういった研究もできるんですか。

ラージ　いやそういうことでなくて、そういう研究や表現をすればもちろん厳しい状況に追い込まれます。でも、インド人は訴えられても堂々とやっています。牢屋に入れられてもやってるし。訴えられたら「じゃあ私も裁判起こすから」という感じですね。

ナム　それは国外、国内でも。

ラージ　国内の方が猛烈に反対されます。実は友人に「こういう研究をしていると、将来訴えられるかも」と相談したことがあるんですね。そうしたら「いいんじゃない、別に。裁判起こせば。覚悟してるならいい」って言われました。

ナム　すばらしい（笑）。

染谷　それはそのお国柄ってことなのでしょうかね。

ラージ　結構批判されますね。でもこれは当たり前というか、LGBT研究はそういう覚悟をしないともう進まないところへ来ていると思います。

ナム　ますます、すばらしい（笑）。これからはタイでも、そういう態度の研究者が出てくるかもしれないんですけども、今のところみんな、戦々恐々としながらやってます。まあ、過渡期だと思うんですね。日本におけるサブカル受容の過渡期でも、日本のポップカルチャーとかサブカルチャーに興味を持って、それを「研究したい」とちゃんと言えない時代もあったりしたと思います。今徐々に、そういったアニメ、漫画の研究も盛んになってきましたし、タイでも、だんだん緩やかになってくるのではないかなと思います。やはり時代ですね。

染谷　インドでBLなどの〈性〉に関する表現を続けることが、社会とどうぶつかるかについては、座談の後半でじっくり話をお伺いしますが、タイの寛容さにしろ、インドのそうした闘う姿勢みたいなものにしても、日本からみると羨《うらや》ましくもありますね。

ナム　タイはやっぱり陸続きの国なので、最初からいろんな人がいて当たり前みたいなことで。

畑中　いろいろ入ってくるってことですね。

ナム　タイも近代化の過程では、外国人排除という動きもあったりはしたようですが、今はもうごちゃまぜですね。特に、バンコクとかの都会では、普通にいろんな国の人が歩いていて、東京も国際的な大都会ですけれども、でも実際にはやっぱり壁があると言いますか。それも日本人の個性というか島国というか、昔から、遺伝子的に刻み込まれているのではないかなと思うんです。閉じこもるというか、本心を見せないとか、あるいは、集団化する時に、自分と違うものを排除してしまう。個人個人は違うと思うんですけど、集団になってしまうと、日本人は一極化する傾向があるように感じます。

日本の閉塞感をめぐって

畑中　二十年ぐらい前と比べても、むしろ不寛容の度合いが進んでると思います、日本社会全体で。九〇年代の初めぐらいの方が、非常にオープンな、自由な空気はあった。開かれていく時にはそれがあったけど、今はむしろ、不寛容が強まってる。

ラージ　ノーマライゼーション[11]の時代なのにね。

ナム　そこですよね。内向的にまた戻ってしまうと言いますか。なぜなんだろう。いろんな方から聞いたんですよ、日本の大学の先生からも「学生が内向的になって、外に行かない」。

ラージ　外に行かない。海外旅行をしてないことにびっくりしたんです。

ナム　テレビもありますし、インターネットもあるし、海外情報はいくらでも入るんですけど。

ラージ　それでもどうでしょうね。

ナム　シミュレーションになってしまうんじゃないでしょうか。実際に自分で体験してないと、わかったふうでほんとはわかっていない。

畑中　わかったつもりで終ってしまう。

染谷　よく言われるのは地元志向ですね。とにかく外国だけじゃなく、外へ行かないんですよ。僕が茨城キリスト教大学に勤め始めた当初は、とにかく茨城を出たいと、それで東京へ行きたい、どこへ行きたいっていう学生はいっぱいたのですけどね。

(11)　障がい者やマイノリティの生活・権利が整備された社会を作ろうとする考え方、またその運動。

ラージ　今は全然違うんですか。

染谷　今は茨城が大好き。茨城が良いんですって。茨城が好きなのはとってもいいことだけど、茨城の何が好きなのかっていうと、よく分からない。

ラージ　なんか心地いい。

染谷　あくまでも相対的なものですけどね。多分その雰囲気が出始めたのは、中国や韓国との問題が起き始めたころとも重なっています。また日本でバブルがはじけたあと、二十年間全然成長できなかったとか、学生たちも就職ができないとか、そういうネガティブな要素がたくさん出てきたじゃないですか。さらに中国や韓国や他の所とのトラブルがいろいろ出てくる。そうなってくると外へ行きたくないという気持ちになる。数値を見ると、韓国や中国を始めとする他の国は、みんな外国への留学生数が伸びてるんですけど、日本だけ減ってるんですよ。

染谷智幸◉茨城キリスト教大学文学部教授。専門は江戸文学、日韓比較文学。

ナム　日本の国力とも関係すると思います。日本が経済大国の時代はみんな憧れて、日本のこと勉強したい人が増えた。でも今は「日本よりアメリカの方がいいんじゃない」と思ってしまう人が多い。

坂東　私、千葉の敬愛大学でも教えてるんですけど、留学生は三・一一の大震災のあと、激減したんですよ。茨城と千葉と特に福島、宮城が減ったんですよね。

ラージ　もうはっきり言うんですよ。「日本に行きたくない」って。

坂東　「放射能とか地震とかがある、そんな危ないとこ行くな」と親が反対した。ただ、外語大に来る留学生は、それだけ覚悟を固めて来てる人が増えています。

畑中　そうですね。いつ何があっても。

坂東　どんな条件があっても日本に来たいんだっていう、その思いが強くなった気がします、外語大見てると。でも本人がほんとに行きたい場合じゃないと、親に反対されたりしますね。奨学金当たった、ラッキーみたいなのは減りました。

ナム　ただ、旅行者は増えてるんですよね。

坂東　爆買いですね。

ナム　それでまた、少し時間がたてば傾向が変わってくるのではないかなと。いろんな波がありますね。日本も今は内向的ですけど、行き着く所まで行ってしまえば変わるかもしれないですね。反動みたいなもので、このままではいけないと。

腐女子こそ日本文学の救世主

ナム 外語大の話ですが、坂東さんは、日本人の学生はBLを知らないって言ってましたね。

坂東 知らないか言わないか。どっちかわかりませんが。

ラージ 恥ずかしい、ということですか。

畑中 日本の学生は、自分からは言わないでしょう。それはそうだと思います。

坂東 レポートに書かないです。学生の反応や顔色を見ると何かを隠してる風に見えます。もしくは「えっ、そんな世界があるの」ってびっくりする。

ラージ 私の担当している授業では、日本人学生も結構、レポートにBLのことを書きますね。

坂東 そうですか。

ラージ しかも、内容としてはかなり高いレベルで書いて来ます。

坂東 外語大、特に言語文化学部は、いろんな言語を学ぶんです。フランス語だったり、ポルトガル語だったり。だから、その国の勉強をして、留学もして。ただ、留学してから、あまりにも日本のことを知らない自分に気づいて、私の授業を取るっていうのが、多いパターンですね。

留学生は、すごく楽しそうに「腐った読み方」をします。例えば『鳥辺山心中』(12)を教えると、遊女お染のもとに通いつめる半九郎に対して、その友人の弟の源三郎は、非難し決闘を申し込むんですが、遊女と仲良くしたぐらいで彼がそんなに怒るのは、やはり源三郎が半九郎に特別な関心があるからだ、みたいな。そして目をキラキラさせてそのコメントを出すんですね。ほんとに楽しそうにしているんです。

ラージ いいですね。わくわくするのはすごく大事。今の時代は関心がどんどん薄まって消えていくから、それよりわくわくして授業を受けたほうがいいと思う。

坂東 そうですね。「文学が好きです」と文学部に入って来た子が、授業内容が硬すぎて、だんだん目が死んでいくようなところがあったんですけど、その腐った読み方をする子たちの輝き、盛り上がりが、エネルギーだなって思いますね。そこを私は制限したくないな。文学って何でも言っていいのだから。ただし共感性と説得力が大事だから

(12) 岡本綺堂作の新作歌舞伎、一九一五年初演。

ね、という話は必ずしてます。

ナム　今、日本の大学も変わってきてると思います。私が留学した時代は、先生方は怖かったですね。

坂東　特に解釈のしかたについて厳しかったですね。

ナム　解釈、特に外国人がちょっと自由に解釈してしまうと、怒られるんじゃないかみたいな空気でした。

坂東　特に私たちのころはテクスト論全盛で、作家がどうのとか、そのバイオグラフィとか、モデル論がどうとか言ったら、もう批判の集中砲火を浴びるんじゃないかって、先輩や先生たちの顔色うかがいながら、やってましたね。

ナム　九〇年代は国文学、特に近代文学研究が硬かったと思います。でもネット時代の今、海外での日本の文化受容っていうのは、日本社会のそういったコンテクストから切り離されて受け取っていたから、オタク文化や、サブカル文化など、日本では悪いイメージが持たれていたものに対しても、海外は違った評価をしていたわけです。

坂東　クールジャパンとか言って。

ナム　そうそう。逆に日本のサブカルは、なんかクールじゃないか、面白いじゃないかとか。みんな堂々と「私オタクです」「私は腐女子です」と学生が言うんですね。文学部の場合ですけど、日本語専攻の子たちは、八〇％以上は腐女子っていう話もある。

ラージ　すごい。

ナム　専攻生の女性率はもちろん高いのですが、男子も一割程度います。その男子には、たまにリアル男子もいますけど、そのリアル男子もオタクですから。

坂東　たまにね。

畑中　日本語専攻を選んだ時にもうそこが特化される。

ナム　おそらく今、ポップカルチャーとかサブカルチャーはかなり普及しているので、日本語専攻以外でも結構盛んなんです。ほかの学部の学生も。

畑中　そうなんですね。

ナム　特に工学部の男子にオタクが多い。日本事情の授業で工学部の学生もいっぱい来るんですけれども、こういうサブカルの話が出ると盛り上がると言いますか「自分はオタクだ」とか言ったりとか、漫画とかアニメに詳しい学生も多いですね。

ラージ　最近そういう傾向ですね。

ナム　ただ、腐女子率が高いのが驚異的で、外語大の学生がBLに関心が薄いと聞くと、世界が逆になっていると思う。

坂東　そういう話ができると思って、楽しみにしてきた留学生が驚くんですよ。「何々さんっていう声優が好きなんです」とか言っても、誰も知らないので。

ナム　日本の学生も多分好きなんでしょうが、公表するとなると恥ずかしいのでしょう。

坂東　カミングアウトとか言われる（笑）。

ナム　多分日本では、今まではもうひた隠しって言いますか、アンダーグラウンドの分野だと思うけど、でもネット、SNSの発達によって、ちょっと拡散されたりして、堂々としてる人も増えてきていると思います。それでも非難する人たちがいますよね。「隠した方がよい」とか。

タイの学生は隠す気もなく、堂々と言ってます。ただ、その話は知らない人が聞くとわからない。わからないから非難されないだけかもしれない。そうした事情を、全く知らない先生も多いですよ。私の上の世代は、みんな真面目に、学者として勉強や研究してきて、アメリカとかオーストラリアに留学してきた方たちなんです。当時の日本では博士号がなかなか取れず、英語圏の大学に行かざるをえなかったので、余計こういう話は知らない。そういう先生たちは、学生の話を聞いても何を言ってるのかわからない。わかったら怒るかもしれない。私はちょうど過渡期の世代なので、両方の人たちの考え方を知っていて、ただ、わざわざそういう人たちに知らせることはしないんですね。言ったらなんか学生が。

坂東　喜んじゃうしね（笑）。

ナム　はい。先生の方は文句言うかもしれないのですが。私ぐらいの世代は、就職に有利ということもあり、日本文化を知りたいとか、日本の経済のこと学びたいから、日本語を勉強した世代だったんですけど、今の世代だと、漫画好き、アニメ好き、だから就職と関係ないんです。漫画やアニメを直接日本語で読みたいから、勉強した人たちがほとんどなんですね。

染谷　面白いですね、そのタイと日本の逆転した現象は。結局、浮世絵にしても春画にしても、外国で面白いと思われたものが逆輸入されて入ってきて日本で見直される。BLもそうした趨勢《すうせい》にあるのかも知れませんね。

いずれにしても、そのBL系のある種「腐った読み」とは、固定化された文学観やテキスト論を壊してしまう。それが象徴としての鳥というか、自由さというか、そういうところに、結びついてるんですね。我々がやってる近世文学の研究などでもそうです。たとえば、西鶴を理解するためには、西鶴が生きていた時代にどう読まれていたのか、それを知ることが一番大事なんだということで、けっこうガチガチなんですよ。確かにそれは大事ですが、そうしたものを一端切り離してみる。例えば外国語に訳してみる。そうすると中身がけっこう変わるじゃないですか。それはそれでまた、楽しく読めると思うのだけど、それは本来の読み方ではないという、そういう縛り付けをしてしまいますね。これがある種、日本文学研究をダメにしているところじゃないかとすごく思うのです。

坂東 私もそう思う。

染谷 そうした固定観念から抜け出すひとつの方法として、その腐った読み方があるかもしれない。これは現在の文学研究の状況に、ある種インパクトを与えるんじゃないでしょうか。

坂東 というか、その学生の瞳の輝きですよね。

染谷 うん、それね。大事ですね。

坂東 学生の目が死んでいくのを見るのはつらいです。「文学大好きです」って大学に入って来た一年生とかが「あれっ」という感じで、すぐにしぼんでいくのが残念でね。これが文学部の衰退につながっていると思う。文学部ってほんとはもっと面白い学部であるべきなんだって思うんです。腐女子の読み方は、もう瞳が違うんですよ。わくわくしながら読んでるっていうのかな。私なんか「腐りきってますね」とかコメント返してね。「楽しそうですね」ってやってますけどね。

タイの寛容さと仏教のカルマ

染谷 なるほど、それも面白いですね。そこで先ほどから出ているタイの寛容さ多様さっていうのは、仏教が下地にあるからだという話でしたが、具体的にはどう関わってくるのでしょうか。ナムティップさん、いかがでしょう。

ナム そうですね。仏教では、生まれて来た人はカルマを背負って生まれて来ると考えられているわけですから、それをそのまま認めるんだっていう考え方になる。そこに多様性が生まれるんですよね。

染谷 ありのままがいいと。

ナム そうです。差別が少ないのは、やはり仏教との関係だと思います。もちろん、差別がないわけじゃないですし、個別に考え方も違うわけです。ただ文化的には寛容というか、多様性を認める社会の基礎はできてると思います。だから例えば男性が女性になりたいっていうのは、いいんじゃないかと。

畑中 やっぱり因果。

ナム そう、因果。カルマ、業の問題。

染谷 前世に何かあって、そうなってる可能性があるから。

ナム　前世の業を償うために現世でそうなっているのだから、現世の姿を否定することはできないわけですね。

ラージ　仏教が海外でどう受け取られているか、詳しくはわからないですが、ニルヴァーナ(13)、つまり成仏するために女性が男性になったり、男性が女性になったりするという話がたくさんあります。そういう話が抽象化されて伝わったのではないかと思います。仏典の中のブッダと関わる神話や民話の中で、そういう男女が入れ替わる話があるんです。十世紀まではそういう話がたくさんあるので、当然、性のゆらぎもたくさんあったのではないかと思います。

ナム　性のゆらぎですか。タイで私が知ってる範囲では、仏教の説話の中でというよりは、どっちかというとインドのバラモン教文化ですね。シヴァの奥さんが誰でしたっけ。

ラージ　パールバティ。

ナム　タイの呼び方とインドの呼び方はちょっと違いますね。

ラージ　パールバティのもう一つの名前がウマーナ(14)ですね。

ナム　そうそうウマーナです。インドからタイへ伝わってくると名前が微妙に変化することがありますね。

ラージ　どの神様にも一〇八の名前があるとも言われますので。

ナム　すごいですね。インドの多様性を示しています。いろんな顔と名前があって。

ラージ　その化身、つまり変化して実際に現れる姿によって、名前が変わってくるのですね。

ナム　確か、シヴァ自体が女性になったりもしてますね。

ラージ　そうです。

ナム　古典の解釈、BL解釈の問題もそこから生まれたと思うんです。神自体、性が変わってしまう話もある。そこから脚色されたと言いますか。例えば男性が女性になってしまったり、その女性になった人が、男性とまぐわって子どもまで生むとか、そういった話があるんです。この手の話は、今まであまり注目されて来なかったんですけど、BLが盛んになって、そういうのを引っ張り出してくることになり、「昔の話にこうあるじゃないか」みたいなことになってる。

染谷　ルネサンス的ルーツ探しですね。それは面白い。

ナム　ラーマーヤナ(15)の話も、日本の武士社会に近いじゃないですか。男性の戦争の話ばっかりで。好きなキャラクターをくっつけていくらでもカップリングができてしまう。

---

(13)　サンスクリット語で涅槃のこと。
(14)　「ウマー」、「鳥摩妃」が日本では知られる。
(15)　古代インドの長編叙事詩。「ラーマ王の物語」の意。タイでは古典舞踊としても広く知れ渡っている。

染谷　うん、それはあるでしょう。
ナム　でも性に限らず、異種混合の話も結構多いんじゃないですか。
坂東　動物ですね。
ナム　タイはインドの物語や説話などを受け継いできたわけですから、タイの中でもそれが浸透していったと思います。人間以外のいろんなパターンもできちゃうわけですから。そうすると、ますます寛容になっていったということもあるんじゃないかなと。

変成男子のダイナミズム

染谷　それを象徴するのが、日本でもよく問題にされる釈迦の涅槃図ですね。釈迦の入滅を目の前にして人間だけでなく、様々な動物や異形のものたち、魑魅魍魎《ちみもうりょう》が悲しんでいる。この釈迦の前の異種混合の場というのは多くの経典における釈迦の説法でもそうで、「天、龍、夜叉、乾闥婆《けんだつば》、阿修羅《あしゅら》、迦楼羅《かるら》、緊那羅《きんなら》、摩候羅迦《まごらが》、人非人等」という鬼神も人間もそうでないものも、釈迦の説法を聞いています。こうした多様性の中に、男女の差を入れるとすれば、それはほとんど目立たない。どうでも良い問題となってくる。
ラージ　でも、その辺の話、インドでは、仏教がミソジニー（女性蔑視）であることが、代々研究されていて、日本の例も出して、発表してる人もいますね。だから複雑ですね、いろんな状況がある。
染谷　確かに、日本でも、仏教で女性のまま成仏するってこと[16]は基本的にはないんです。例えば日本に伝わってきた『法華経』だと、男性に生まれ変わって成仏する[17]。
ラージ　そうですね。
ナム　能の世界にもありますね。
染谷　変成男子《へんじょうなんし》ですね。でも本来、釈迦の仏教集団に男性の出家者と女性の出家者がいて、その男性の出家者を守るために、女性蔑視《べっし》は生まれてきたとも言われます。それほどに男は弱いというか、煩悩に振り回され易い存在なんです（笑）。そうした男性出家集団を維持しながら女性の成仏を肯定するとなると、変成男子が、認めうるぎりぎりのラインだったように思います。ちなみに、タイでは、女性は成仏するという考えはあるのですか。
ナム　仏教説話の中では、女性も僧侶になれるし、ある程度まで、成仏できるという言葉の解釈もあるんですけど。ニルバーナまで行ったのはお釈迦様だけということになってるんですね。他の人はちょっとワンランク下、悟りを開いた女性もいるんですよ。確か、お釈迦様の叔母をはじめ、何人もの女性が阿羅漢になった。

畑中　その仏教自体の多様性も重要だと思いますが、私は先に話が出たカルマの問題がやはり重要じゃないかと思います。というのは、人生の選択にカルマ、業を見るっていうのは、江戸のものにもけっこうあるからです。たとえば、なぜこの子は役者になったのかっていうときに、どんな前世だったのかっていうことをやはり口にしているので。

ナム　江戸の前の時代までは、仏教の影響が強かったんじゃないですかね。

染谷　江戸でも強いんですよ。儒教が主に入ってきたのは江戸の初期ですが、これは知識人レベルです。一般まで下りてくるのは明治ですね。だから江戸は、もちろん庶民でも、儒学を四書五経等を習って、素読したりするのもいましたけど、でも基本的には仏教の教えが強かったと言って良いと思います。

ナム　だから男色とも、明治以前は結構自由に、盛んだったんではないかなという印象ですよね。近代化になるとまた、西洋のキリスト教の考え方とか、儒教とかが入ってきて。それで男女差別が激しくなって、性差の制度化というのは、その時代からなんでしょうね。

染谷　僕もキリスト教主義の大学に勤めてますけど、キリスト教は男色、同性愛はダメなんですよ。

ラージ　キリスト教はものすごくきっちりしていますね。

畑中　イスラム教はどうなのでしょう。結構厳しそうですね。

坂東　インドネシアから来ている大学院生で、そうした問題に詳しい学生がいます。この場に連れてくればよかったですね。

ラージ　インドネシアはこうした問題を考える上で良い例になると思いますよ。BLの問題もあるし。

染谷　そうですか。

ナム　東南アジアの中では仏教国は比較的に寛容になっているイメージですが、イスラム教の国ではどうなっているか気になりますね。

染谷　では次回は、そのインドネシアから来ていらっしゃる大学院生を招いて座談をしましょうか。いつ？　と言われても困りますが（笑）。

そのイスラム教などとの問題も含まれますが、仏教・儒

(16)　鎌倉新仏教の日蓮などは女人そのままの成仏を説いたとされる。

(17)　『法華経』「提婆達多品第十二」に八歳の龍女が釈迦とその弟子たちの前にあらわれ、女性から男性に変わって悟りを得る姿を披露する場面がある。

教・ヒンドゥー教、そしてキリスト教などの宗教や思想の問題が、LGBTや男色、〈性〉の問題を考える上で極めて重要だということ、これを再認識する必要があると思います。そういうものをすっ飛ばして、人権や平等というグローバルな思想のみで押し切ってはならない。むろん、そうした人権・平等は第一義的に重要ですが、それを個別の宗教や文化とどう上手くマッチングさせるかが、極めて重要だと思います。その際、先ほど畑中さんが江戸時代の役者におけるカルマの話を出して下さいましたが、タイ社会の自由さと寛容さにカルマが影響を与えているとすれば、これが日本にどこまで当てはまるかが再検証される必要があるということですね。それから、ナムティップさんがおっしゃっていたように、盛んなBL読みが、タイの伝統的な文学が本来保持していた多様性をルネサンス的に引き出して来るというお話もありました。そして坂東さんが強調されていたのは、腐女子的、二次創作的な読みこそが、昨今すっかり干からびた「文学」に、それこそ腐葉土的な生命力を復活させてくれるという点でした。それぞれ論点の違いはありますが、男色やBLが引き起こす地殻変動への期待感という点に関しては、恐らく共通した認識を見出せたのではないかと思います。

それではこれで第一部を終了して、第二部のインドを中心にした話に移りまして、今度はラージさんにじっくりお話をお伺いすることにします。

◉第二部　インドの男色文化をめぐって

インドを語る面白さと難しさ

染谷　それでは第二部に入ります。ここではラージさんを囲んでインドの話をして行きますが、インドといった場合、昔は天竺《てんじく》（インド）・震旦《しんたん》（中国）・本朝（日本）といった三国観がありまして、インドは仏教国の大先輩として知られていたわけですが、現代の日本では少し馴染《なじ》みが薄くなってしまったところもあります。そこで、ラージさんに最初にまとまったお話をしていただくようにお願いしました。その後、そのお話を基に討論に移りたいと思います。お話のテーマは「不／自然な男色の法的位置――インド映画と小説が描く「chocolate」文化を中心に」です。それでは、よろしくお願いします。

ラージ　先ほどよりお話を伺いながら、タイや日本の場合、これはタイ、これは日本という纏《まと》まりをつけながら話が出来ると思うのですが、インドの場合は、これがインドの話と、ひと括《くく》りにできないところがあります。それはインドが多様で、言語によっても土地柄（地方）においても〈性〉に対する考え方に大きな違いがあるからです。まだ日本とかタイみたいにネーションステイト（国民国家）というものが確立していないというのが私の考え方なんですね。それを前提にお話をしたいと思います。

染谷　了解いたしました。

ラージ　それから、〈性〉の話と法律、国家、植民地の話がこれから一緒に出てくると思いますが、私、どうしてもそこに言及しないでは〈性〉の話ができないということがあります。それで、このタイトルなんですけど、インドの男色文化を、その法律・国家・植民地といった観点から見てゆく場合、何が自然で何が不自然かということが極めて重要になってきます。それは、後で詳しく触れますが、インドの〈性〉文化に大きな影響を与えた法律が、この自然／不自然の二分法を軸にしているからです。それから、一九二四年に書かれた小説に『チョコレート』というものがあります。その中には、男性が男性に憧れる、美男に憧れる、その憧れの対象となる男性をチョコレートと呼ぶ文化として描かれています。そして過去の一時期、この言葉を軸にして男色文化が展開したことがあったんですね。それでタイトルにこの言葉を入れました。

染谷　これも了解いたしました。日本やタイ、特に日本では、法律と〈性〉は結びつきにくいものと捉える風潮が

ラージ・ラキ・セン◉東京外国語大学世界言語社会教育センター特任助教。専門は日本近代文学。

あって、それがLGBTの運動にとってマイナスに作用しています。しかし、アメリカやヨーロッパではそうでなく、深い関わりをもって捉えられていることは、良く知られていることですし、お隣の韓国でも、恋愛や〈性〉を語る時に、政治的なコンテクストは抜きに出来ません。その違いを意識することは、この後半の座談の重要なテーマだとも思いますので、お気遣いなくお願いいたします。

ラージ　はい。それでは心おきなくということで。今も述べましたように、インドのLGBTを語るときは、植民地という言葉を踏まえないと語れません。一九四七年に、インドはイギリスから独立はしましたが、イギリスの法律が、そのまま残ってしまったんですね。日本でも明治時代にフランスやドイツから受け入れた法のいくつかの部分が当時の民法に適用され、現役の民法にもその影響が残っていますよね。

インドで残ったのは、厄介なソドミー法というものです。イギリス本国では二〇〇九年に無くなりましたが、インドではまだ残されていて、例えば**Section 377 in The Indian Penal Code**などは非常に厄介で、いまでも問題になるところです。ここには「自ら進んで自然の摂理に反する性的行為であるソドミー（Sodomy）をした者は、その相手が男性、女性もしくは動物のいかなるものであっても、終身刑もしくは十年以下の禁固刑に処し、または科料と併科する」と書かれていて、原文には**sex unnatural**（自然の摂理に反するセックス）という言葉が出てきます。さらに**Against the order of nature** つまり何をネイチャー（自然）と定めるか、そこが議論の対象になります。分類としては**unnatural offences**（自然の摂理に反する罪）と書かれています。

それから、もうひとつ問題になるのは、結婚についての法律です。私は当初、インドではレイプとか、女性に暴行を加えるとか、結婚のあとのダウリー、つまり親が結婚する娘に金品を持たせることですが、それにまつわる犯罪が多いと思っていたのですが、これを見ると、実際には夫が男性と不倫する、男性と関係をもつということが、離婚の一番の理由であると知りまして、大変驚いたわけです。そうした男性同士の不倫事件が起きた場合、妻側から離婚を

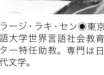

申し立てられますが、同様のことを妻が行っても、つまり妻が他の女性と関係を持っても男性からは訴えられない。なぜかわかりますか？　それは、セックスが完結しないからなんです。

坂東　フィジカルの問題ということですね。

ラージ　はい。そして動物とセックスするのは違反、不自然とされてたんですけど、一九七六年にその法律は廃止されました。それはあえて言わなくても当然不自然であるというという考え方なんです。でも、同性同士の不自然なセックスや、関係を持つことは違反とされます。二〇〇九年にインドの最高裁判所であるデリー裁判所が、ソドミー法を廃止しました。ＬＧＢＴの人たちは、これでインドの法律が変わると思ったんですね。でも残念ながら、二〇一三年ごろに、最高裁判所が「判断を間違えた」としてソドミー法廃止を撤回しました。だから今でもこの法律と戦ってる人がいるんです。

染谷　なるほど、そこは日本と随分違いますね。日本では明治初期に男性同士のセックス（鶏姦）が違法とされましたが、その後なくなり今に至っています。

カーマスートラの問題

ラージ　インドにソドミー法が移植される一八六〇年より前にどのような性文化があったかということ述べるとすると、カーマスートラ（愛経）(18)を抜きにすることはできません。

ここで一番大事なのは、この、やっぱりサード・ネイチャー（トリッティア・プラクイティ）、つまり三番目の自然なんですね。すなわち、人間には第一のプラクイティ、つまり第一のネイチャーがあって、それは男性を指しているんでしょう。二番目は女性を指して、三番目は両方の性の性質や、両方でない性の性質を指しているということなんですね。両方とは何かと言えば、インターセックスということになります。インターセックスとは、男女両方の性器を持っている方を始めとして、男女という二項対立的な区分けが出来ない方を指します。これがとても重要な問題を持っていて、現在も多くの方々がいるヒジュラーの存在に繋《つな》がっていくのです。

ただ、その繋がり方が複雑なんです。たとえば、インド

(18)　古代インドの性愛論書、四～五世紀に成立したとされる。

には神話や民話がたくさんありますが、その多くは男性の神が女性に化身します。例えばクリシュナという神様が、アシュラを殺そうとした時、女性に化身するんです。女性に化身して、アシュラと結婚し、その結婚三日目でアシュラを殺します。クリシュナが女性に化身する時はモヒーニという女性になり、インドで最初のファム・ファタルとされます。

坂東　ファム・ファタルって言うのは、絶対の恋人、運命の人ってことですね。

ラージ　宿命の女ですね。男性の神が女性になる時は、だれかを殺すためというパターンが多いと思います。ただ、それは男色であるかどうかはわかりません。もともと男性であっても、女性としてクロス・ドレッシング（異性装）をするという解釈もできますし、男色、男性同性愛という解釈もできる。正直言えば、まだ私の中で整理できていない点なのですが…。

ただ、大事なのは、そのような化身として表れる神様が、ヒジュラー層によってすごく尊敬されているという点です。そうした背景があるからでしょう。一般の人々は、ヒジュラーは男性でも女性でもない特別な存在であるから、怒らせてはいけないと言って怖がるのです。またヒジュラーは男性でも女性でもないから、なんでもできる。ヒジュラーに悪いこと言われたら、そのまま人生が悪くなってしまうという言い伝えもあります。

何故、男性が女性に化身するパターンが多いのかはよく分かりません。他にも、半分女性、半分男性のヘルマプロディートスという神、三つの性に化身する神もいます。男神が女神の性質、英語はモードなんですけど、もう少し学問的に言ったら、それはジェンダーになるんですね。女神が男神になり、神が二人の女性、または、二人の男性の間に生まれる。もう少し説明すると、インドの神話の中で、アシュタバクラという、すごく地位の高い人が、二人の女性から生まれた。その逆のパターンもあります。神が一人の女性や、男性から生まれるパターンもあります。これらはインドというヒンドゥー教の国が、性というものをどう捉えていたかということを示すことになるでしょう。

染谷　ちょっとまとめさせてください。そうすると、インドが植民地化される前の〈性〉のあり方というのは、カーマスートラに表われていた神の姿が象徴的であるように、極めて多様な関係があり、その中でも特に目立つのは女神に変身する男神の存在で、それが現在のヒジュラーに繋がってゆくということですね。

ラージ　そうです。ただし、それはあくまでも私個人の考えとしてお聞きください。

それで、問題になるのは、そうした多様な〈性〉を持っていたインド社会が植民地化された後、なぜホモフォビア（男色蔑視）になったのかです。インドの一九〇〇年代の知識人たちは、ギリシャやヨーロッパから、ホモセクシャリティが来たと言ってるけど、カーマスートラなどを見たら分かるように、ホモセクシャリティはその中で共存しており、むしろ言説としてのホモフォビアがヨーロッパからインドにやって来たんですね。

忘れてはいけないのは、十二世紀にイスラム王朝とその文化がインドに入って来た影響です。ヒンドゥー教の文化の中でも、イスラム教が混ざったりしています。十六世紀から十七世紀まで、多くの詩人たちがペルシャ語やウルドゥー語で、同性愛を表現してきました。イランやアフガニスタン周辺の文化は、インドの文化と仲良くしてきました。イラン貴族のイスラム文化が、そのままインドに伝わって来た時に、性愛文化としては、男性でも女性でもない人たちが王宮で一緒に暮らし、それに憧れる王様もいたという話が詩の題材としてよく書かれています。

そうしたイスラム文化を巻き込んでの多様なインドの性愛社会が、ソドミー法の移植によって一変してゆくことになります。その結果、インド内のどの言語においても、男性同性愛の描写が少なくなりました。

その代わりに、たとえばこれは十九世紀から二十世紀のことになりますが、インドの男性作家たちは、自分たちの男色文化を取り上げるんじゃなくて、女性同士の同性愛を多くモチーフとして書くようになったと、インドにおけるのLGBT研究の第一人者と言われるルートゥ氏が述べています。

なぜそうした姿勢になったかと言うと、やっぱり彼らは他者として女性を見てたんですね。彼女らはそうした同性愛者でいるけど、自分たちはそうしたことをしてはいないことを匂わせることで、イギリスとの関係を保ちつつ、同性愛を描いてゆこうとしたんです。インドの男性作家はすごく複雑な立場に置かれていたんだと思います。これ以外にも沢山あるのですが、イギリス来のソドミー法はインドに決定的かつ微妙な影響を与えて行ったわけです。

染谷　今のお話はインドのLGBTが政治的にならざるを得ない状況を良く示していますね。

『チョコレート』

近代インド小説の男色表象

ラージ　そうした植民地化におけるソドミー法と植民地から解放された後にも、そのソドミー法の影響が残るインドで、LGBTの活動や男色の表象というのは様々に行われているわけです。メインには映画における男色表象を取り上げたいのですが、その前に、ひとつ小説を取り上げます。論文と翻訳両方合わせた本なんですけど『Chocolate and Other writings on Male Homoeroticism』です。作家はパーンデイ・バッチャン・シャーマという人で、ルース・ヴァニタさんという方が翻訳をしているものです。このパーンディさんは、インド独立運動の時、女性の問題や貧困の問題等、あらゆる問題を次々に書き、独立運動のために牢屋に何回も送られて、そこでも書き続けていた方です。その人がなぜ、同性愛をテーマに小説を書くのかが興味深い問題だと思います。

内容は三つの短編集です。『チョコレート』と『ウィー・アー・イン・ラブ・ウィズ・ラクノウ』。イスラム王朝が盛んだった所の地方の名前がラクノウです。あと三つ目が『ウエスト・カーブド・ライク・ア・シーコブラ』、雌のコブラ、蛇みたいな形をした腰・体ということです。三つとも、同性愛者をけなしている話になります。これは複雑な作品で、まだ私の中にも整理がつけられない状況です。なぜならば、同性愛のペドフィリア（小児性愛）と言いますか、無理やり年配の方が美少年を誘う事件と、無理やりチョコレートに憧れるという、ボーイズラブに憧れるところを貶《けな》していることに結構重心が置かれているんですが、当時、この作品が出た時にすごく話題になりました。ゲイの同性愛者からは、「けなしてるけど、これを読んでみたい」という評価があったんですね。さらに面白いのは、同性愛に反対する側からも反発を招いたことです。「何でそんなことを書くの」「そんなことを書くことによって、あなたも、同性愛者をプロモートしている、支持していることにもなりますよ」と言われたわけです。ところが、彼は何も反論しなかった。多くの話が悲劇的なのですが、恐らく作家は、同性愛のもう一つの面を描きたかったのではないかと思います。これは単純な反同性愛作品ではないと思います。

この作品を理解するためには、本が出された一九二四年から二七年という時代を考えなくてはなりませんね。その時、イギリスへの反対とホモフォビアが定着していて、独立運動の時、こういう下品な物を消して、新しいインドに向かうという言説があったのですが、イスラム教をモチーフにしている一方、ヒンドゥー教も書いているところがあり、これも面白いと思います。また、警察官がいっぱい出てきて、法律でダメだからダメだ、ということが結構書かれている。宗教とか文化とかじゃなくて、法律を問題にしているところがあります。この作品は、ホモフォビアの側に立って大体読めるけど、一方で「自由とは何か」を求める立場からも読めるところがあります。

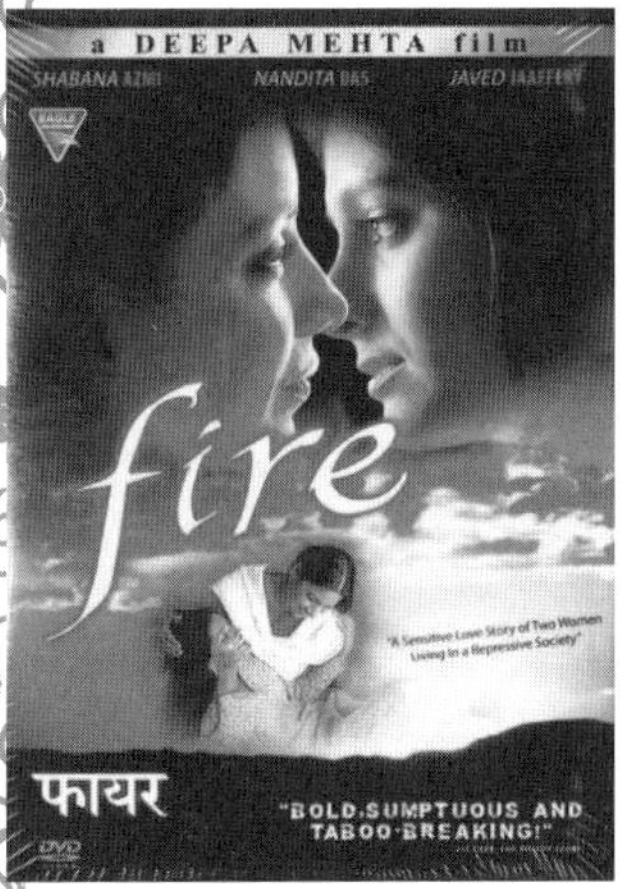

『ファイア』

染谷　反何々というのは往々にして何々と共犯関係になってしまうことがありますからね。それにしても、面白い作品ですね。

近代インド映画の男色表象

ラージ　それでは本題の映画に入ってゆきます。まず『ファイア』という映画を取り上げます。この映画は一九九六年に発表されました。テーマは男色ではなくて、女性同士の愛ということになります。その女性二人の夫が兄弟なのですが、夫たちが全然妻達に関心を持たない。それをどう乗り越えるかという内容です。この映画が発表された時、インド全体のヒンドゥー教、ヒンドゥーナショナリストたちが大反対したために、映画が上映できなくなったんです。後に何とか上映できることになったんですが、この映画は『リハーフ』、日本語でいうと『蒲団《ふとん》』という小説が元になってます。作家はイシマツ・ショクタイという人です。私は上映当時、中学生で映画は見られなかったので、小説で内容を知ろうと思ったのです。しかし全く理解できませんでした。それはウルドゥー語[19]が大半だったからです。

(19) 現在のパキスタンやインドで話されている言語で、パキスタンの国語、インドの公用語の一つである。

『ドスターナ』

友達とお手上げ状態で終ってしまいました。

この映画が当初上演できなかったのは、レズビアン、つまり女性の同性愛が問題になったというよりも、セックスシーンが多かったから問題だったというのが一般の人々の理解です。結局、同性愛であることは、ほんのわずかしか理解されていなかった映画です。

インドではメインストリーム映画という主流の映画と芸術映画という区別があります。『ファイア』はメインストリームではなくて、芸術映画ですが、すごく有名になったので、知られています。

映画の中でLGBTを取り上げる人はすごく少ないんですけど、その中で『ドスターナ』（二〇〇八年）（写真）がメインストリーム映画になりますね。これは喜劇で、男性同士の恋愛めいた物語です。ある男性がロンドンからマイアミに、もうひとりの男性がインドからマイアミに行く。そして住む場所がないから、同じ家に住むんです。そのアパートの主が若い女性で、その女性に憧れるけど、女性が「二人はゲイのカップルだな」と思い込み、一緒に住んでも良いと思ってアパートを貸すことにする。これは二人がゲイでないとこの女性に言えないという程度の話ですが、すごいウケたんですね。私は「これを面白がるとは一体何なんだ、こんなチープな映画が」と思ったけれど、でもそれこそが、メインストリーム映画なんですね。

メインストリーム映画は表に同性愛者を描くことができないのですが、芸術映画と違って幅広い層の観客の意識を変えていくという役割を果たしているとも言えます。これは今のインドの現状でもあると理解して良いかもしれません。メインストリーム映画がこうした同性愛を描くことを怖がったり、省いたりすることにもう一つの理由があります。それは、壮大な投資をしていて、万一上映されなくなったりしたら、大変な損失になるからです。

次は『アイ・アム』という四つの物語からなる映画です。その最後の物語が同性愛の物語で、ここで注目してほしいのは、この映画は二〇一〇年に上映されていたのですが、この年は法律上同性愛者にとってとても重要な年でもあったことです。デリーの裁判はソドミー法が憲法違反であり、同性者の性行為が違法ではないと判決をくだしたのですが、この判決が次年に最高裁判所によって破棄されました。この映画の面白いところは、舞台はデリーでなくムンバイで、その状況を表しているというところなんです。

あるマルチナショナルの会社で働いてる若いお金持ちの男性が、レストランである男に魅かれる。そこで「ディナーしよう」と誘い、そのあとに車の中で、肉体関係を持とうとした際、警察官が現れます。そして二人に「あなたたちは犯罪者なんだよ」と言います。実際に法律上では犯罪ですからね。そして「お金をくれたら何も言わずに済ます」という話になります。主人公はお金を持ってないから、相手の男にATMカードを渡して、お金をおろさせる。お金を下ろしに行っている間に、警察官が主人公に、無理やりフェラチオをさせるんですね。だから虐待の虐待、二重虐待がここで起きていることになります。その主人公は法律違反だけど、その警察官がそれを利用して自分の欲望を満たすことを要求している、権威を振るう警察官ですね。でも、最終的には、その出会った男性こそが、全てをたくらんでいたということが明らかになるという話なんです。つまり、出会った男性が法律上違法であることを利用して警察官と一緒に金持ちの男性を恐喝して金を奪い取り、二重虐待を振るうという映画なのです。

次は『ボンベイ・トーキーズ』（オムニバス映画、二〇一三年）です。第一の話（Ajeeb Dastaan Hai Yeh）は結婚生活が上手くいかない夫婦の話です。夫が会社の同性愛者の男性たちをとても嫌うところから、妻は夫がホモフォビアであ

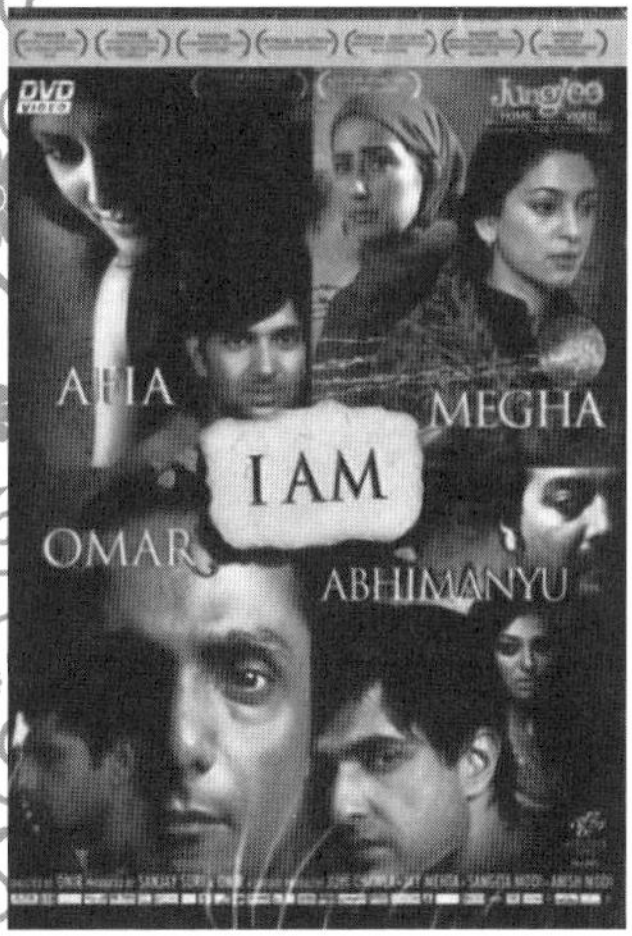

『アイ・アム』

『ボンベイ・トーキーズ』

『デーレ・イシキヤ』

ると最初は思っています。しかし、夫は徐々に妻の男性友達にひかれていき、関係を持ちます。結果、二人の関係は妻にバレてしまい、「私たちの結婚は失敗している」と妻が口にします。ホモフォビアと思った夫自身が同性愛者だったことが、妻にとって最も絶望的なことであり、夫に騙《だま》されていたと言う話です。

次は『デーレ・イシキヤ』(二〇一四年)というすごく面白い映画です。ある土地持の寡婦《かふ》(夫を失った独身の女性)が使用人女性と一緒に暮らしています。この寡婦は、実はお金にとても困っていて、夫に残された土地や屋敷もすでに他の人に売り払っているのですが、そのことを誰も知らないわけです。そこで、またさらに二人の偽のお金持ちの二人が寡婦のお金を騙し取る計画をたてますが、二人の男性もそれぞれ寡婦と使用人に惚れてしまい、寡婦がお金を持ってないことを知ると、二人の男性が第三者(寡婦のことが好きな別のお金持ち)のお金を奪い、四人で町から逃げてしまいます。しかし、最後は、寡婦と使用人女性二人で男性の二人組みからお金を奪って逃げるのです。寡婦と使用人女性が『ファイア』の女、つまり同性愛者だったことがわかり、二人の男性が騙されたことがわかるという話です。

最後は『アリガー』(二〇一五年)という話、これは実話に基づくもので、男性の大学教授が、有名な大学、ウッタル・プラデーシュ州のアリーガル・ムスリム大学で、マラティというマハーラーシュトラ州の公用語を教えています。この教授は現代言語学者として有名な教授でもあります。彼はずっと独身でしたので大学やその周辺から「何で独身なの」と社会的圧力をかけられていて、怪しまれていたんです。ある時、教授は人力車の車夫と性関係を持った折、知らない人々に録画されてしまい、それが大学に伝わって、大学を解雇されました。実は、録画した二人というのは別の大学教授たちが雇った者でした。何故そんなことをされたかというと、この解雇された教授は近々研究科長になることが決まり、そのことを同僚達が嫉妬したということなんです。教授が同性愛者であることを公にすることで、地方からやってきた「よそ者」によって職が奪われることがないようにと思って仕掛けたワナだったのです。このような教授のプライバシーを簡単に脅かす、また、彼の仕事まで奪いとることができたのも、同性愛者の関係性を違法とするインドのソドミー法が存在するからであると、はっきりと描かれています。

教授は最終的に裁判で勝ちます。しかし、仕事に復帰する一日前に死んでしまうのです（これも怪しいですね）。

この映画の面白いところは、「カミングアウトしなさい」というメッセージが込められているところです。カミングアウトしないと、インドの状況が変わらないということですね。カミングアウトしないままでいるという問題と、カミングアウトして、どうなるかという問題を語るところが、面白いと思います。他の作品もたくさんありますが、メインストリームはこうした男色や同性愛をテーマとして取り上げてない、ということを言っておきたいです。

『アリガー』

この『アリガー』という映画も、有名な俳優さんが演じているのですが、上演の際はあんまり知られませんでした。この俳優さんの他の出演作品は、メインストリームでよく見ることが出来ますが、この映画はあまり話題にならなかったのです。

前も触れたように、主人公の教授は別の地方の言語を教えています。つまりその時点で、すでにアウトサイダー（よそ者）なんです。また、その人が独身だということでもアウトサイダー（よそ者）、そしてゲイだから更にアウトサイダー（よそ者）という、三重四重の意味で疎外されています。

このようなＬＧＢＴをテーマにしているのは映画だけではなく現代小説にもいっぱいあり、このような小説の研究も著しく増えてきています。そうした研究者のうち、特にルース・ヴァニタという研究者が、女性の同性愛者に着目し、研究と活動の両方を並行してやっていらっしゃいます。

ナム　映画を作った人も、そういう問題意識を持って作ったっていうことですね。

ラージ　もちろんです。芸術映画は、メインストリームと違って、実験的な映画で主張したいテーマや話題があると思います。

先ほど話した『ドスターナ』という映画はメインストリームで同性愛のテーマがあるのですが、目的は観客の笑いをとってお金を儲《もう》けることですね。しかし、観客の中には同性愛者を笑い者にしていること気づく人もいると思います。それがいつか観客の意識を変えていくと信じたいですね。

染谷　メインストリームと芸術映画、両者を比較すると面白いですね。

坂東　このコメディにしちゃうというのは。

ラージ　ずるいですね。

ナム　問題にされないですね。コメディに隠れてしまうから。

ラージ　同性愛者を笑い者にしたり、ステレオタイプ化しているところが問題です。あとこの映画の設定が海外なので、ごまかしているところですね。

ナム　ルームシェアするというのもね。

ラージ　女性の主人がアパートを貸す条件として、男性はダメなのに、「うちらゲイだから、女性の主人と住んでも大丈夫なんですよ」と嘘つくのです。

畑中　でも実際は？

ラージ　映画の前半にきっぱり二人がゲイではないというセリフがあります、最後はゲイであるかどうかもわからない、ほのめかした部分を残して終わります。

ラージ　インドメインストリーム映画は、日本のいわゆるメインストリーム映画と違って、大半がファンタジー映画になってしまいます。また、善と悪をはっきりさせる映画が多いです。日本の映画には、ファンタジーなら、そうしたジャンルがはっきり存在します。そこではアニメーション映画が主流ですね。インド人から見たら、だいたい日本のメインストリーム映画は芸術映画なんですよ。「何で見るのこんな映画」と言われる（笑）。

坂東　ああ、そうか。娯楽じゃないんだ。

ラージ　娯楽じゃないということになります。それがすごく私には不思議です。私は普通に見てますが、みんながそう言うのです。

インドにおけるLGBTと文学・映像

染谷　ラージさんありがとうございました。お話を聞いて、インドのＬＧＢＴとそれを取り巻く文学・映像文化の様相がおぼろげながらわかったように思います。おぼろげと言ったのは、とにかく多様だからですね。その多様さを実感出来たのが、お話をお聞きして第一に良かった点でもあると思います。それで今日は、前半タイの話があったので、自然に比較するような形で聞いてたんですけど、かなり違うという印象を持ちました。とくにインドの政治性というのが際立っているように思いましたが。

ラージ　インドではLGBTというのは、政治的なアイデンティティになります。なぜならば、誰が反対しているとか、過激派が反対しているからとか、極端なナショナリストたちが反対しているといった政治性に加えて、ヒンドゥー教、イスラム教、キリスト教といった宗教の問題や立場が絡みます。だから絶対的に、宗教と政治の立場からしか語れないと思います。そしてその中に法律がある。タイや日本とは土台になるものが違いますね。インドは、二、三〇〇年の植民地の歴史というものがありますから。

染谷　まさにそれですよね。だから政治になるんですね。

坂東　植民地の歴史だね。

ラージ　植民地の歴史があるからこそ、インド人にとって、どんな歴史的な話題に言及するにしても複雑になりますね。同性愛者やそれと関わる問題も同じです。

畑中　インド自体がすごく複雑ですからね。

ラージ　近代化以前から言語もいっぱいありますから。この沢山の言語というのは、書き言葉のレベルだけではなく、音声文化のレベルになれば、更に多様性は倍加します。インドはごく一部のエリートを除くと文化や生活習慣は音声文化によって伝えられてきています。

畑中　口承文芸ですね。

ラージ　そうですね。

ナム　そうしたインドの多様性を、文献で調べるのは難しいですね。

ラージ　難しいですね。だから、カーマストーラや他の古い文献を調べるとすれば、インドに住まないと、つまり口承で聞かないと無理なんです。英語で書かれたものを参照するとすれば、すでにバイアスが掛かっていると考えなくてはなりません。そしてそうしたバイアス経由のものを読むしかないということになります。ヒンディ語で語られた内容をきちんと伝えたいならば、ヒンディ語で直接言うしかないのです。イギリス経由、英語経由で語るとすれば、それはもう違うものだと。

染谷　わかります。日本語も同じですが、その言語でしか表現できないものはあります。インドはそれが雑居状態になり、実に複雑に絡みついているんですね。

ラージ　話が飛びますが、異性愛が規範である社会というのは、同性愛者に厳しい世界ですね。でもそれだけでなく、シングル（独身）の人々にも厳しい世界なんです。この問題をテーマにした映画が去年上映されました。それば、『ロブスター』（二〇一五年）という映画です。

この映画は、シングルになった人々が、その都市の法律に従って四十五日内に恋人を探さないといけなくなる物語です。もし、この期間にそうできなかったら、自分が選択する好きな動物に変身させられてしまう。この映画の主人公は「何に変身したいのか」と聞かれた時、「ロブスター」と言うんです。しかし、主人公は強制的に「ロブスター」になるのはいやで、独身者の住む森に逃げます。森では、独身者のリーダーが決めたルールがあって、そこでは恋愛禁止になっている。しかし、主人公はそこに住んでいる女性と恋仲になってしまいます。

『ロブスター』

とても面白い映画だと思います。シングルの人も恋愛したい人やしたくない人も、自由を求めているのですね。それにしても、主人公のなりたいものがロブスターというのが面白いところですね。

坂東　『私は貝になりたい』みたい。ちなみにロブスターって性が変わるんですよね。同じ水槽にオスばかりを入れておくと、途中でどれかがメス化するんですよ。

ラージ　そうそう。それもありますね。やっぱりイギリスの映画ですね。その辺がちょっと面白い。なんか独特な世界があります。

坂東　ザリガニ現象っていうことですね。うちの息子が転校した小さな学校では、男の子五人しかいないクラスでした。そうしたら、やっぱりメス化現象が起き、その五人の中から女の子言葉で話し出す子が出てきたりして、ザリガニ現象と言われてました。

染谷　ザリガニ現象ね。それは面白いですね。でも、非常に複雑ですね。

ラージ　そうですね。『アイ・アム』という映画なんですけど、これが面白いと思ったのは、映画の中に三つの言語が使われてるんですよ。言語のポリティクスもあって、警察官のそばにいる一組のパートナーが、地元の言語で話し

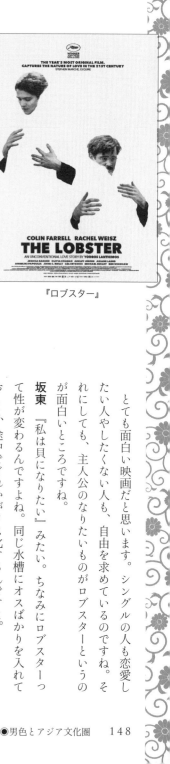

て て、彼はわかんないから「何でヒンディ語や英語で話さないの」と言っている。でも、彼らには彼らの結びつきがあって、その言語によっても、「マージナライズ」（無視する、社会の進歩から取り残す）されているという状況もあるんですね。だから言語とＬＧＢＴは、すごく結びついているところがあります。映画全体は英語であるんですけど、場面毎に複雑にいろんな言語で喋《しゃべ》っていて。言語のポリティクスです。

染谷　僕が今インドに行って、そういう多様性の中に放り込まれたら、耐えられるのかちょっとわからないですね。一般的に多民族・多言語と言うけれど、そういう言葉って日本みたいにあまり多様で多言語でない場所から言うからそう見えるけど、実際は自然にというか、普通にそれで生活が出来ているということでしょうね。

ラージ　その多様性がないと普通じゃないんですよ。この感覚を理解するのはなかなかに難しいと思いますね。たとえばＬＧＢＴにしても、家族の中でそういう人がいたら、みんなが自然と考えるようになるでしょう。でも、そうでない人から見れば「何言ってるのかわからない」ってことにもなるんですね。

畑中　問題意識さえも持たないということですね。

インドの男色と自然

ラージ　これは友達から聞いた話なんですけどね。今のインドで、男性が女性に精神的にも肉体的にも憧れて、でもそれが満たされない場合、男色文化がそこにあって、無意識に異性関係の欠落を補ってしまうと言うのですね。それで男子学生たちに聞いてみたところ、「うちらは学校でお互いの体を触ってた」って言うのです。それは男色であるとかそうじゃなくて、普通に触る、それが普通だったのね。

畑中　スキンシップ程度ですか。

ラージ　いや、そうじゃなくて、もう。

畑中　かなり性的に意識して。

ラージ　はい。性的レベルで触っていて。でも、それを意識してないって言うのです。それが自然なんですよ。

畑中　意識しないでいられないいんじゃないですか。

染谷　いや、それが自然なんだきっと。よくわからないけど（笑）。

坂東　要するに、じゃれ合い的な関係なんでしょうね。

ラージ　いや、これはホモソーシャルの世界ですよ。

畑中　日常にありすぎるから、もはや文化としてくるようなものではないということでしょうか。

ナム　フィクションにされるようなものではないということですね。

ラージ　これも学生からの話ですが、バスに乗っていたら、男性にさわられたと。私は女子校出身だから、そういう文化が全然わかんなくて。でも聞いたら、男性同士、異性であるとか同性であるとかそういうことじゃなくて、好奇心で触ってたという、なんか触ってみたいというか、そこでプレジャーを感じたりしてて、もちろん、女性と直接接する機会がないからということもあります。そのような男性同士の文化も存在しますが、映画と小説によって取り上げられことが少ないし、まだまだ、男性同士の秘密みたいですね。

ナム　この問題の根本をたどると、普通自然の中では、異性が組み合わせになってるじゃないですか。でも分けられて、別々にされると、もうザリガニ現象になる。多分どこでも起こる。

染谷　基本的な関係というのは雌雄なんだけど、雌と雄が分離されると、それぞれの中でまた雌雄関係が生まれて来るということですね。そうすると大事なのは何が雌であり何が雄であるかということでなく、雌雄という非対称的な関係性そのものだということですね。面白いですね。

ラージ　逆に、昔からの神話とか民話を見ると、理由のつかない状態の方が自然なのではないかということなんですね。

ナム　分けない方が自然ということですよね。ほとんど混ざってる状態が自然だと。男女でも分けないで。

ラージ　そうですね。近代になってキリスト教によって、また法律で分けられたわけです。それまではあまりにもごちゃまぜだったということでしょう。

私は二〇一三年に反ソドミー法が最高裁でダメになった時、インドにいたんです。そのころはデリーがすごく荒れていました。その時に高名な大学教授とご飯を食べに行く機会があったんです。その方が「法律にならない方がいいんじゃないかな。問題がいっぱいあるから、男性同士でやってることが変なんだよ」と言うんですね。それで私は反論して「守るべきだから、法律をきちんとしないといけないんですよ」と言ったら議論になりました。そんな社会的地位の高い人でも、まだ男色文化があるということを受け入れられず、そういう文化の存在を恥じているんだと知って驚きました。その先生にはホモフォビアが植え付けられているんでしょうね。でも、その現象もちょっと怖かった。

坂東　その方はおいくつぐらい？

ラージ　六十歳。

ナム　世代の問題もあるんですよね。
坂東　やっぱり世代的な問題が大きいよね。
ナム　でも、その知識を持っているということと、それを受け入れるかどうかは本来関係がないですよね。人間それぞれ、偏見を持っているんですから。
ラージ　その世代が、結構ホモフォビアそのものを生きてきた世代だと思うんですね。
坂東　当たり前にね。
ラージ　でも知識人であるなら、もうすこし客観的に考えるべきだと思うんですけど。
坂東　ううん、難しいかも知れない。
ラージ　確かに、その先生には、男色文化に対して、どうしてもフォビアを持たないといけないという、スタンスとか経験とか、社会的事情があったんじゃないかなと思うんですね。

ただフォビアだけじゃなくて、彼も見てきたんじゃないかなと思うんですね、そのプラスとマイナスの両方を。だから、スタンスを上手く取れない。でも逆に、今の私たちの世代だからこそきちんとしたい。だって、ずっと一緒に暮らしても財産を分けてもらえないし、名乗ることもできないし、病院に行ったら誰も認識してくれない。そういう問題がいっぱい出てきますね。ずっとこの人と一緒に住んできたのになんで財産は兄弟に行ってしまうのか。そういう問題につながるんですから。
ナム　複雑ですね。タイでも、ホモフォビアまでではないですけど、近代化とは、キリスト教というか、西洋の影響を受けて、男女のジェンダー差別化がはっきりしてきた時代でもあるんですね。良妻賢母教育とか、良い男子、良い女子はどうあるべきかっていう教育も一時期は施されたけど。男子校、女子校という西洋教育が入ってきたことによってできるようになったわけでしょう。昔はほら、みんな寺子屋で、男女でもみんなごちゃまぜで遊んでたから、そういう問題意識は育たなかった。
ラージ　インドにはイギリスの教育制度が十九世紀中ごろから入ってきています。例えばボーディングスクール（全寮制の寄宿学校）とか、宿泊スクールとかで、男性たちはホモソーシャルな関係がオッケーなんです。でもホモセクシュアルな関係になっちゃダメなんですよ。それは、イギリスそのものから伝わってきたものだから。軍人もそうだし。だから、私は、ホモソーシャルとホモセクシュアルの両方を一緒に見ていかなければいけないと思います。この男性、男色文化、インドの男色文化、ほんとにホモセクシュアルな文化が、そのホモソーシャルの上に成り立っているとと思うんですね。

染谷　最後にナムティップさんとラージさんから、結論らしきものが少し出たようです。

ホモセクシュアルだけじゃなくて、ホモソーシャルの世界も同時に見てゆくことの重要性ですね。それは結果として政治的なものにもなる。第一部の座談ではタイと日本の〈性〉に関する自然の姿が話題になりましたが、それは背景となる宗教の問題を含めてきちんと捉える必要があると思います。でもその自然を自明なものだとしてしまうと、法律や制度で保証されるべきものに踏み込まないで慣れ合って曖昧なものになってしまう。現在の日本はそうした状況にあると思います。だとすれば、政治的に動いて権利として獲得すべきものは獲得する姿勢が今の日本には必要ということになるでしょう。その際、インドの様々な〈性〉と〈政〉をめぐる葛藤の歴史は、大いに参考になると思います。

最後に、坂東さんと畑中さん一言ずついかがでしょうか。

坂東　ラージさんが、もともとインドは多様な〈性〉を持ち、ホモセクシュアリティもその中で共存していた。植民地化によって、言説としてのホモフォビアがヨーロッパからインドにやってきた、とおっしゃっていたのが印象的でした。

畑中　ナムティップさんのお話でも、世代によって大きな落差のあることが示されていましたが、ラージさんのお話では、そこにさらに言語や文化的背景の異なる人々のもたらす多様性が加わって、一層複雑な層（レイヤー）を形づくっているということがわかりました。それにしても、「男色について語ることの政治性」、これが改めて浮き彫りになったというのが、本日の最も大きな収穫のように思われます。

染谷　今日は長時間、本当に有難うございました。

ナムティップ・メータセート

タイにおける性的多様性と文学の読みの可能性について

男色表象からBL解釈まで

はじめに

子供の頃から私の回りには、いわゆる「おねえ」な人が何人かいた。子守りや家政婦などの職業についている人も珍しくなかった。小学校では、性格が大人しく女の子とよく遊ぶ男の子はKathoey（ガトゥーイ：身体的な性と心の性が不一致な人を呼ぶ言葉）とからかわれることもあったが、そのために仲間外れにされることはなく、深刻な事件に発展することはなかった。高校には、スポーツ万能でいつも多数の取り巻きの女子生徒を連れ歩く男前な女性の先輩がいた。大学では、同級生に女性よりも女子力が高い見目麗しい男子学生が何人もおり、「年を取ってお互いに恋人が出来なければ（偽装）結婚してあげるね」と、その中の一人に言われたことが、今では同窓会の笑いのネタになる。

大学を卒業し、とある日本企業に就職した。そこで日本人上司がタイの社会風俗に関して放った一言を今でも鮮明に覚えている。それは「こちらではアイスクリーム屋で男同士が向かい合ってアイスクリームを食べる姿をよく見かけるが、それは普通なのか。日本では考えられない」とのこと。三十年近く前の話だったが、当時、確かにレストランや映画館で二人組の男性を目撃しても、私はなんの違和感ももたなかった。彼らの関係性について穿《うが》った見方をすることもなかった。逆に、日本人にはそれが奇異に映るということに驚いたものである。

本エッセイでは、私が体験してきたそのようなタイにおける性的多様性とそれに伴う文学の創作・解釈の可能性、日本文学を学ぶ大学生たちの関心などについて、紹介したい。

もっとも、私はＬＧＢＴ研究者でもなく、男色文化の専門家でもない。ここで言及したことは、あくまでも個人的な体験、かつ個人的な見解であることをお断りしておきたい。

タイのＬＧＢＴ事情

グローバルツーリズムの拡大とともに観光産業が盛んなタイは、同性愛旅行者天国として名高い。観光客相手の性産業に従事するＬＧＢＴの人々も多い。観光の目玉の一つにニューハーフショーがある。その代表的な団体の一つである「Tiffany（ティファニー）」は、日本のタレントはるな愛さんも優勝したことで知られている「ミス・ティファニー」というタイトルのトランスジェンダーのミスコンテストで有名だ。また、タイは性転換大国とも言われている。日本人のように親・ご先祖様がくれた体に傷をつけることをためらう概念はない上、近年の美容整形の進歩と流行もあり、性転換する人も少なくない。しかも費用が安く、実の女性よりも美しく仕上がると、世界中からトランスジェンダーの方々が性転換手術を受けにタイを訪れるほどである。

　とはいうものの、比較的にＬＧＢＴに寛大に見えるタイ社会でも偏見や不平等がまったくないとは言えない。知人・友人にジェンダーフリーの方々がいることには寛容だが、その当事者が自分の家族だった場合は別で、反対したり、複雑な思いを抱いたりする人も少なからずいる。

　陸続きで多民族が集まり交わる多様性を孕《はら》むマルチ文化国家とも言えるタイでは、地域、人種、宗教の違いによりジェンダー及び同性愛に対する受け止め方は様々である。家を継ぐ男子を重んじる華僑系家族では子孫を残さないことは「不孝」で、子孫が残せない性転換や同性愛を否定する考えも根強い。南部のイスラム教徒社会では、イスラムの経典に同性愛を禁じる記載があるため、同性愛者に対して嫌悪感を露《あらわ》にしたり、交流を拒んだり、暴力をふるったりするなど第三の性に対して否定的であるという報告がある。[1]

　また、一九八〇年代から世界的に流行したエイズに対する恐怖、そして同性愛者がエイズの流行の原因であるという誤解から、一時期社会の中にさらなる同性愛者畏怖《いふ》・同性愛嫌悪感情が広まっていた。

　タイでは同性同士の結婚を法的に認める制度がまだ確立しておらず、憲法ですべての人が平等に教育や職業の機会を得られることが保障されるものの、実際、セクシャリティを理由に偏見を持たれたり、不平等な扱いを受けたり、ＬＧＢＴのことを「性的異常者」として見なす風潮は依然として存在している。

　飲食業や美容産業などでは、手先の器用さや芸術的センス、繊細な感覚をもつとして、ジェンダーフリーの方が高く評価される場合もあるが、「性的異常者」とレッテルを貼られると不利な職種もある。その代表的なものは「医師」「公務員」「教師」など、社会的ステータスが高いと見なされる職業で、こうした職業に就くものは、社会の規範となる人格者であるべきだとされてきたため、第三の性の採用を制限されやすいとも言われている。

それを裏付けるような出来事は二〇〇四年に大きな話題となった文化省事務次官の差別発言である。風紀の乱れを正さなくてはいけない、同性愛行為をする人の採用を避けるべきだ、というその発言が大々的に報じられて大きな物議を醸した。なにしろマスコミ業界にも政府官僚にも公表の有無は別として、権力を持つ同性愛者はいくらでもいたため、騒動は大きくなった。後日、事務次官はそんな問題発言はしてないと否定し、憲法には同性愛者が公務員になることを禁ずる項目もなければ、差別の対象と見なすこともいけないとしたうえで、禁止することはできないと認めた。しかし、彼自身の偏見が無くなったわけではなく、その後も彼は、同性愛は社会に認められない性的異常であるとし、真似たり追随したりする者が出てくるような活動や、人々を煽《あお》ったりそそのかしたりするような活動は慎むべきだと主張した。そのような価値観の人も社会の中にたくさん存在している。

図1　性転換者であることを公表し大きな話題を呼んだスパルーク医師。

一方、それに対抗するかのように、実際それらの職業に従事するＬＧＢＴの方々が自らカミングアウトして社会に自身のアイデンティティを主張する例も増えてきている（図1）[(2)]。

いずれにしても、仏教国のタイでは、輪廻転生《りんねてんしょう》の理念に基づき、どのように生まれてきたことにも意味があり、運命であると受け入れる考え方が社会の根底にある。また、「弱いものいじめ」や「差別」を恥ずかしいことだと感じるような仏教講話が語られる環境で育った国民性や、多様性を孕むマルチ文化国家であることなどが、性的マイノリティの生きやすさにつながっているとも考えられる。

男色とその表象について

おもに中国やインド文化の混合に基づいて形作られたタイ社会文化は、近代以前、「性」はおろか「種」の境界線も緩やかだったと考えられる。転性（性の転換）のみならず、男神が女神に変身、異種に変身、及び異種混合などによって生まれた半身異種の神や動物種の話は枚挙にいとまがない。冒頭でも触れたようにタイでは生物学的男性・女性の規範から逸脱するものを指す「ガトゥーイ」という言葉がある。現在では、性転換者（レディボーイ）、または実際性転換者でなくても見た目が「おねえ」な男性を揶揄《やゆ》するニュアンスで使われることが多いが、元々生物的に「両性具有《ぐゆう》」「生まれ持った性別と心の性が一致しない人」の意味があった言葉である。「ガトゥーイ」の存在は、近代以前の文献や寺院などの壁画に見つかったとの報告もあるが、明確に男色趣味あるいは同性愛行為として記録した文字資料は乏しい。[3] 稀《まれ》な例として、アユタヤ朝（一三五〇―一七六七）初期の法令に「女性同士で、男女交際と同じような不貞行為をする女官には鞭《むち》打ち五十回の刑を与える」という文章があったことから、近代以前から同性愛行為はあったと推測できるが、男性の同性愛行為を処罰する規定がないのは父権社会の所以《ゆえん》であろう（図2、3）。

日本では近世の寺院や武士社会が同性愛並びに男色文化発祥の土台となったようだが、タイの場合、寺院は常に周

図2　タイ北部ナーン県プーミン寺院にある男性同士が親密にしている場面の壁画。1867 ～ 1875年の間に北部少数民族出身の画家によって描かれたものと推定されいている。

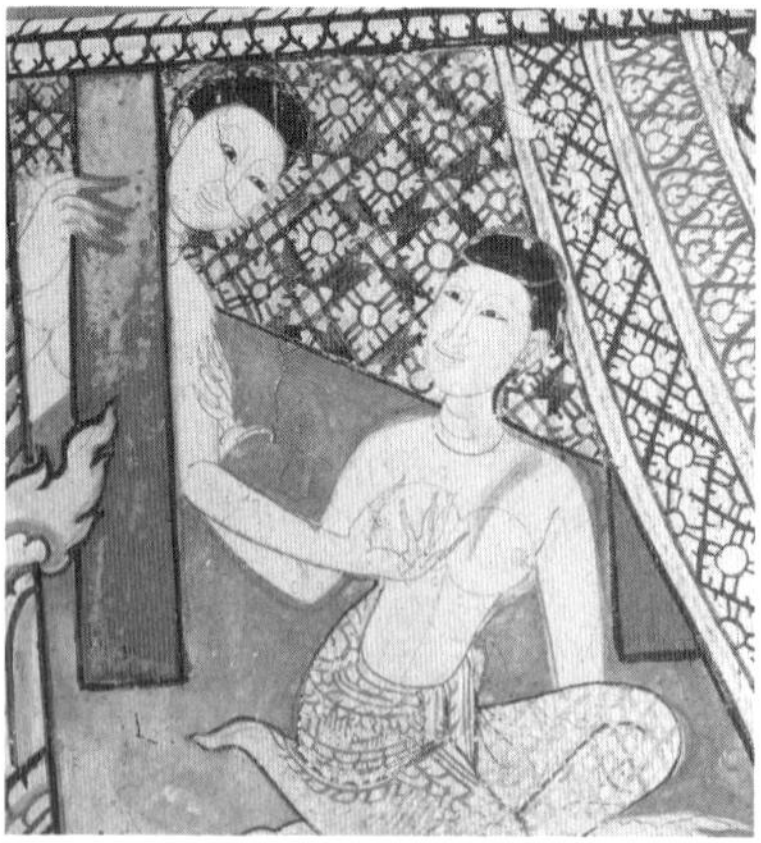

図3　女性がお互いの胸を触り合う壁画。ラーマ4世時代（在位1851 ～ 1868）に描かれたと推定されている。

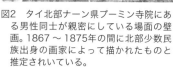

辺共同体とともにあり、日本中世の寺院のような隔離された場所ではない。もちろん「禁色」を含む仏教の戒律を守ることが前提なので、公然と社会の風習として認められたことはない。また、前近代のタイの兵隊は「武士」という職業集団ではなく、戦が起こった時に一般市民を掻《か》き集め即席軍に仕立てた場合が多く、日本の武士社会のような継続的で強固な男性共同体と比べると、男色文化が発展する土台としては弱かったとも考えられる。

　アユタヤがビルマ軍に滅ぼされた後、一七八二年に現王朝（ラタナコーシン朝）が成立し、バンコクに都がおかれ、天下平定がなされた。国が豊かになったラーマ二世の世に、宮廷文化が盛んになり、仏教・文化復興が精力的に行われ、アユタヤ末期に失われた歴史書の再編纂《へんさん》、文学創作も行われた。最近の研究・報告によると、いくつかの文献の中に当時身分の高い貴族が男性舞踊団の団員や若い男を側近に集めて男色を楽しんだことの記述があったり、この時代の名高い詩人スントーン・プー(4)の作品の中に、宮廷内の女官の同性愛行為が問題になったという記述があったり、当時の社会、特に宮廷内において同性愛行為が行われていたことが窺《うかが》える。宮廷文化が発達する中で、権力のない身分が低い女官たちの淫《みだ》らな行為を描写することは咎《とが》められなかったためか、スントーン・プーの作品の中には、男色よりもレズビアンを表す描写が度々出現している(5)。スントーン・プーはレズビアンは男女の恋愛より劣るものとして咎めるべきだと説くようなニュアンスで語っている。権力者の男性より宮廷内において異性と触れ合う機会を与えられず、宮廷規範やしきたりに縛られ、自然の性を抑圧された彼女たちが女性同士で欲望を解消しようとするのは自然のなりゆきと言えよう。

　近代化(6)の過程において西洋の性差概念および倫理観の影響を受け、同性愛、不倫は社会風俗を乱す反倫理的行為とし、罰則の対象とする法律が定められた。それは、裏を返せば、それまでに表面化されなかった同性愛行為が当時の社会において問題視されるほどになるまで広まっており、その状況を反映したものだと考えられる。さらに一九三二年に政治制度が専制君主制度から民主主義に変わって以来、政府当局が性差による国民の役割とセクシュアリティ問題を社会倫理と結び付けて考えたため、第三の性および同性愛行為は、性的異常、社会規範を逸脱する行為としてとらえられるようになった。

　ガトゥーイや同性愛行為の存在が近代以前の文献に確認できるとはいえ、世間に堂々と関係性を公表して見せるような同性愛者文化は、戦後「ゲイ」という言葉の概念と一緒に西洋人によって持ち込まれたと言われている。旅行者相手に売春する男性や性的なサービスを提供するゲイバー、ゲイショーなど、現在夜の歓楽街として観光客の間で有名なパッポンストリートが同性愛者の発展場《はってんば》として栄えた。「ゲイ」という言葉には、ジェンダーアイデンティティではなく「性」を売るものとしてのイメージが付随していた[7]。やがて一九八〇年代からＬＧＢＴを紹介する雑誌が出現しはじめ、ジェンダーとしてのＬＧＢＴの存在が徐々に一般的に知られるようになったのである。

近年のメディアおよび社会現象

現代の開かれた社会では、海外の性文化の情報があふれ、コミュニティを形成する手段も多岐に渡るようになった。ＬＧＢＴの人々が独自のコミュニティと文化を形成し、部外者を排除する隠語・風習の中にも、拡散され受容されるものが増えた。タイの行政は、メディアの「性的な」表現・描写を、風俗を乱すものとして規制の対象としているが、建前はそうだとしても、実際、雑誌から全国紙にいたるまで、露出度の高いタレントやモデルの半裸写真を堂々と載せているものも多く見られる。

THAI RAINBOW ARCHIVEのサイトでまとめられている[8]ＬＧＢＴ向け商業誌データーベースによると、一九八〇年代〜二〇〇〇年代までに、タイで発行されたＬＧＢＴ向け商業誌のタイトル数は二十一タイトルにものぼる。その中でもゲイ向け雑誌は大きな割合を占めている。内容に関してはエロティックな表紙や十八禁コンテンツ満載の雑誌もあれば、ファッション、ライフスタイル、健康管理情報など、生活に必要な情報を提供する雑誌が、同志のネットワークやコミュニティ情報、意見交換・交流の場としての役割も果たしている場合もある。それ以外に街角のブックスタンドなどに目を向ければ、ゲイ読者層に訴えかけるような、筋肉ムキムキの男性モデルの裸体が表紙の一般ファッション誌があふれている。何を隠そう、タイの芸能・雑誌業界にはＬＧＢＴの関係者が多いのだ（次頁の図4、5、6）。

テレビ番組にも、カミングアウトしたジェンダーフリーの人々が多く出演し、ドラマ、映画、バラエティで第三の性を題材にしたり、キャラクターとして登場したりすることも珍しくない。よほど十八禁の内容でもない限り、特に問題視されることもない。法的婚姻や戸籍上の性の変更に関してはまだ法制度の整備が追い付かないが、こうしたマスコミ上の自由さ及びＳＮＳなどの新しいメディアの普及

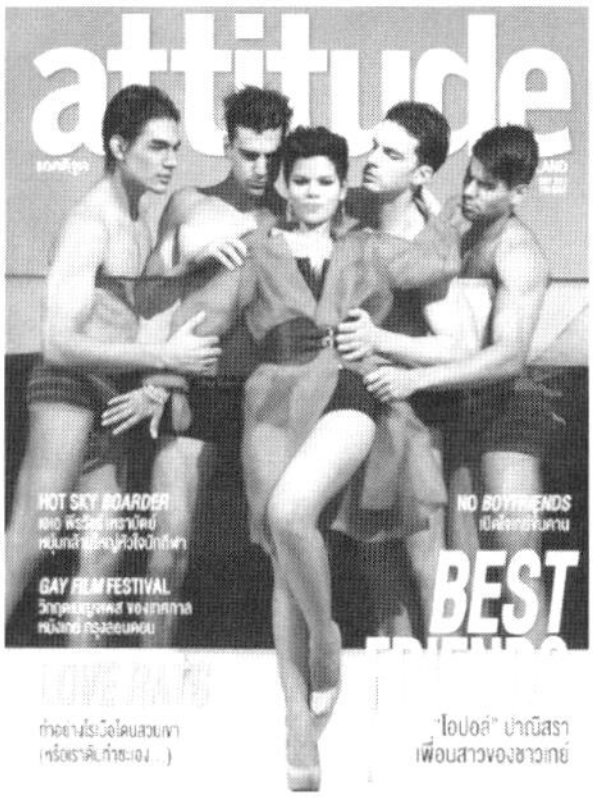

図5（右）はゲイ向け雑誌の表紙、図6（左）は一般ファッション誌。表紙から見てもわかるようにゲイ読者層にアピールする作りになっている。

図4　最近のゲイ雑誌。昔はアイドル雑誌に通ずるソフトな作りもあったが、今やハードコア趣味が目立つ。

図7
「トゥーイティオタイ」（2011～）ジェンダーフリーの司会者が面白おかしくタイの観光地を案内する人気情報番組。

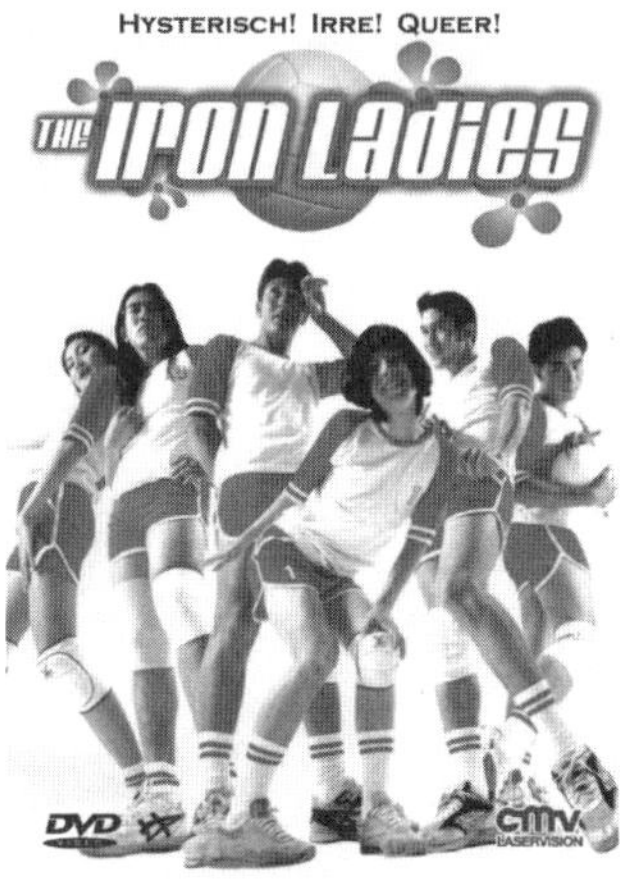

図8（右）
The Iron Ladies（2000年）（邦題：『アタック・ナンバーハーフ』）タイで実在したLGBTのバレーボールチームを描いたスポ根コメディ映画。

図9（左）
The Odd Couple（2007年）連続殺人犯に追われる主人公のオカマを日本から来た刑事が助けるアクションコメディ映画。

によりLGBTの社会浸透及び市民権獲得がさらに加速している（前頁図7、8、9）。

男色文学（LGBT文学）からBL文学へ

　もちろんLGBT文学とBL（ボーイズラブ）は似て非なるものである。そうした認識を前提としているものの、受け取り手の認識においては差別化されていないことも多いため、境界があいまいにならざるを得ないことを断っておきたい。

「紫文学」[9]としての『キッチン』と『きらきらひかる』のヒット

　二〇〇二年に私が翻訳した江國香織作『きらきらひかる』[10]のタイ語版（図10）は、バンコクを中心にベストセラーになった。当時、現代日本文学はタイではまだほとんど知られておらず、その一年前に同出版社から吉本ばななの『キッチン』が英語からの翻訳で発行された。[11]私がその『キッチン』の訳文を日本語原書と照らし合わせてチェックする仕事を引き受けた際、出版社の編集長に、女性読者におすすめの現代日本文学があれば教えてほしいと頼まれ、軽い気持ちで紹介したのが『きらきらひかる』だった。同年バンコクコンベンションセンターで開催されたブックフェアでは、翻訳者である私のサインを求める列が出来、その中にはジェンダーフリーの方もいて、様々な感想を私に伝えてきた。出版社の目論見《もくろみ》はポップでキュートな現代日本文学を紹介することだったが、多くの第三の性の方々に絶賛され、LGBTにお勧めする図書として取り上げられたのは予期せぬものであった。

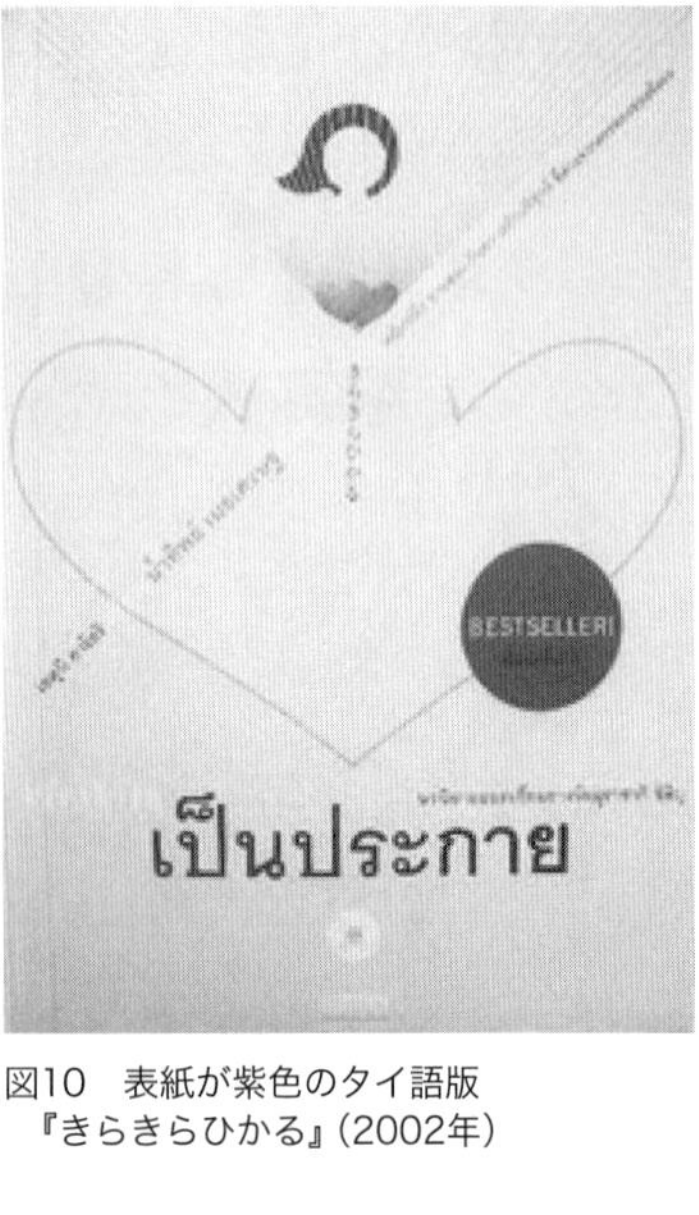

図10　表紙が紫色のタイ語版『きらきらひかる』（2002年）

　それ以前のタイのLGBT文学は、当事者が自己アイデンティティを再確認するためであったり、社会における地位・場所を獲得するための対抗言説であったり、現実的な目的をもつ手段として書かれたフィクション・ノンフィクションが主であった。自らのおかれた境遇を憂いたり、偏見に対する不満を訴えたりする内容のものである。また、主流の大衆文学にも第三の性の人々を登場人物として取り上げるものも少なくないが、大部分は「性的異常者」「社会の日陰者」の側面が強調され、ステレオタイプ化されたものが多い。読者にマイナスなイメージを与えて読んでいて暗い気持ちを抱かせるか、おかしく描いて笑いを取るかで、「普通」の一人の人間として描かれることが少ないようだった。

しかし、それらの刺激の強いものとは異なり、『キッチン』と『きらきらひかる』は、穏やかで静かな日常を描くもので、そこにはドライで洗練された美しさがあった。ノーマルだった父親が女性に性転換して子供を育てる『キッチン』、ゲイカップルの片方と偽装結婚し、三人で仲良く暮らそうとする『きらきらひかる』は、第三の性と新しい家族の形の可能性を提示するものとしてＬＧＢＴ関係者に「紫の文学」として読まれる一方、『きらきらひかる』に関しては、腐女子ブロガーたちが、「これはＢＬだ！」と指摘したことで、ＢＬ文学としても腐女子の間に受け入れられ、その結果、今まで知らなかった世界の扉が開かれた。

インターネットの普及とオタク・腐女子文化の受容

Windows95の出現以降、インターネットが普及してゆく中で、国境を越えた、同人・アングラなネットコミュニティ（掲示板、ブログなど）への接触が可能となり、日本及びグローバル領域のサブカル受容が促進された。コスプレイベント・同人即売会なども定期的に行われるようになった。

二〇〇〇年代に入ってＢＬコミックやライトノベルも翻訳出版されるようになり、消費から二次創作を経てオリジナル創作も今は盛んである。「ファンフィック」とよばれる二次創作には日本の漫画アニメにとどまらず、西洋の映画や小説などを題材としたものが増えてきており、また、まったくのオリジナルＢＬにも大ヒットが生まれた（次頁の**図11、12**）[12]。

かつてコスプレイベントやゲーム・アニメフェアの中に併設されたブースで開催されていた同人誌即売会は今では単独開催されるまでに市場が成長拡大している。さらに、年二回大々的に開催される全国規模のブックフェアではＬＧＢＴ文学とＢＬを同時に扱う専門出版社もブースを連ねている。そこで販売されているのは（紫／レインボー文学と呼ばれる）リアルＬＧＢＴ向けの小説もあれば、女性向けＢＬやＧＬ作品もあり、バラエティ豊富である。本来、ＬＧＢＴ文学とＢＬ文学は似て非なるもののはずだが、どう

図11、12　オンライン小説から若い女子の間で爆発的人気を得てテレビシリーズに発展したオリジナルBL小説『SOTUS』。

もタイではＬＧＢＴ文学とＢＬの線引きがあいまいになっているらしい。リアルＬＧＢＴ文学の作家が少なく面白い作品にめぐまれないという理由も考えられるが、ＢＬ作家の中からファンタジーを踏まえつつ、テーマ的に第三の性の恋愛観やその苦悩など等身大で生身の人間的な姿を描き、社会にＬＧＢＴに対する理解を深めたいと語った作家が登場してきたことも影響しているだろう。関係者の証言によると今は同性愛者もＢＬを読んでいるという（次頁の図13、14）(13)。

いわゆる腐女子文化の流入に伴い、既存のタイの文学消費や研究にも新しいトレンドが生まれている。これまでタイの国語国文学教育において古典文学はオーソドックスな読み方以外許されないという古い価値観に長い間とらわれ、その影響でタイ文学は青少年また学生に「難しくてつまらないもの」という印象を植え付け、国文学の消費やその研究の衰退を招いた。しかし、近年、性的多様性に開かれた社会になり、日本をはじめ、世界から輸入されたＬＧＢＴ・ＢＬ文学の影響もあって、若い世代の間でタイの国文学を新たに読み直す楽しみ方が登場した。

実際、タイの古典文学には、「ラーマギャン」(14)、「リリット・プラロー」(15)、「イナオ」(16)など、検証してみれば男色どころか児童ポルノにもなりかねない描写が豊富にある。これらを、従来の「固い」読み方とは異なる、ＢＬ解釈（いわゆる「腐《フ》イルター」）を通してとらえ直し、新

図13、14　バンコクブックフェアにおけるBLやGL専門出版社の出店スペース。陳列している本にはリアルLGBT文学とBL・GL作品が一緒に並べられている。

しい読みの可能性を考えることが密かに腐女子の間で広まっているようだ。

大学生と日本のオタク文化

そのような状況の中で、一般よりも日本のポピュラーカルチャーやオタク文化と接触する機会が多く、いち早く流行のコンテンツを消費するのは、おそらく日本語日本文化を専攻している学生たちであろう。本章では、私が見知った学生たちの様子を紹介したい。

女子学生に広まるやおい趣味

日本語を学習する学生は日本のオタク文化に馴《な》れている。というより、今や将来の就職を理由にというよりも、オタク文化が好きで、日本語コンテンツを享受するために日本語を学習する学生が増えている。学生の間で、やおい、BLの認識率は驚くほど高い。このような趣味を共有している女子（日本でいう腐女子）は、「Y女子」と呼ばれている。(17)

余談になるが、私が大学生だったころは、インターネットどころかコンピューターもまだ一般人の手に届くものではなかった。日本留学中、勉強に仕事に家事に追われていた私は、ポピュラーカルチャーにあまり目を向ける余裕はなく、やおい・BL文学というジャンルの存在を知らなかった。帰国後、当時教鞭《きょうべん》をとっていたタマサート大学の学生から、逆に、「やおい」なるものを教えられた。彼女らはジャニーズ系アイドルを追っかけ、若くてきれいな男の子たちが仲睦まじく「わちゃわちゃ」する様子に「イマジネーション」を馳《は》せた。男性同士の関係性を妄想して楽しむ、いわゆる「腐妄想」または「コンビ萌え」が、インターネットの普及とともに急速な勢いで広まった。近年その対象は日本のアイドルを差し置いて、より身近なK-POPアイドルやタイ現地のアイドルに移行している傾向がある。それに加えて二次元キャラクターに対する妄想もまた盛んである。

図15（上）　タイ語版「人間失格」（2016年）
図16（下）　タイ語版「文豪ストレイドッグス01」（2013年）

日本近代文学オタクの登場

『きらきらひかる』の出版から十五年が経ち、現代文学の翻訳ブームもそろそろ落ち着いて来たところ、もっとクラシックな文学を紹介しようと、昨年から活発に日本近代文学を翻訳出版する動きが始まった。その中で、特に太宰治の『人間失格』（図15）が関係者も驚くほどの異常な反響を呼んだ。

明るく朗らかで楽天的な国民性で知られているタイの人々、とりわけ、その若者が、なぜ、暗くて憂鬱《ゆううつ》な日本の私小説に惹かれたのか不思議で仕方がない。調べてみると辿《たど》り着いた答えは意外なものである。すなわち、こうした現象を引き起こした原因の一つとして、漫画・アニメ「文豪ストレイドッグス」[18]（図16）やオンラインゲーム「文豪とアルケミスト」などの文豪キャラクターブームがあげられる。

かつて、文学史の授業で学生にとっては作家や作品名を覚えるのはとても難解で苦痛を伴ったものだが、文豪キャラクターブームにより、それらが、共感できてなじみ深いものに変わったようだ。これまで「名前が難しくて覚えられない！」と悲鳴を上げた学生たちが目を輝かせて「推しキャラ」や「推しコンビ」を語り、作家の経歴、文壇の関係性、例えば、知識人の交友関係や○○派、○○主義といったカテゴリーに関心を持ち、文壇におけるホモソーシャルな側面にBL妄想を掻き立てられるようになった。これらのデータが漫画やゲームを通して記憶され、大学で学ぶ日本近代文学も積極的に楽しめるようになったのである。もしかすると先生よりも詳しい知識を持つ文豪オタクの学生が増えてきたかもしれない。こうしたY女子にかかれば、これまで保守的な解釈しか許されない古典文学の、退屈で苦痛でしかなかった授業も、わくわくしながら妄想の翼を広げられるものになるのだろう。また、日本語教育の面から見ても、こうした関心が学生の学習意欲と日本語能力向上につながる重要なモチベーションにもなると思われる。

終わりに

かつて、タイでは男色を語ることはタブーであり、文学における同性愛をまじめに論じることは憚《はばか》られていた。やおい趣味・腐女子文化の普及によって、性的な多様性を受け入れる見方、また文学の読み方・楽しみ方に新たな可能性がもたらされ、それによって若い世代の文学離れを止めるのに一役貢献したともいえる。一時期日本漫画の悪影響を懸念する反対の声もあったように、BL文学とBL解釈が広まり、その在り方に理解のない人々からの風当りが強くなることは予想されるが、それよりも古い価値観にとらわれず、柔軟な心と発想を持って、性的多様性を受け入れるY女子たちが、自由で大胆な想像力によって文学を楽しむ感受性を豊かに伸ばし、そこから新たな文学の読みの可能性とさらなる創造性が生まれることに、私は期待したい。

注

（1）Somrudee SanguanKaew. "Muslim Ladyboy: Third Gender and Violence". National Conference of Anthropologists in Thailand (4th:2005:Princess Maha Chakri Sirindhorn Anthropology Centre, Bangkok)（口頭発表）。

（2）http://www.thairath.co.th/content/670934 二〇一六年七月二十三日付のタイラットオンラインの記事より。

（3）タイは文字文化の発展が遅く、歴史資料は王朝クロニクルか経典・仏教説話関連文献などを中心に作られた。元は一般市民の生活風俗の記録自体が少ないこともあり、その上にアユタヤ朝がビルマ軍に敗れた際にそれらの証拠となる壁画やほとんどの文字資料が焼失したために、アユタヤ朝時代までの文献がほとんど残っていない。

（4）スントーン・プー（สุนทรภู่、一七八六―一八五五）はタイの詩聖と呼ばれる大詩人。

（5）Chonlada Ruanraklikit. 2014. "Homosexual in Suntorn Phu's Works. "In Suntorn Phu:The Royal Scribes and Poet, 50-53.Bangkok: Sataporn Books.

（6）西洋の影響を受けたタイの近代はラーマ五世（在位一八六八―一九一八）の時代から始まったといわれ、ほぼ日本の文明開化と同じ時期であった。

（7）タイの同性愛者文化の歴史について、Narupon（2010）の論文が詳しい（Narupon Duangwises.2010. Gay movement in Thai society : practices and paradigms. Dissertation submitted to Thammasat University）。

（8）http://thairainbowarchive.anu.edu.au/catalogue.htm

（9）男色文学というと男性同性愛をテーマにした文学というイメージがあるが、現在、性的多様性に対応してジャンルも呼び名もＬＧＢＴ文学、紫文学（男性同性愛）、レインボー文学（女性同性愛）、クイア文学（ゲイに限定しないもっと幅広い性的マイノリティ読者層向け）、などのように細分化されているようだ。

（10）江國香織『きらきらひかる』（一九九一）。偽装結婚のアルコール依存症気味の妻と同性愛者の夫、そして夫の恋人とをめぐる三人の奇妙な三角関係を描く。一九九二年に映画化もされている。

（11）それまで通常五〇〇〜一〇〇〇部出版が普通の日本文学というジャンルでありながら、どちらも再販を重ね、正確なデータは不明だが、恐らく一万部超えの大ヒットとなり、後の「J-Book」（日本現代文学）ブーム現象にもつながった。

（12）SOTUS พี่ว้ากตัวร้ายกับนายปีหนึ่ง（『ドS先輩と可愛い一年生』二〇一六年）。大学を舞台とした同性先輩後輩の青春ラブストーリー。筆者が大学生のころは、日本でいう「あすなろ白書」のような男女大学生の青春ラブストーリーが大流行《おおはやり》していたが、今や女子の間では可愛い男子カップルのラブの方が人気である。

（13）タイでは大きな出版社が書籍流通を独占しているため、書店の売り場にスペースを確保できないマイナーな出版社は、主に通販と年二回開催されるバンコクブックフェア、及び各地の即売会で本を売っている。

（14）古代インド叙事詩「ラーマーヤナ」のアダプテーション。

（15）十一世紀ごろ北タイに発生した伝承の事件を題材にした、「ロミオとジュリエット」のような悲恋物語。

（16）古代ジャワに伝わる王朝物語から材をとったロマンチックな恋物語。恋多きイナオ王子と親戚の姫との関係をめぐるストーリーは言わば『源氏物語』である。

（17）「やおい」の頭文字Yを取ったものである。

（18）現代横浜を舞台に、太宰治、芥川龍之介など近代文豪の名前を借用したキャラクターが活躍する異能アクションバトル漫画。ノベライズやアニメ化など、様々なメディアミックスも展開されている。

タイの男色とＬＧＢＴ

平松秀樹

タイにおける男色の諸相

筆者に当初与えられた題目は「男色」であったが、専門家でもないため、もっとひろく男色を含めたタイのＬＧＢＴ全般について、映画なども参考にしながら本稿では触れてみたい（といって筆者はＬＧＢＴの専門家というわけでもなく、今までジェンダーおよび仏教の観点からみた日タイ比較文学・比較文化研究に関心を持ち、調査を行ってきたが、その過程で接した事例などを中心に紹介していきたい）。

タイの男色と聞いて、筆者がまず思い出すのは、スハウテン（Joost Schouten　?～一六二五）という人物である。(1) ＶＯＣ（オランダ東インド会社）に派遣され、アユタヤ商館長を務めた。日本にも来航したことがあり、のちバタヴィア（ジャカルタ）に移り、そこで処刑された。アユタヤ商館長時代のソドミー（男色）の罪を問われて、処刑されたということになっている。「犯した」罪の内容が実際どういうものであったのかは、オランダ語資料などにあたると出てくるかもしれないが、筆者の能力を超えるので確認できてはいない。イギリス出身の、ＳＦ小説で有名な某大御所作家がスリランカで少年ハーレムを囲っていた話が一般に流布しているが、スハウテンのソドミーの相手がタイ人であったとは限らないものの、タイでも西洋人がタイ人（美）少年を買うといった話はしばしば耳にする話題である。(2) 加えて、現在の映画等でもしばしば描かれる。たとえば、『裁断分裂キラースライス』(3)（二〇〇九）では、少年買春をする西洋人が、何者かに切り刻まれて赤いスーツケースに入れられ海に捨てられる。かつて西洋人に暴行された少年による復讐である。このはなしは、西洋人だけでなく、幼いころに父親にレイプされた男の子が、華奢《きゃしゃ》な美しい女性に性転換して社会に復讐する物語でもあり、より奥深い。実際に、親や親戚の男性にレイプされ、その結果としてトランスジェンダーに至る事例は少なくないという報告があるが、これについてはまたあとで述べたい。

海賊版DVDを多く販売していることで知られるバンコクのシーロム通りで、LGBTに関するタイ映画を探していると、店員が自分好みの複数のゲイ・シネマDVDを強く推薦してくれた。一・二本の映画を除いて大抵は美少年が出てきてそのからみをメインに演出した、いわゆるB級に属する内容であった。ゲイ・シネマに華奢で美顔の少年が多く登場するのは当然かもしれないが、日本でもタイといえば美少年イメージが付随する興味深い例がある。日本人原作のBL小説『ウミノツキ』にはタイ人留学生が登場する。有名な暁の寺（ワット・アルン）から名前をとったアレン君が「受け」、肉体派の日本人学生が「攻め」となっている。作者のいつき朔夜《さくや》は、執筆時点でタイに行ったことはないと書いてあるので、タイ少年（青年）のイメージ表象として興味深い。行ったことがないわりにはよく書けているであろう。タイ訪問のエピローグまである。

スハウテンの時代に話を戻そう。現在タイは、一般に他国と比べて性的マイノリティ（特にニューハーフ）に寛容であるとされるが、アユタヤ時代からそうであったのかという疑問がわくのは当然である。アユタヤ時代に異性装が存在したかなどとともに興味深いテーマであるが、寺院の壁画などを除いて確たる資料がないので、詳しいことはわからない。アユタヤ時代のシャムを訪れた山田長政や天竺徳兵衛《てんじくとくべえ》関係の資料に出てきたら面白いのだがと勝手な想像をしてみても、そう都合よくはいかない。

もっとも、近代に至れば、王宮（後宮）の女官の間でのレズビアン行為の痕跡が、「レン・プアン」（play friend）などのことばの存在とともにつかめたりはする。一方、古代インドのパンダカ（Pandaka）の存在をタイの古典社会の寺に比定して論じる西洋の研究者などもいる。[4] さらに、日本のかつての僧侶と稚児のような関係の存在を想定したがる日本人もいるであろう。しかし、ゲイなどの性的マイノリティを厭《いと》い始めたきっかけは西洋的価値観の移入、とりわけビクトリア朝の性的価値観の流入が契機とも考えられるので、[5] それ以前はたとえあったとしてもそれほど話題にならなかったであろうか。結局、実態を明らかにするのは難しく、詮索《せんさく》しても仕方のないテーマでもある。

ところで、実際はともかく、僧侶になるには男性でないと得度できないのが原則である。親の許可は得たのか借金はないかなどの質問の前に、「汝、人間（マヌット）であるか」「汝、男性（ブルット）であるか」と問われて、「アーマ・パンテー」（yes sir.）と答えなければ出家できない。出家後の女性との性交渉は即座に強制還俗《げんぞく》となる大罪である。筆者がタイで得度した際に学んだ教法試験の解説書では、他の男性と関係を持った場合は、女性と関係をもった場合と同様に罪に問われる。また僧がレイプされた場合、相手が男性であるか女性であるか否かにかかわらず、気持ちいいと感じた場合は罪が重くなる、とあった。対象が男性であろうが女性であろうが修行の妨げになる場合は、よろしくないのである。ただし女性と席を二人きりで同じくしてはいけないが、男性が相手であればその規定はない。

お寺とともによく話題にあがる軍隊の場合はどうであろうか。世界のどの国でも言われるように軍隊のなかでは女性役が必要であったなどといった内部の実情はともかく、とりわけ新しい人員を徴兵する際のタイでのくじ引きの様子が、近年日本のニュースやバラエティ番組で大きく報道されることがある。そのなかにはニューハーフが兵役にとられる悲劇性が過剰に演出された報道もあるが、性転換あるいはホルモンを打って既に女性的になっている場合などは除外される場合も多い。

先に挙げたシーロム通りで紹介してもらったゲイ・シネマ作品のなかに『チェッカーで（毎回）勝つ方法』（二〇一五）がある。[6] この作品はデパートに入っているDVD正規販売店などでも商品として広く取り扱われており、かなりの出来である（店員の推薦作品のなかでは一番の出来かもしれない。他はすでに述べたように、ストーリー的にはよくわからず、かわいい少年がでてくるものが多い）。[7]

この作品では弟の視点から見た、ゲイである兄の姿が描かれている。ゲイであるか否かは弟にとって関係なく、兄は常に彼のヒーローである。兄は、徴兵の赤くじを引いてしまい、最も危険な南部国境地帯に送りこまれる。恋人とも別れ（兄の恋人のゲイは、金持ちなので賄賂《わいろ》で徴兵を逃れる）、任地に赴いてバイクを運転している際に、テロゲリラに狙《そ》撃《げき》され、死んでしまう。本作には、先に挙げた、徴兵検査の際のニューハーフの「落第」なども描かれ、興味深い作品といえる。ただし、監督はタイ人ではないので、海外視点の脚色があることを意識しておかなければならない。

多様なLGBTsの分類

タイではLGBTs（LGBTおよび、それ以外の性的マイノリティを包含する用語）の分類が年ごとに進化して、現在は十六種類ともいわれるが、諸説が存在する。この分野ではタイでの基準が、世界をリードしているといっても過言ではなかろう。タイにおいて、最もよく耳にする代表的用語は「ガトゥーイ」である。現在では、狭義としてニューハーフを指すことが多いが、[8] 元来は、ゲイやＦｔＭ（女性から男性へのトランスジェンダー）も含む意味の広い言葉である。広義ではＬＧＢＴを包摂するといってもいいかもしれない（Thai Sex Talk「Kathoey」参照）。

性転換した場合のガトゥーイの活躍の場は、ティファニー（パタヤ）やカリプソ（バンコク）という店に代表されるニューハーフショーの踊り子や、デパートの化粧品販売員であろう。制服を着た公務員や小中高の教員、大手の銀行などといった分野などでは見かけたことはない。採用しない業種もあるという。以前はニュースで原稿を読むアナウンサーもいたが、近年は見かけない。筆者の記憶では、過去にガトゥーイのアナウンサーを排除する動きが出て、その是非をめぐって憲法裁判にもなり、排除は憲法の基本的人権に抵触するといった論議がされた。記憶違いでなければ、日本語でいうところの「玉虫色」の（違憲合法的な）判決が出たようであったが、その後業界が自己規制に動いたのであろうか。

図1　ポーイ主演映画『จ๊ะเอ๋ โกยแล้วจ้า (Ja Ae Koy Leaw Ja)』(2009) DVDジャケット

日本でもタイの美しいガトゥーイの話は最近有名である。最も美しいニューハーフを決めるタイの「ミスインターナショナルクイーン二〇〇九」コンテストで、はるな愛が優勝したが、その五年前の優勝者ポーイ（Poy, Treechada Petcharat）は歴代でも断トツの美しさを誇る。日本のバラエティ番組に出演したこともあり、美しいタイニューハーフの代表である。タイ映画で主演を務めたり（図1）、香港映画にも出演したりしている。ポーイはあるテレビ番組の母校訪問企画で、小学校の時の恩師が理解のある教師であり、今の自分があるのもそうした環境のおかげだと、深甚の感謝の言葉を語っていた。ポーイが理解ある教師に恵まれたのは幸運であった。タイ教育省主催で全国の小中高の有志教員を集めたセミナーに筆者も特別に参加させていただいたことがある。性的マイノリティに対する偏見なき教育を目指すよう努めるというのがセミナーの目的であった。公的機関主催とは思えないくらい自由闊達《かったつ》な雰囲気であったが、その一環として大学の教員による「タイCMにおける男女性別役割の押しつけ」などといったテーマの研究発表もあり、大変興味深く有益なセミナーであった。先に述べた、幼いころ親や親戚の男性にレイプされた少年が、のちに性転換するに至る事例の報告もあった。こうした事例は実際には多いにもかかわらず、親族の年長者を敬うのが絶対的価値観であるタイ社会では、被害を誰かに相談することは困難であるとのことであった。

　航空会社のP・C・エアー（P. C. Air）が二〇一一年に性転換した複数の客室乗務員を公に採用した際は、「空の旅を「レディボーイ」がお手伝い」というタイトルで日本でも大きく報道された。それ以前にも「公然の秘密」としてオリエント・タイ航空（Orient Thai Airlines）に先駆者とも言うべきレディボーイの客室乗務員が一人いたこともここで付け加えておきたい（その人は本も出している）。「公然」でない場合は文字通り秘密なので、公表されることはない。

　映画などで描かれるガトゥーイのキャラクターは、おとぼけか、かなり凶悪な姿が目立つ。『The Odd Couple』（二〇〇七）では、例えばマムは海外でヒットしたアクション映画の『マッハ！』（二〇〇三）などにも出演しているタイで最も著名なコメディ俳優だが、タイ在住の日本人俳優大関正義と組んでおとぼけ役の刑事を演じている（図2）。他の多くの映画でも、ガトゥーイはステレオタイプ化されており、チョイ役的な添え物として出ている。喜怒哀楽を隠すことなくやたらに騒ぎ、いったん切れる（逆上する）とたちまち凶悪となり、最後は、ピストル弾の一撃であっけなく殺される、といったスタイルが定番となっている。

　また、オーストラリア映画『プリシラ』（一九九四）のドラァグクイーンを模した出で立ちのタイ映画『Spicy Beautyqueen in Bangkok』（二〇〇四）も製作され、人気であった（次頁の図3）。ちなみに街の実在のガトゥーイたちは『プリシラ』で歌われた曲、グローリア・ゲイナー

図2 『The odd couple（คู่แรด）』DVDジャケット

のI will Surviveをカラオケで熱唱する。I will Surviveはガトゥーイにとっての「国歌」あるいはアイデンティティ・ソング（タイ語で「プレーン・ヘン・チャート」）といわれるに至っている。以前筆者は、知人にカラオケ店でI will Surviveは絶対歌わないように言われたことがある。もとより筆者はカラオケにはいかないのでその心配はないのだが。(9)

　そうしたなか、本格的に性的マイノリティ問題をあつかう作品も生まれている。実在のLGBT混合バレーボールチームを題材にした『アタック・ナンバーハーフ』（二〇〇〇）はおとぼけ要素もかなり強いが、趣旨は極めてまじめである。続編やリメイク版も製作されている。『ビューティフルボーイ』（二〇〇三）は、もう少し切ないタッチで、幼少時に差別を受けたニューハーフのボクサーがその差別をのりこえて人として成長していく姿を描いている。実在の主人公ボクサーは来日もして日本でも話題になった。

　タイでK-POPの「少女時代」が流行《はや》る以前にワンダーガールズが大流行していた頃、ワンダーゲイというグループが登場し、話題になった。なよなよとした女性っぽいしぐさを強調した少年ゲイ・ユニットである。このグループに関しては、がんばれ、面白いという声と、こんなグループが活躍するようでは国が亡びるという声とで、ネット上で「世論」が二分していた。男性の姿のままではあるが、華奢な体つきをして女性のこころをもつ、こうしたゲイは、大学の文学部の学生などにも多く、狭義のガトゥーイの範疇《はんちゅう》と見なされることもある。ゲイとガトゥーイの厳密な区別は困難な場合がある。一方、筋肉隆々のゲイはテレビのコメディ番組などで見かけることはあっても、街中で見かけることはあまりない。

図3『Spicy Beautyqueen in Bangkok（ปลันนะยะ）』DVDジャケット

　筋肉隆々のゲイでもなく、やさ男的な美少年でもなく、一般の男性と変わらない等身大の姿で描かれ、決してガトゥーイ（狭義）とは呼ばれない男性同士の純愛映画がある。『バンコク・ラブストーリー』（二〇〇七）は、ポスターが今一つであったので映画館上映の際は見送ったが、のちにDVDで鑑賞したら久しぶりに感動を覚える秀作であった（図4）。こうした純愛の悲恋映画が作れるのは、タイの面目躍如といっていいであろう。監督もゲイへの偏見をなくす目的で、まじめに製作したと語っている。このようなLGBTを主題とする映画のすべてがヒットするわけではないが、国内国外を問わず社会に強い存在感を与えているといえる。

また、現在のロマンティック・コメディ全盛のタイ映画界の影響を受けた『ジェリーフィッシュの恋』（二〇一〇）は、トム（Tom, タイではショートヘアの男性的女性を指す）とディ（Ladyの略）のさわやかで軽快なノリの恋愛物語である（図5）。興行収入的には、その年の映画のトップ10には入ることはなかったが（平松二〇一七参照）、トレンディ映画として若者に人気を博し、続編も作られた。寮で同じ部屋に住むことになった大学生二人の揺れ動く気持ちが描かれ、ディが反発しながらもトムに魅《ひ》かれていくのである。この映画と前後して、街中でショートヘアのかっこいいトムを多く見かけるようになった。女の子にとって格好いいトムと付き合うのが一番のおしゃれといった風潮さえ社会に巻き起こり、一時期は男性にとっての脅威とも見なされた[10]（実際にそういう風に語るタイ人女性が何人もいた）。主演の二人も一時期大人気となったが、現在は落ち着いた感じである。このように広く社会に認知されたトムとディのカップルは、すでに隠す必要もなくなったためか堂々と街中を歩く姿を見かける。反面、ディとディ的なレズビアンカップルは、湿っぽい秘密の花園的イメージを払拭《ふっしょく》できていないためか、今のところ社会的に目立つことはない。

図4 『バンコク・ラブストーリー（เพื่อน...กูรักมึงว่ะ）』DVDジャケット

図5 『ジェリーフィッシュの恋（Yes or No อยากรัก ก็รักเลย）』DVDジャケット

タイはＬＧＢＴ「天国」か

タイがＬＧＢＴ「天国」であるかのように語る者も少なからずいるが、その見解には保留が必要となるであろう。旅行などで訪れる外国人にとっては一時的にタイが一種の「天国」と映るかもしれない。しかしその社会に生まれ、生きていかねばならないタイ人の性的マイノリティにとっては、苦悩の社会でもある。以前バンコクにあるＮＧＯ団体を訪れた時は、タイ人スタッフが切実に差別の現状について語ってくれた。社会による性的マイノリティへの偏見の視線を糾弾するというよりは、自分たちの就ける職業が極めて限られているという具体的事実を、一番の問題点として強調していた。

ＬＧＢＴに関する法律整備の遅れを指摘する声もある。(11)その意外さに驚きの声をあげる者も多い。現代のタイにおいて最初に同性の結婚式を挙げたのは、記録では一九七一年四月六日カンペーンペット県（女性同士）となっているが（Chronicle of Thailand参照）、挙式のセレモニーは行うことはできても同性の婚姻の公的登録はできない。占いなどの結果を信じて名前・苗字をかえることは一度ならず自由にできるが、男女の性別の法的変更は、同性の婚姻とともに、現在に至るまで認められていない。

社会のほうが法律よりも先行して容認しているので法的に整備し、保護する必要もないとする意見もあるが、こうした事態の法的改善を目指して闘っている人物もいる。地方議員としてタイ初の性転換手術をした政治家ノック（Nok, Yollada Suanyot）は、諮問に合格すれば無料で性転換手術の費用を提供する支援団体なども組織し、代表を務めている（Transsexual Association of Thailand, the TransFemale Association of Thailand）。また『ナショナルジオグラフィック』のタイのトランスジェンダー特集にも登場する。そこでは、ＭｔＦの自分とＦｔＭである恋人とが法律上婚姻登録をすることは可能だが、それは絶対したくないと語っているのが印象的である。あくまで性別の変更や同性婚を含む法律の改正を目指したいとのことであった。また、女性がレイプされた場合のレイプ事件暴行犯としての罪と異なり、ガトゥーイがレイプされた場合は、犯人は簡易な障害の罪で五〇〇バーツの罰金ですむとして、テレビ番組で問題の所在を強調していた。

映画では、社会から性的マイノリティに向けられた、偏見による抑圧の視線の問題点を訴えかけることが多い。『Saving Private Tootsie』（二〇〇二）は、ミャンマー国境近くの紛争山岳地帯での飛行機の墜落による遭難劇である（図6）。生存者はガトゥーイという設定で、遭難中に何が一番つらかったかいうと、人々による偏見であり、不幸なのは飛行機が墜落したことよりも間違った体で生まれてきたことである、と救出後のインタビューで語る。救助にきた兵士の一人も、遭難者のガトゥーイたちを徹底的に嫌う。自分の息子がガトゥーイ（なよなよとしたゲイ）であり、普段から失望しているゆえにいっそう嫌うのである。

　先に挙げた『ジェリーフィッシュの恋』でも理解を示さない親の反対が描かれている。またLGBTがテーマではないが『ミウの歌――Love of Siam』（二〇〇七）も男子高校生二人のほのかな恋を、母親が強圧的に反対し、やめさせる。まちがった道に行くために息子を育ててきたのではなく、将来のことをよく考え、今すぐ関係をやめるよう、自分の息子ではなく相手の高校生を呼びつけて威嚇《いかく》するのである。同性同士に限らずたとえば身分が違う異性の恋愛でも、往年の映画では父親が反対し、母親が見守るパターンが多いが、現在はテレビドラマ等でも父が陰で応援し、母親が強烈に反対・妨害するのは、タイの実社会において母親のプレゼンスが大きくなっているためであろうか。

おわりにかえて――一般映画の中のLGBT

『ミウの歌――Love of Siam』もそうであるが、主題がLGBTなどとまったく異なる映画『わすれな歌』（二〇〇一）でさえ、ルークトゥン（タイの大衆歌謡）歌手を目指す男性主人公がその所属するプロダクション社長の男性（実は「男色趣味」）にからだをなめられたりして襲われ、レイプされそうになるといった場面が描かれている。それを拒絶して突き飛ばしたら、社長が頭を打ってあっけなく死んでしまい、犯罪者となり、事態が展開する。最新映画の『The Moment』（二〇一七）は何組かの男女の複雑に絡み合う恋愛模様を描いているが、タイで恋人たちが一番盛り上がるバレンタイン・デー[12]に封切られた。最後に一組の男女

図6 『Saving Private Tootsie（พรางชมพู กะเทยประจัญบาน）』DVDジャケット

が別れ、その男性が他の外国人（韓国）の男性と結ばれる結末に観客がどよめいていた（いいどよめきか、わるいのかは判別不能であったが）。

こうした一般映画の中のＬＧＢＴ描写は、今後とも増えていきそうである。映画と社会の関係はどちらが先行しているであろうか。映画が実社会の反映とも言えるであろうし、逆にファッションなどと同じように映画のなかで描かれる考えや恋愛模様の影響が、やがて社会にまで波及していくという面も見られよう。いずれにせよ、映画であれ実社会であれ、他のことと同様にＬＧＢＴに関しても、筆者にとってタイは毎日が新鮮な驚きに満ちている。

注

（1）『岩波世界人名大事典』「スハウテン」（筆者執筆）参照。

（2）『世界一周ホモの旅』で旅の巻頭を飾るのはタイであるが、バンコクのサウナ（ハッテン場）の話が詳しく紹介されている。タイ青年目当ての西洋人が集まるサウナとして有名なバビロンも登場する。

（3）以下、映画作品を紹介する際は、日本の読者がアクセスしやすいように、日本で映画祭公開あるいはＤＶＤ化された作品はその邦題、それ以外は映画の英語タイトルを表示した。

（4）パンダカは半択迦《はんちゃか》。仏教の律文献に説かれる語。男性としての性機能が不完全な者をいう。オーストラリアのピーター・ジャクソン（Peter A. Jackson）が、この分野で興味深い多くの本・論文を出しているが、厳密な実証的研究とはいいがたいのが残念である。

（5）当時のタイ宮廷官女の断髪や男性と間違えやすい服装などに対する熾烈《しれつ》な批判が、ビクトリア朝の価値観をふんだんに身につけたミッショナリー（宣教師）の夫人たちにより行われた。こうしたミッショナリーによる批判は、当時の日本においてもパラレルにみられる事態であろう。

（6）原題は「ピーチャイMy Hero」。ピーチャイは兄貴という意味。映画の原作はタイ人作家により英語で書かれ、アメリカで出版された『観光』（Sightseeing）中の二作品に依拠している。ネットで調べてみると、バンコクの日本人が多く住むスクムビット・エリアにも、この映画の原題と同じMy Heroというゲイマッサージ店があった。

（7）たとえば、美少年が、瀕死状態の吸血人間に出会い、性関係を結び、さらに彼のために他の人間の血を用だてる話など。

（8）性転換していない女性っぽいしぐさのなよなよとした男性を指すことも多い。狭義の「ガトゥーイ」という用語はニュアンス的に日本語の「おかま」に最も近いが、日本語の場合と同様使い方によっては差別的になるので注意が必要である。いずれせよこの場合のガトゥーイたちは、こころは女性である。

（9）また、私事ながら、夜にバンコクの場末にある某コンビニの前で、買った牛乳を飲んでいると、ガトゥーイのグループが偶然通りかかり、その中の一人に「お兄さん、わたしも一緒にそのミルクのむわ」と言われ、赤面した経験がある。

（10）現在は、「カッコいいTom」を気取るトムを、巷《ちまた》でよくみかける。コンビニの店員などにも多いが、概ね自尊心が強くつんとした感じで、客の立場としては用があっても話しかけるのが少々厄介である。

（11）社会での女性の実際の活躍に比例することなく、法的にはかなり女性が差別・抑圧されている事態とパラレルであろう。

（12）社会が浮足立ち、カップルがいちゃつく度合いは日本のクリスマス・イヴに匹敵するといえる。高校生がこの日にモーテル等で性関係を結ぶのが社会問題化していてニュースなどで毎年取り上げられ、それに対して注意が促されている。

参考文献

いつき朔夜『ウミノツキ』（ディアプラス文庫、二〇〇八年）

岩波書店辞典編集部編「スハウテン」（『岩波世界人名大事典』岩波書店、二〇一三年）

サムソン高橋・熊田プウ助『世界一周ホモの旅』（ぶんか社、二〇一一年）

平松秀樹「タイのヒット映画に見る地域性と時代性」（『不在の父――混成アジア映画研究二〇一六』CIRAS Discussion Paper 六七、京都大学東南アジア地域研究研究所、二〇一七年）

ラッタウット・ラープチャルーンサップ、古屋美登里訳『観光』（早川書房、二〇〇七年）

Boonmongkon Pimpawun; Jackson Peter A. (edt); Ojanen Timo (trn); 二〇一一. Thai Sex Talk : The Language of Sex and Sexuality in Thailand. Chiang Mai.: Mekong Press.

National Geographic Society. 二〇一四. Thailand' s Transgender : **คนข้ามเพศ. บริษัท เลเคเอ็น โกลบอล มีเดีย จำกัด.** （ＤＶＤ付き）

Grossman Nicholas. (edt) ；二〇〇九. Chronicle of Thailand Bangkok : Editions Didier Millet.

参考タイ映画（本文記載順）

『チェッカーで（毎回）勝つ方法』（二〇一五、原題 **พี่ชาย** My Hero）

『裁断分断キラースライス』（二〇〇九、原題 **เฉือน**）

『The odd couple』（二〇〇七、原題 **คู่แรด**）

『Spicy Beautyqueen in Bangkok』（二〇〇五、原題 **ปล้นนะยะ**）

『アタック・ナンバーハーフ』（二〇〇〇、原題 **สตรีเหล็ก**）

『ビューティフルボーイ』（二〇〇三、原題 Beautiful Boxer）

『バンコク・ラブストーリー』（二〇〇七、原題 **เพื่อน...กูรักมึงว่ะ**）

『ジェリーフィッシュの恋』（二〇一〇、原題 Yes or No **อยากรักก็รักเลย**）

『Saving Private Tootsie』（二〇〇二、原題 **พรางชมพู กะเทยประจัญบาน**）

『ミウの歌――Love of Siam』（二〇〇七、原題 **รักแห่งสยาม**）

『わすれな歌』（二〇〇一、原題 **มนต์รักทรานซิสเตอร์**）

『The Moment』（二〇一七、原題 **รักของเรา**）

謝辞

本稿執筆にあたっては、大阪大学外国語学部タイ文学ゼミでの歴年のＬＧＢＴに関する議論を参考にしている。ＬＧＢＴの映画をテーマに発表してくれた受講生や、その後卒論テーマとしても考察してくれた学生をはじめとして、活発な議論に参加してくれた全学生に感謝する。

アンコール・ワットの「二形《ふたなり》」

染谷智幸

巨大なアンコール遺跡

アジアの文明・文化というと、日本ではインドと中国がまずもって考えられて来ました。『今昔物語』等を紐《ひも》解《と》くまでもなく、天竺《てんじく》（インド）・震旦《しんたん》（中国）・本朝（日本）という三国観が、日本の伝統的なアジア観だったと言って良いでしょう。

しかし、そのインドと中国の中間にあったクメール王朝は、繁栄した期間は、インドや中国ほどではなかったのですが、規模はそれに匹敵するような、巨大な文明・文化を築き上げてきたことは間違いありません。時期としては西暦八〇〇年から一四〇〇年代中盤、今のベトナム・カンボジア・タイのインドシナ半島のほぼ全域を支配し、独自の文化とシステムを作り上げてきま

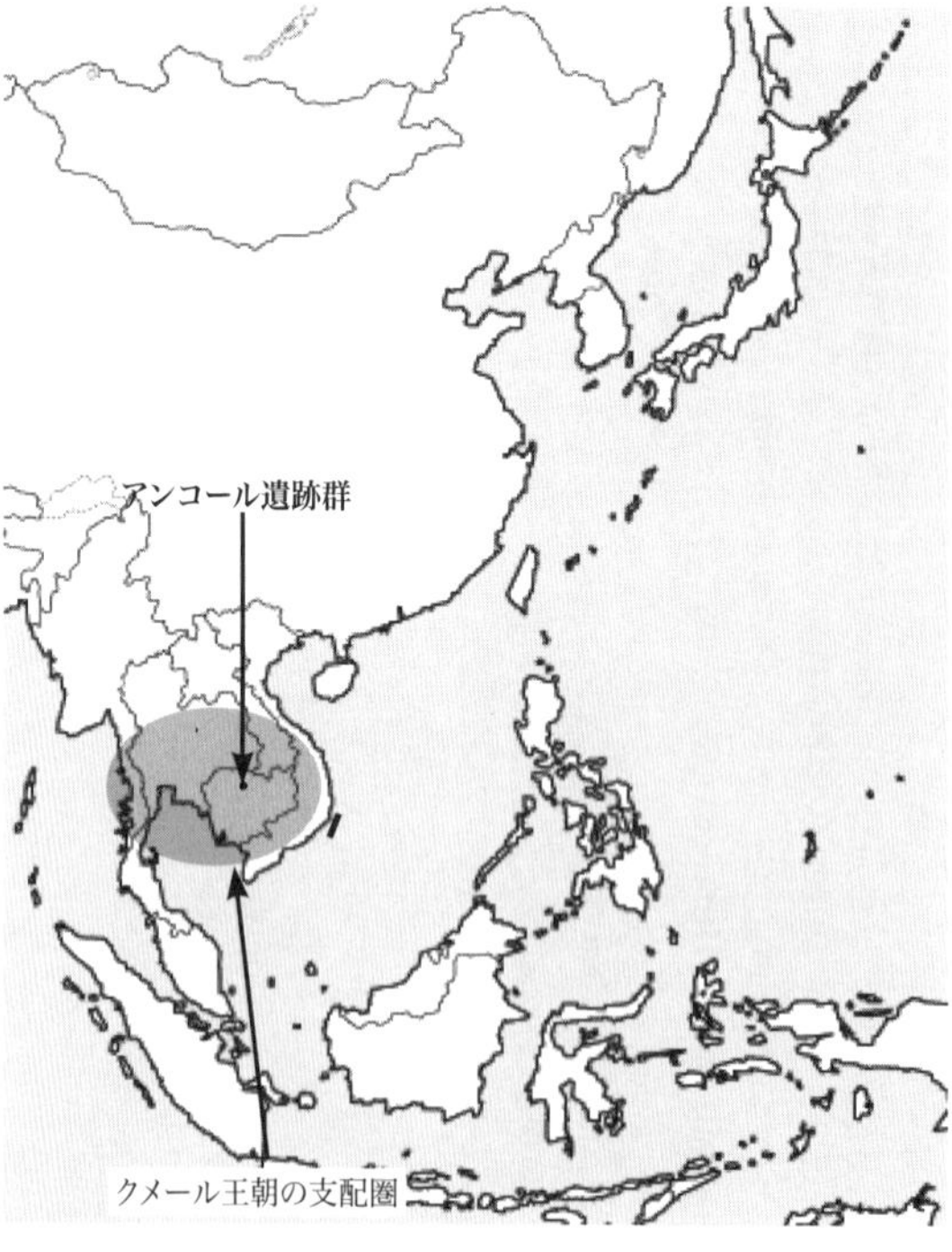

した。そのクメール王朝の都は、現在のアンコール・ワット、アンコール・トムの遺跡群があった一帯です。

私は、様々な理由から、この地に合計七度ほど訪れましたが、この都が如何《いか》に壮大であったか。それは現在遺《のこ》された遺跡群からだけでも十分に感じ取ることができます。恐らく、この地を訪れたことのある人は誰でも同じように感じると思いますが、まずはアンコール・ワットを囲む堀の大きさに圧倒されます。東西一五〇〇メートル、南北一三〇〇メートル、堀の幅約二〇〇メートルという巨大さです。その中に写真（左、上）のような大伽藍《だいがらん》があります。さらにアンコール・トムに至っては、東西・南北の四辺がほぼ三〇〇〇メートルです。また、この地の住民に水を供給した人工の溜《た》め池が二つ、都の隣にありまして（東・西バライ）、どちらも東西八〇〇〇メートル、南北二〇〇〇メートルにも達します。このバライを含めたこの地の広さは、東京の山手線内がすっぽり入る大きさになります。

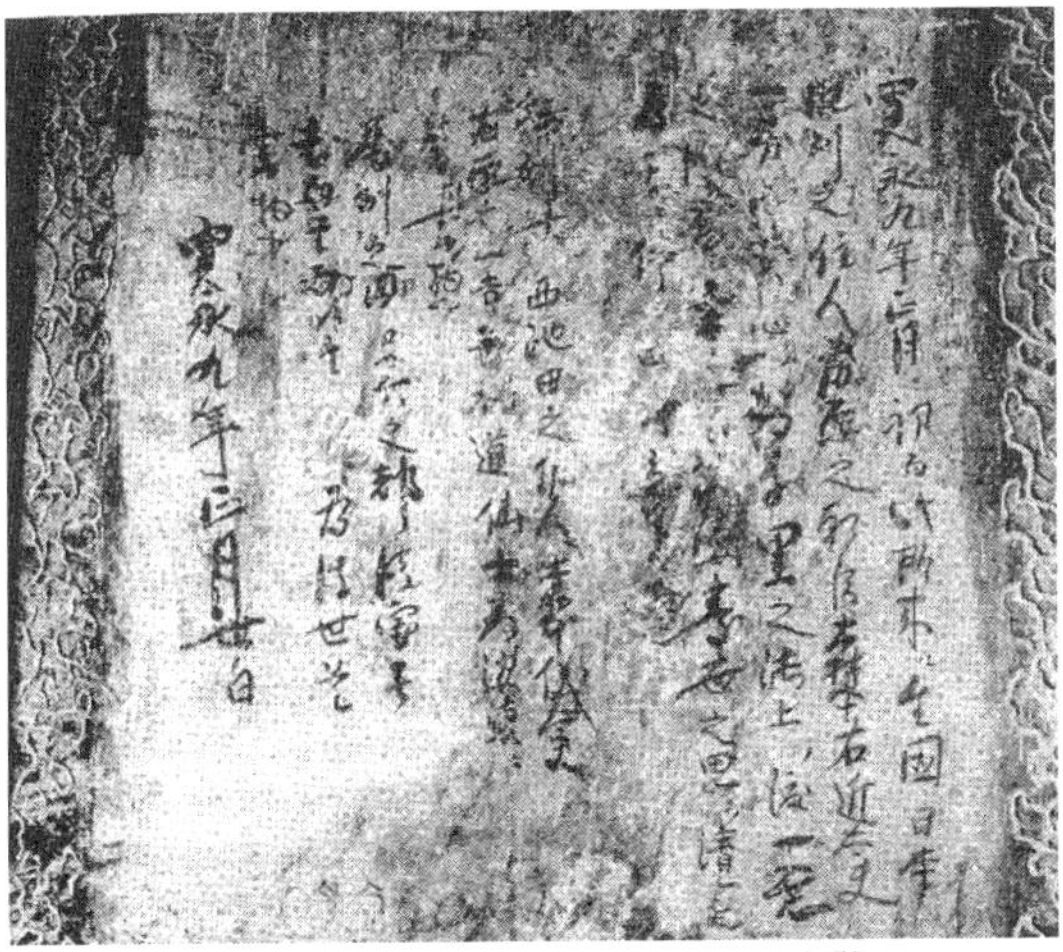

上：アンコール・ワット。中央に見えるのは中央祠堂《しどう》（染谷撮影）。
下：森本右近太夫の落書。参考文献の石澤（2009）より引用。現在はポル・ポト時代に汚損されたため、ここまで鮮明には読めない。

アンコール・ワットと日本人

　このアンコール・ワットと日本との関係と言いますと、まず挙げられるのが、十七世紀前半の寛永九年（一六三二）にアンコール・ワットを参拝した熊本藩の武士、森本右近太夫《うこんだゆう》です。なぜ森本がここを参拝をしたことがわかるのかと言いますと、面白いことに、実際のアンコール・ワットに彼が書いた落書きが残っているからです。前頁の写真（下）をご覧ください。これが森本が書いた落書きの写真です。写真だと読みにくいので、以下にその文章を示します。

　寛永九年正月ニ初而此処来ル生国日本／肥州之住人藤原朝臣森本右近太夫／一房御堂ヲ心カケ数千里之海上ヲ渡一念／之儀ヲ念ジ生々世々娑婆寿世之思ヲ清ル者也／為其仏ヲ四体立奉物也／摂州津西池田之住人森本義太夫／右実名一吉善魂道仙士娑婆ニ／是ヲ書ク物也／尾州之国名谷之都後室其／老母之魂明信大姉為後生ニ是／書物也／寛永九年正月廿日

　これによりますと、森本は父母の作善（仏縁を結ぶための善行）のために、ここまで来たことがわかります。ところが、アンコール・ワットに行ったことがある方はわかると思いますが、このワットは基本的な宗教としてはヒンズー教です。それが何で仏縁なのかと言いますと、森本を始めとする多くの日本人はどうもこのアンコール・ワットを仏教の祇園精舎《ぎおんしょうじゃ》と間違えて認識していた可能性があるのです。日本にはこの森本が作ったとおぼしき祇園精舎の図（次頁、上）というのが伝わっていまして、その伽藍配置を見ると、完全にアンコール・ワットと重なります。

　どうしてそのような齟齬《そご》が起きたのか、理由はわかりません。恐らく、言葉の不通と情報量の欠如から来たものでしょう。ただ面白いのは、このアンコール・ワットの日本人の落書きは、森本を含めて十四例見つかっておりまして、そうした諸々を勘案すると、慶長十七年（一六一二）から寛永九年（一六三二）にかけて、恐らく数百名に達するであろう日本人が、このアンコール・ワットを参拝している可能性があることです。

アンコール・ワットと周達観

　そうした状況を生み出した背景には、この時期に盛んであった朱印船交易や東南アジアでの日本人町の建設等、日本人の積極的な海外進出がありました。ですが、具体的にはよくわかりません。ただ、一つだけわかるのは、日本人がこの東南アジアへ進出する前に、中国人がクメール王朝への航路を開き、盛んに往来して交易を行っていたことです。

その様は、周達観《しゅうだつかん》が遺した『真臘《しんろう》風土記』（以下『風土記』）に詳しく書かれています。周達観は元《げん》の時代の人、生没年未詳（一二六〇年頃生まれ、一三五〇年頃没したと推定されている）で、永嘉（現在の浙江省）出身、号の「草庭逸民」からすれば官途に就かなかっただろうと言われます。『風土記』によれば、一二九五年、中国からカンボジアに派遣される使節に随行することになり、翌年出発、アンコール・トムに渡り、九七年に中国へ帰還した模様です。

参考文献の石澤（2009）より引用。実際の祇園精舎はインドの北部、バルランプルの近くにある。

『風土記』の内容はすこぶる面白く、十三世紀当時のカンボジアの風俗が良くわかります。王室やその家族のあり方、住居や服飾、宗教・言語・暦、庶民や奴婢《ぬひ》たちの暮らしぶりなど、短いながらも多くの情報を伝えています。私がとくに注目したのは、このアンコール・トムでの商売が、女性中心だったことです。女性たちは働き者が多く、商売向きの性格で、アンコールに滞在する中国人はクメール人の女性を皆妻にしていると周達観は書いています。その方が当地で商売を展開するのに便利だったからです。

これは現在のカンボジアにも当てはまります。私が当地を見聞した印象では、女性は働き者であるのに対して、男性たちはそうした気概にいささか欠けるからです。この商売=女性中心は、何百年経っても変わらない東南アジアの風景かもしれません。

アンコール・トムの市場を跋扈する「二形」

さて、そうした様々な情報の中で、一際目を引くのは、アンコール・トムの市場に跋扈《ばっこ》する「二形人《ふたなりびと》」のことです。原文には「國中多有二形人*、毎日以十數成群行於墟場間、常有招徠唐人之意反有厚饋可醜可惡」とあり、訓読すれば

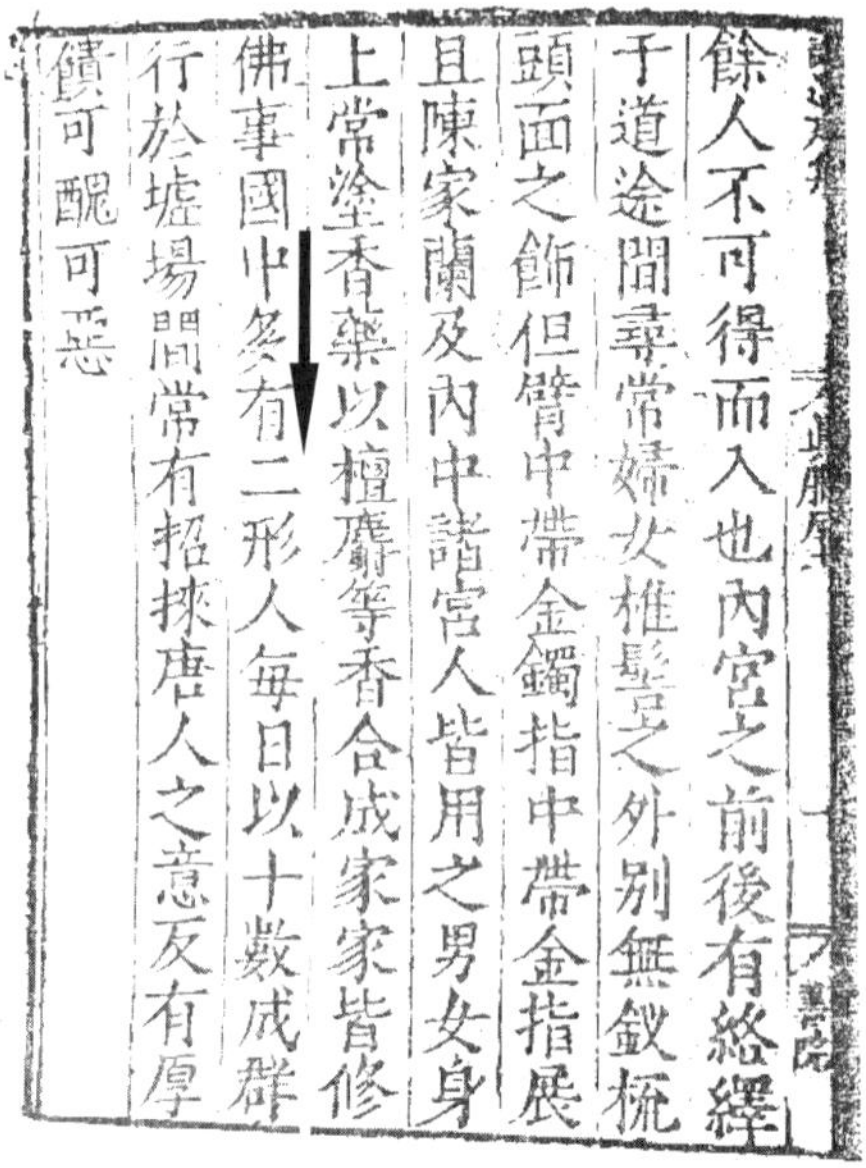

餘人不可得而入也内宮之前後有絡繹
于道途間尋常婦女椎髻之外別無釵梳
頭面之飾但臂中帶金鐲指中帶金指展
且陳家蘭及内中諸宮人皆用之男女身
上常塗香藥以檀麝等香合成家家皆修
佛事國中多有二形人毎日以十數成群
行於墟場間常有招捸唐人之意反有厚
饋可醜可惡

和田久徳訳注『真臘風土記』の影印より引用。

「國中に多く二形人有り、毎日十數を以て群を成し、墟《ぎ》場の間を行く。常に唐人之意を招捸すること有りて、反て厚き饋《ぎ》有り。醜《は》ず可し惡《にく》む可し」となりましょうか。現代語に直すと「国内には男女の区別がつかない両性者が多くいて、毎日、十数人で群れを成している。その者たちは市場の中を歩き回り、常に中国人の機嫌を買うように振舞っている。またその為に手厚い贈り物をする。恥ずべき行為であり憎むべき行為でもある」となります。周達観から見て、かなりいかがわしい存在と見られたのでしょう。男女有別を旨とする儒教を信奉する中国人からすれば、当然の反応だったとも言えます。

問題は、この「二形人」とはどのような人たちで、どのような活動をしていたのかです。しかし、これについては他に記述がないのでわかりません。また、『風土記』の解説や研究書等にもあまりはかばかしい説明はありません。

よって、これからの話は全くの推測でしかありませんが、私は、この「二形人」の集団とは芸能の集団ではなかったかと思います。というのは、一つは「二形人」が「國中」に「多」く「群」れを「成」していたという点です。両性的な人間が多くカンボジアに集まっていたと考えられなくもありませんが、「國中多」というのはいささか不自然で、また群れを成すというのも理解しにくいことです。芸能の集団であれば両性的な人間はもちろん、女性装をする男性も多くいたでしょうから、そのことを言ったのではないかと考える次第です。もう一つは、中国人に贈り物をしたという点です。『風土記』の別のところで(貿易の章)、クメールの人々は中国人を仏のような存在と考えて、畏敬《いけい》の念を持っていたと言います。カンボジアの芸能は、現在に残っているアプサラダンスが典型ですが、奉納劇が多いですから、中国人を異邦の神と見立てて何がしかの奉納をしたのではないかと思うのです。

インドシナ半島と観音信仰

この「二形」に関しては、今後の研究成果を俟《ま》つしかありませんが、もし、周達観が言うように、十三世紀のクメール王朝全体に「二形」の集団が展開していたとすると、この「二形」は東南アジアを考える上で極めて重要な意味を持つことになります。というのは、先にも述べたように、当時のクメール王朝は現在のカンボジアを超えてインドシナ半島全体に、その勢力を広げていたからです。よって、この「二形」の問題も、インドシナ半島全体に広げて考える必要が出て来る問題となります。そうなった場合、本書の二つ目の座談会で取り上げたタイとインド、特にタイの男色に対する寛容性との関連が俄然《がぜん》気になってくるからです。

178頁のアジアの図をご覧ください。現在のタイは往時のクメール王朝の勢力範囲に完全に入っています。すなわち、現在のタイがＬＧＢＴに寛容な社会である背景の一つに、このクメール王朝に広がっていた「二形」の存在があったのではないかと思うのです。むろん、これは推測の域を出るものではありませんが、もう一歩想像を逞《たくま》しくすれば、クメール王朝時代にインドシナ半島全域に広がっていた観音信仰とそれは関係するのではないかとも思われます。

このクメール王朝時代のインドシナ半島全域に広がっていた観音信仰について、宮崎晶子は「十～十一世紀におけるる宗教と社会体制――アンコール王朝最大版図へのあゆみ――」（『佛教藝術』三三七号、二〇一四年十一月）等の論文で大変面白い指摘をしています。それは、クメール王朝がインドシナ全域を統合するために、この観音信仰（七世紀初頭までに成立した『カーランダ・ヴェーハ・スートラ』を所依《しょえ》の仏典とする）を利用したのではないかという指摘です。クメール王朝時代、インドシナ半島には様々な文化・宗教が混在していました。クメール王朝はそれを統合して一つの文明を築き上げたのですが、その時に一つの宗教を押しつけるわけには行きません。そこで観音が、様々な姿に身を変えて衆生を救うという、その変幻自在性を利用して、インドシナの様々な宗教や文化を統合したのではないかというのが宮崎晶子の諸論考での指摘です。私は東南アジアの専門家ではありませんので、その当否はわかりませんが、仏教や観音に日頃から関心を持つ者として、観音信仰がそのように利用されることは十分ありえると考えます。

加えて観音は、『法華経』を例にとれば三十三身の内、七身が女性の身体を持っています。観音が本来は男性であったことは良く知られることですが、女性神となった彫像が作られるように、半男半女の身体を持つ菩薩です。言わば、二形《ふたなり》の菩薩と言って良いように思います。

もし、クメール王朝時代に、この観音の思想が全国に広がっていたとすると、それは『風土記』の言う「二形」の存在意義を証明するような形としてもあったのではないかと、想像してみたくなるのです。

結びに

いずれにしても、このアンコールの「二形」の問題を明らかにするためには、東南アジアにおける男色の全般的な調査が必要です。ところが、従来の男色やホモセクシュアルの歴史研究を見ても、この東南アジアはまだまだ手薄でわからないことだらけです。しかし、松原国師《くにのり》『ホモセクシュアルの世界史』も指摘するように、東南アジアは男色の宝庫だったと言って良いように思います。タイやカンボジアのみならず、ジャワやボルネオ、またはスマトラにも男色の風俗が多くあったと見て良いでしょう。ただ、大切なのは、そうした男色風俗の実体を明らかにするために、まずは文献をきちんと整理し、書誌的事項を明らかにしてゆくことです。今回取り上げた『真臘風土記』は、そうした点から見ても第一級の資料であることは間違いありません。クメール王朝が滅んでからの資料、いわゆる二次的資料でなく、王朝当時の資料で、こうした記述がないかどうか、博捜《はくそう》することが求められています。

＊二形：ふたなり。「半陰陽」「半男女」などとも書く。「ふたなり」に関しては、南方熊楠『浄のセクソロジー』（中沢新一編、河出文庫、二〇〇九年）の中の「鳥を食うて王になった話」や該本の解説（中沢新一）に詳しい。

参考文献

和田久徳訳注『真臘風土記』、東洋文庫507（平凡社、一九八九年）

石澤良昭「アンコール・ワットにおける日本語墨書」（ユネスコ刊、碑文集、二〇〇〇年八月）

佐久間留理子「『カーランダ・ヴューハ』における観自在菩薩の身体観」（印度学仏教学研究、二〇〇六年十二月）

石澤良昭『興亡の世界史11　東南アジア多文明世界の発見』（講談社、二〇〇九年）

中尾芳治「アンコール・ワットに墨書を残した森本右近太夫一房の父・森本儀太夫の墓をめぐって」（『京都府埋蔵文化財論集第6集』京都府埋蔵文化財調査研究センター、二〇一〇年）

宮崎晶子「十～十一世紀における宗教と社会体制――アンコール王朝最大版図へのあゆみ」（『佛教藝術』三三七号、二〇一四年十一月）

松原国師『ホモセクシュアルの世界史』（作品社、二〇一五年）

坂東（丸尾）実子

〈鳥〉の文学

渇望される〈自由〉の時代的変化とLGBT文学

タイでの生活

私が東京外国語大学で留学生と日本人学生に開講している「日本文化研究」の授業について紹介する前に、以前、子連れでバンコク（タイ）に赴任し、二年間生活していたころのことを少し書きたいと思います。

私とナムティップさんの出会いは、東京学芸大学の四年生の時（一九九一年）で、もう、人生の半分以上のつきあいです。ナムティップさんは、当時、文部省（現在の文部科学省）の日本文化研究留学生で、私たちは同じ指導教官のもと、大学院修士課程にも一緒に進学しました。その後、彼女は数年間日本に滞在した後にタイに帰国し、タマサート大学に勤めます。大学院博士課程在学中に結婚、出産して日本での就職が難しかった私は、二〇〇二年に、同大学の外国人専任講師としてタイに呼んでもらい、二年間の子連れ赴任（ナムティップさんのお宅にホームステイ）という素晴らしい体験をしました。

当時、タイはJ-Books（日本の小説）ブームで、ナムティップ訳の鈴木光司『リング』（角川書店、一九九一年）、江國香織『きらきらひかる』（新潮社、一九九一年）などが、BTS（スカイトレイン）の駅の目立つところにディスプレイされて売られていました。おしゃれなジェンダーフリーの方が、『きらきらひかる』のタイ語版の装丁（ピンクのラメ入りハート模様）が見えるようにブックバンドをかけて持ち歩いているのも何度か目撃しました。バンコクにはジェンダーフリーの方が多く、そのころ五〜六歳だった息子は、水泳の先生をはじめ、交通機関やホテル、飲食店などさまざまなところで働く方々にとてもかわいがってもらったものです。

図1　息子（5才）がバンコクから日本に住む伯母たちに出した年賀状

息子が五歳のお正月に私の姉とその同居人に出した年賀状を紹介します。写真は、私の息子（後）とナムティップさんの息子（前）です。兄弟のように生活し、一緒の幼稚園に通っていました。

息子は、コンドミニアムのプールで、週に一度、水泳のプライベートレッスンを受けていました。水泳の先生は、レックさん（「レック」はタイ語で「小さい」の意）という方で、「ナーラックディーナハー（かわいい　いい子ね〜）」と声をかけながら、とても優しくタイ古式泳法を教えてくれました。タイ古式泳法とは、タイで昔から行われている「川泳ぎ」の泳法で、顔は一切水につけることなく、手足で水を押すように進むので、レックさん曰く、お化粧が落ちない、いい泳ぎ方だそうです（最初に、ヨーロピアンスタイルと、タイスタイルどちらを習いたいか聞かれました）。タイ語では語尾には、男性ならば「クラップ」、女性は「カー」をつけるのですが、ジェンダーフリー（中でもおネエ）の方々は「ハー」と言うのですぐにわかります。息子が真似するもので、ナムティップさんのお母さんに直されていました。年賀状には「日本にはおかまはいるのですか」とあります。息子は五歳になってすぐにタイに行きましたが、日本にいる時にジェンダーフリーの方には直接会う機会はなく、アニメ「ONE PIECE」[1]に登場する「Mr.2　ボン・クレー」というキャラクターを知っているくらいでした。ところがタイに住んでいると、いたるところで普通にオープンに接してくる方々があたりまえのようにいたのです。私は頻繁にタイマッサージ店に通っていたのですが、息子を連れて行くと、二時間マッサージの間、ネイリストのおネエさんたちが息子と遊んでくれたものです。他にもホテルのフロント、観光クルーズの船のスタッフ、デパートの売り場、美容院……様々な場所で遊んでもらいました。子ども好きで社交的というのも日本とは少し違うのかもしれません。

タイでは子どもの頭をなでたりはしません。頭は神聖なので、むやみにさわってはいけないそうです。かわりに、タイでは、子どもの頬《ほお》をプニプニとつまみます。水泳の先生は何度もプニプニしていました。帰国直前の最後のレッスンの日、先生はピンクの口紅をつけて来て、別れを惜しんでくれました。

東京外国語大学での講義「〈鳥〉の文学」

日本に帰国して、二〇〇五年から、東京外国語大学留学生日本語教育センターで講義「近現代日本の文学の文化的社会的背景」を始めました(2)。

次頁の表は、二〇一六年度秋学期と春学期の授業スケジュールです。

秋に前半、春に後半、という順序で進めているのは、九月に来日して一年間だけ「日本語教育センター」で学んで帰国する留学生が多いからです。「言語文化学科」の日本人学生(三～四年生)および大学院生の選択科目としても履修可能で、二〇一六年度は留学生、日本人合わせて三十三名の学生が参加しました。

授業で扱う作品はすべて、〈鳥〉が登場する作品です。〈鳥〉は、「自由」「メッセンジャー」「表現者」「次元を超えるもの」などの意味をもっており、〈鳥〉の描かれ方を見ることで、その時代にどんな「自由」が求められていたか(または欠乏していたか)を感じ取ることができます。

なぜこのようなテーマの授業を始めたかというと、大学院修士課程のころに、論文、「軋《きし》み始めた〈鳥籠《とりかご》〉――『明暗』」(『漱石研究』翰林書房、一九九四年)を書き、それ以来、私自身が様々な文学作品に描かれる〈鳥〉の表現に、その時代に求められていた〈自由〉を考えることが面白くなっていたからです。

「人間の生まれながらの〈自由〉」という概念を最初に日本に紹介したのは、福澤諭吉『西洋事情』(一八六六年(慶応二))です(3)。福澤はヨーロッパやアメリカの様々な事物や制度をこの本の中で紹介しており、その際に、新たな熟語を作るなどして、日本語に訳しました。しかし、福澤は「liberty」の訳に悩みます。近代以前の日本には、束縛や、その束縛から解放されるような概念はあったものの、人間が生まれながらにして有している「自由」という概念は無かったからです。たとえ、不自由な状態にあったとしても、

秋学期	
10月7日	第1回、導入　インターテクスチュアリティー、カルチュラルスタディーズなど
10月14日	第2回、導入　論文「軋《きし》みはじめた〈鳥籠〉――『明暗』」(1994) 夏目漱石「明暗」(1916)
10月21日	第3回、導入　夏目漱石「文鳥」(1907　明治40)
10月28日	第4回、演習①　森鴎外「雁」(1911　明治44)
11月4日	第5回、演習②　岡本綺堂「鳥辺山心中」(1915　大正4年)
11月11日	第6回、演習③　横光利一「犯罪《つみ》」(1917　大正6年)
11月18日	休講(外語祭)
11月25日	第7回、講義　大正時代の文化月芸術
12月2日	第8回、演習④　宮沢賢治「鳥箱先生とフウねずみ」「よだかの星」(1921　大正10年)
12月9日	第9回、演習⑤　夢野久作「鵙征伐《もずせいばつ》」、芥川龍之介「翻訳小品」(1925　大正14年)
12月16日	第10回、演習⑥　井伏鱒二「屋根の上のサワン」(1929　昭和4年)
12月23日	第11回、演習⑦　太宰治「饗応《きょうおう》夫人」(1948　昭和23年)
冬休み	
1月6日	第12回、演習⑧　木下順二「夕鶴」(1949　昭和24年）戯曲、まとめの授業
1月13日	センター試験前日で休講　レポート締め切り　多磨霊園文学散歩
1月20日	レポート発表会（発表者：留学生2名、日本人学生2名）
春学期	
4月8日	第1回、導入。授業概要　秋学期の内容紹介
4月15日	第2回、演習①　安房《あわ》直子「鳥」(1971　昭和46年)
4月22日	第3回、演習②　村上春樹「図書館奇譚」(1983　昭和58年)
4月29日	第4回、演習②つづき　村上春樹「図書館奇譚」
5月6日	第5回、講義　昭和から平成へ
5月13日	第6回、演習③　小川洋子「薬指の標本」(1994　平成6年)
5月20日	第7回、演習④　江國香織「僕の小鳥ちゃん」(1997　平成9年)
5月27日	第8回、演習⑤　川上弘美「ぼたん」(2000　平成12年)
6月3日	休講(ボート大会)
6月10日	第9回、演習⑥　群ようこ「かもめ食堂」(2006　平成18年)
6月17日	第10回、演習⑦　重松清「ツバメ記念日」(2006　平成18年)
6月24日	第11回、伊坂幸太郎「バイ・バイ・ブラックバード」(2010)
7月1日	第12回、まとめの講義　太田光「地球発…」(『マボロシの鳥』2010）レポート〆切
7月8日	第13回、レポート発表会　禅林寺（森鷗外、太宰治の墓所）文学散歩

浮世のさだめとしてとらえ、その状態をつらいとは感じるものの、受け入れるしかないものだととらえていました。福澤の『西洋事情』（一八六六）には、「liberty」に該当する日本語が見当たらなかったための、日本語訳の困難さが述べられています。自主・自尊・自得・自若・自主宰・任意・寛容・従容《しょうよう》などといった漢訳では、原語の意義を尽くさないとして、中国の『後漢書』にあった「自由」（わがままの意）という語（『徒然草』にも登場）が用いられることになりました。

丸尾実子「軋み始めた〈鳥籠〉――『明暗』」
（『漱石研究』翰林書房、一九九四年）

夏目漱石『明暗』（一九一六年（大正五）絶筆）には〈鳥〉が様々に登場する。
・津田由男（主人公）…「鳥撃ち」が得意。
・延子（津田の新婚の妻）…籠から出たいと訴える〈鳥〉
・清子（津田のかつての恋人）…身を翻《ひるがえ》して逃げた〈鳥〉
・継子（延子の従妹）…籠の中に安住し、囀《さえず》る〈鳥〉

このように特徴づけられるいくつもの表現を、「新しい女」をめぐる議論が盛んだった当時の時代背景と照らし合わせて論じたもの。

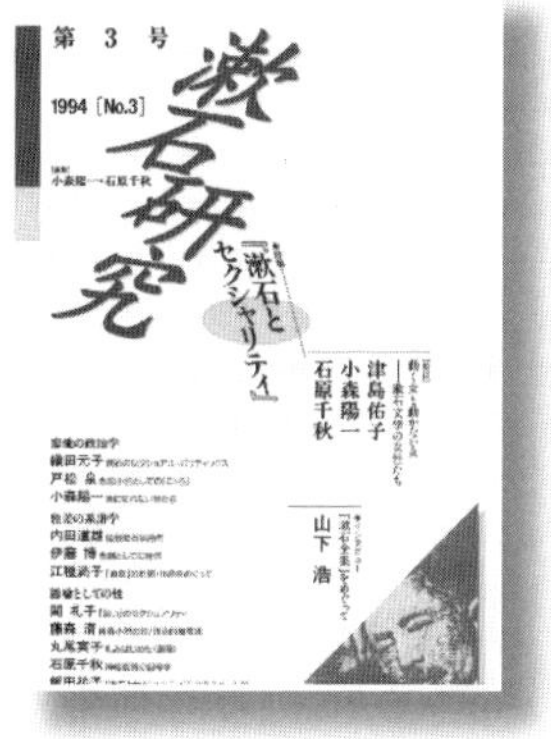

自由トハ、一身ノ好ムマヽニ事ヲ為シテ、窮屈《きゅうくつ》ナル思ナキヲ云フ。古人ノ語ニ、一身ヲ自由ニシテ自ラ守ルハ、万人ニソナハリタル天性ニシテ、人情ニ近ケレバ、家財富貴ヲ保ツヨリモ重キコトナリト。
（『西洋事情』一八六六年）

言葉は、それを知ることで、自覚や意識をもたらします。例えば「リア充」(4)という言葉が登場する以前には、私たちは、自分を「リア充」あるいは「非リア充」であると自身をカテゴライズしたり、明確に自覚したりすることはありませんでしたが、この言葉が登場して以降、意識するようになりました。「（生まれながらの）自由」という概念も、「自由」という言葉が流通してはじめて、人々に自覚をもたらし、「自由」への憧れと、「自分たちは現在、自由ではない」という意識を強くさせ、八年後の一八七四年に

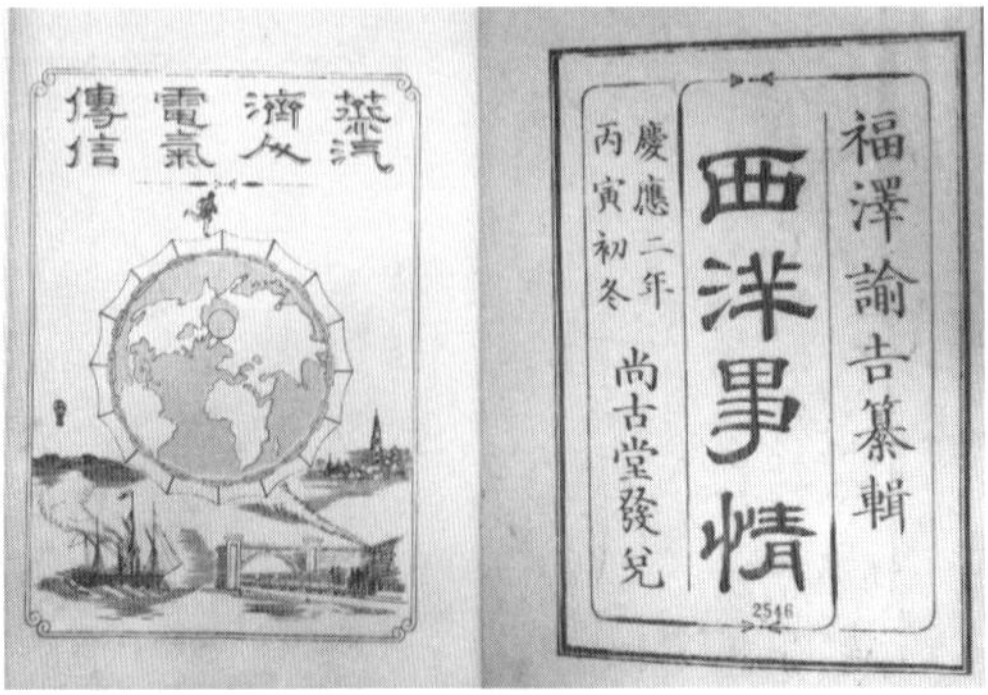

はそれが「自由民権運動」に発展します。

私の「日本文化研究——近現代日本文学の文化的社会的背景」の講義は[2]、明治～現代の日本の、〈鳥〉が登場する作品を取り上げ、その時代にどんな自由が求められていたのかを考えるものです。まず、授業の初めに、ジュリア・クリステヴァ（Julia Kristeva, 一九四一～）が一九六六年にあらわしたインターテクスチュアリティ（間テクスト性）の文学理論を紹介します。これは、あらゆるテクストは引用のモザイクである、テクストはそれ以前に書かれたテクストと関わり合っている、として、テクストの相互関連性をみるものです。例えば、江國香織『僕の小鳥ちゃん』（一九九七）には、籠に入らない気まぐれで奔放な文鳥と、「僕」との交流が描かれますが、しだいに「僕」の問題点が浮かび上がって来ます。これは、夏目漱石『文鳥』（一九〇七）のパロディともとれ、読者にインターテクスチュアリティとして機能し得るものとなっています。『文鳥』では、籠の中で死んでしまう文鳥とのかかわりをとおして主人公「自分」の問題が浮かび上がります。比べて読むと『僕の小鳥ちゃん』というテクストがさらに興味深いものになり、好きな時にやってきて去ってゆくことのできる、ある意味、究極の自由な状態にあるはずの小鳥ちゃんの不安定な淋《さび》しさに、〈自由〉とは何か考えさせられます。

この授業では、学生たちに、「〈鳥〉の登場する作品を紹介・考察する」というレポートも課しています。これまでに様々な国の様々な時代の〈鳥〉の文学（漫画、ドラマ、映画、歌も含む）が紹介されてきました。

数年前から顕著になった傾向として、全体の一割ほどですが、ＬＧＢＴまたはＢＬに関連する作品を取り上げるレポートが増えたことがあげられます。後付資料にていくつか紹介します。

なぜ、ＬＧＢＴやＢＬ関連のものに〈鳥〉や〈翼〉が多く登場するのか、ということについてまとめると、もちろん長年にわたって積み重ねられてきたインターテクスチュアリティとしての「自由」をあらわすという他に、両性具有または性のない「天使」や、翼を失った「堕《だ》天使」のイメージを重ねることができる、という理由もあげられるでしょう。また、鳥は排泄と受精が同じ穴で行われることやヒナの雌雄判別が難しいことなども関係するかも知れないと、今年の学生が指摘していました（後付資料の最後に、学生のレポートではありませんが、本書編者の畑中さんや、過去の履修学生からの情報も興味深いので載せておきました）。

明治・大正・戦前期には「自由恋愛」はタブーで、その束縛のなかで、自由恋愛にあこがれを抱き、〈籠の鳥〉の境遇を嘆く者があらわれます。平塚らいてう[5]のペンネーム「雷鳥」などにも決して〈籠の鳥〉にはならない、という決意が見て取れます。日本近代文学には、こうした恋愛の自由、言論統制からの表現の自由、身分制度からの自由、思想の自由、自由教育、など、さまざまな規制からの自由を求める〈鳥〉が登場します。また、特に日韓併合、大逆事件後から太平洋戦争終結までの厳しい言論統制のもとでは、文学者たちは〈自由〉に関する様々な意味を〈鳥〉を描くことでこっそり表現していました。

戦後になり、社会制度上の自由を得てからも、貨幣経済からの自由、親の期待や束縛からの自由、受験戦争からの自由、厳しい校則からの自由、学歴社会からの自由、など、さまざまな自由が求められ、文学作品にも〈鳥〉としてあらわれるようになります。

しかし、現在、「自由恋愛」はもはや普通になり、「国際恋愛」、「身分違いの恋愛」、「敵対するコミュニティに所属する男女の恋愛」、「教師と生徒の恋愛」、「不倫」なども絶望的な障壁があるものではなくなりました。紛争地域や発展途上の地域は別として、現代社会において、より厳しい逆風、差別や偏見、法制度上の規制などにさらされ、葛藤や苦悩、不安を抱いているのは、ＬＧＢＴ当事者たち、およびその周辺の人たちなのではないでしょうか。そして、その苦しみへの共感性が高いほど、読者にもたらされるカタルシス[6]も大きくなります。

社会制度上の自由や平等が確立し、タブーが少なくなった現代社会において、ＬＧＢＴは残された最後のタブーの聖域で、ＢＬは、それをファンタジーとして心を震わせながら味わう数少ないメディアなのかもしれません。

◉参考資料——学生のレポートより

「『惜春鳥』（一九五九年・日本映画、木下恵介監督）」

レポート作成の動機は、アニメ「FREE!」[7]が好きで、色々調べる中で、この映画の存在を知り、タイトルに興味を持ったこと。「惜春鳥」という架空の鳥の名前がつけられた題を考察。日本初のゲイ映画なのか、という議論について調査。木下恵介作詞の若山彰「惜春鳥」（一九五九年発売）の歌詞および、寺山修司作詞の蘭妖子「惜春鳥」（寺山修司の映画「田園に死す」一九七四年の挿入歌）の歌詞を紹介し、比較。

（中国の留学生）

「なぜBLには〈鳥〉が多く出てくるのか。」

二〇〇七年TV東京の深夜ドラマ「恋愛診断——翼のカケラ」というボーイズラブのドラマを見て、そういえばBLには「鳥」や「翼」などが多い、と思い、リストアップ。「鳥」や「翼」には、人に言えない、禁断の恋をする葛藤や悩み、自由へのあこがれが重ねられていると考察。

（香港の留学生）

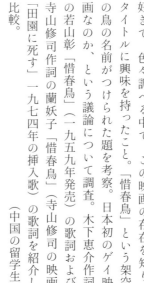

「白先勇《はくせんゆう》『孽子《ニエズ》』(一九八三年)」

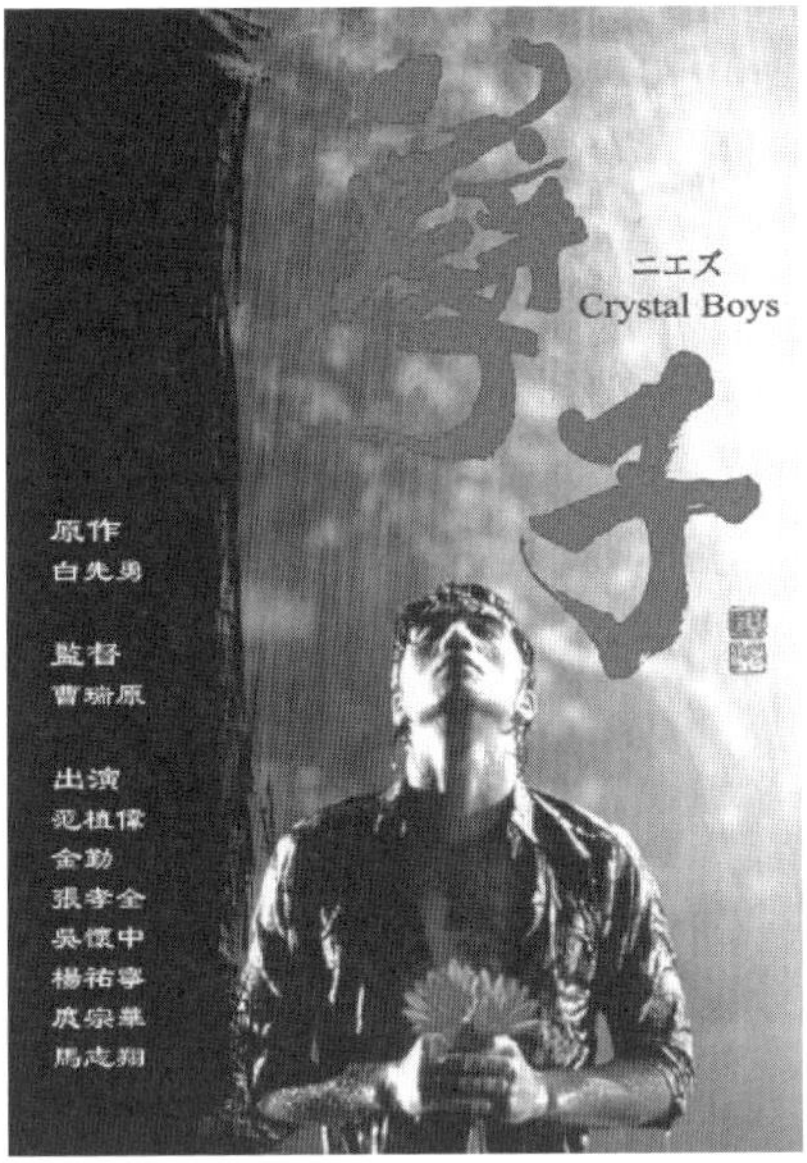

テレビドラマ『ニエズ――孽子 Crystal Boys』(二〇〇三年、台湾公視)全二十話の放送が台湾で話題になった。小説『孽子』は、一九七〇年代の過酷な環境下での同性愛の若者たちを描く作品。第四章が「那些青春鳥的行旅」というタイトルであることからわかるように、彼らを鳥にたとえた表現が多く登場する。ストーリーや登場人物の紹介、〈鳥〉の表現、ドラマの挿入曲「青春鳥集」を考察。

(台湾の留学生)

「『ONE PIECE』Mr.2 ボン・クレー論」

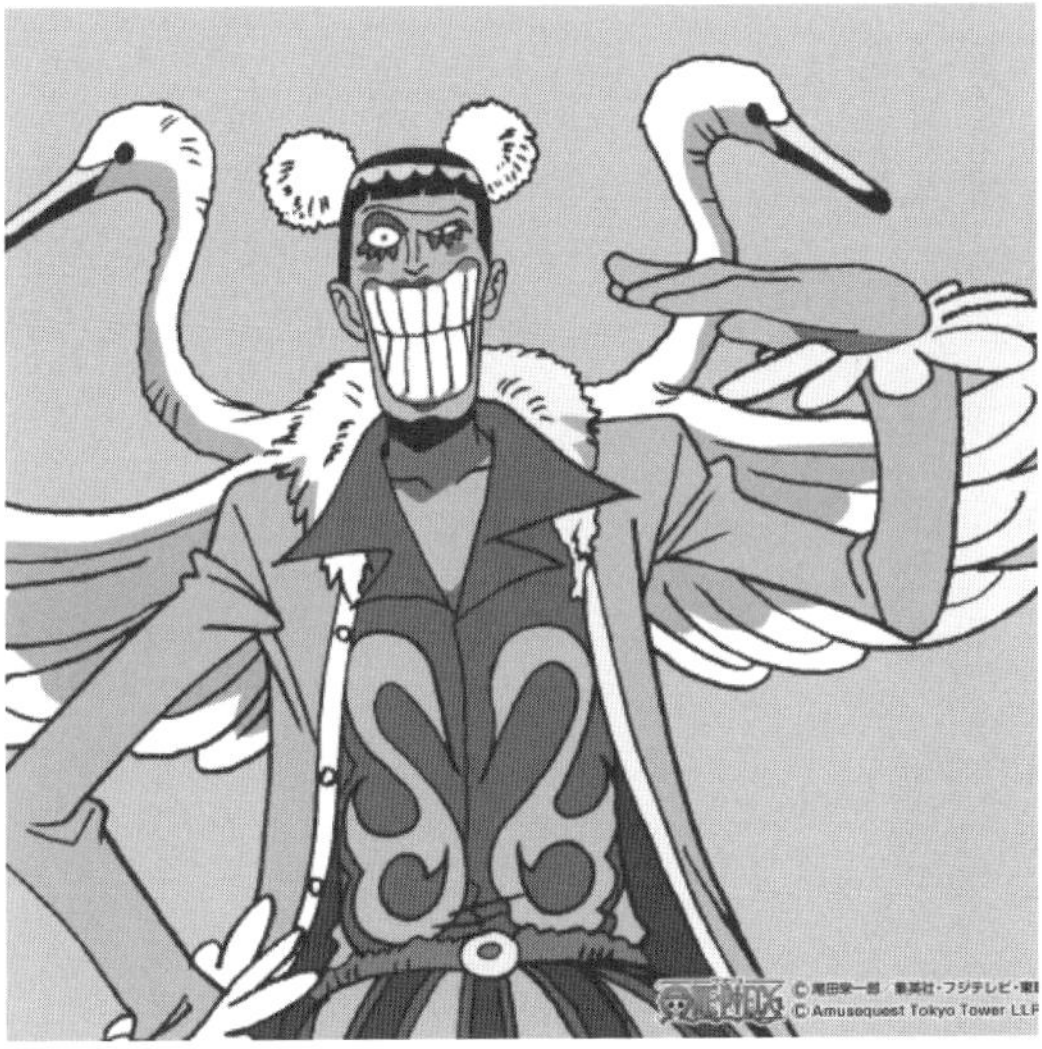

漫画『ONE PIECE』に登場するオカマのキャラクター「ボン・クレー」の恰好《かっこう》や技に、「みにくいアヒルの子」、「白鳥の湖」「瀕死の白鳥」などの〈白鳥〉や、さらに「トロカデロ・デ・モンテカルロ・バレエ団」[8] などのイメージを読む。

(日本人学生)

『欲望の翼』――「脚の無い鳥」の物語

レスリー・チャン（張国栄）主演の原題「阿飛正伝」（一九九〇年・香港映画、ウォン・カーウァイ監督）という映画のストーリーと、主人公が口にする「地獄のオルフェウス」の一節、「脚の無い鳥は飛び続け、疲れたら風の中で眠り、一生に一度地上に降りる時が最後の時」を考察。さらに「張国栄逝去十周年記念曲」の「脚の無い鳥」（ファンたちが作った）の歌詞を考察する。

（中国の留学生）

「ウンベルト・サバの作品にみる〈鳥〉たち」

「美しき少年／エルネスト」（一九七九年、伊映画、サルヴァトーレ・サンペリ　原題：Ernesto）の原作「Ernesto」（一九五三）を書いたウンベルト・サバの作品に〈鳥〉が多く登場する。「Ernesto」は一九一一年が舞台。同性愛と異性愛の間で揺れ動く美しい少年エルネストの大人への自覚と階級意識への目ざめを描き、「天使」や「鳥」が効果的に用いられている。サバが鳥好きだったエピソードや、彼の詩「Uccelli」（鳥）も紹介。

（イタリア人留学生）

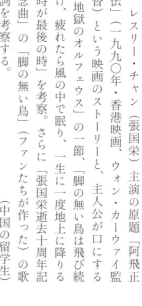

「鳥が眺める人間たち
——『鳥類学者』の俯瞰的世界——」

（二〇一六年、ポルトガル・フランス・ブラジル合作映画、ジョアン・ペドロ・ロドリゲス監督、原題：O Ornitologo）

東京国際映画祭で映画を見て、監督とも話した経験談、および映画の分析。社会に生きる人間が大自然の中で少しずつ人間の装備や言語を捨てて自然と一体化して行く姿が描かれ、自由の象徴としての〈鳥〉が登場する映画であるだけでなく、鳥瞰《ちょうかん》的視点からありのままの人間を見る映画の撮り方という意味での〈鳥〉についても考える。

（日本人学生）

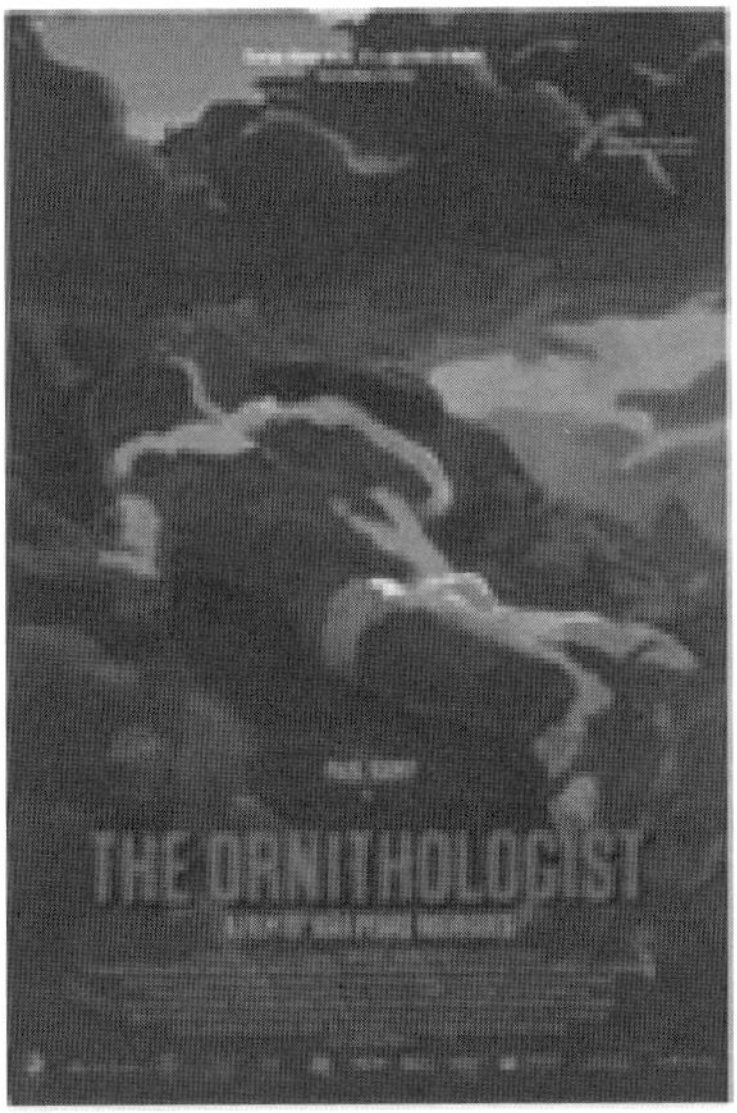

◉レポート以外の情報提供

『ブエノスアイレス』

（一九九七年、香港映画、ウォン・カーウァイ監督、原題：春光乍洩、英題：Happy Together）

『欲望の翼』（一九九〇年、同監督）のレスリー・チャンの「足の無い鳥」のイメージに加え、この映画では、鳥瞰するアングルで緩やかに旋回しつつイグアスの滝をとらえる映像とともに、ブラジルのカエターノ・ヴェローゾが歌う「ククルクク・パロマ」が流れる。ククルククは鳩の鳴き声、パロマは鳩である。失恋相手への未練の歌。この歌は異性愛を歌ったものだが、相手に届かない想いはこの映画に描かれる男性同士の恋愛においても何ら変わらない。孤独な鳩、そして苦しい現実からの逃避、浮遊感などのイメージがこの曲からあふれ出す。

（畑中千晶さんより）

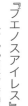

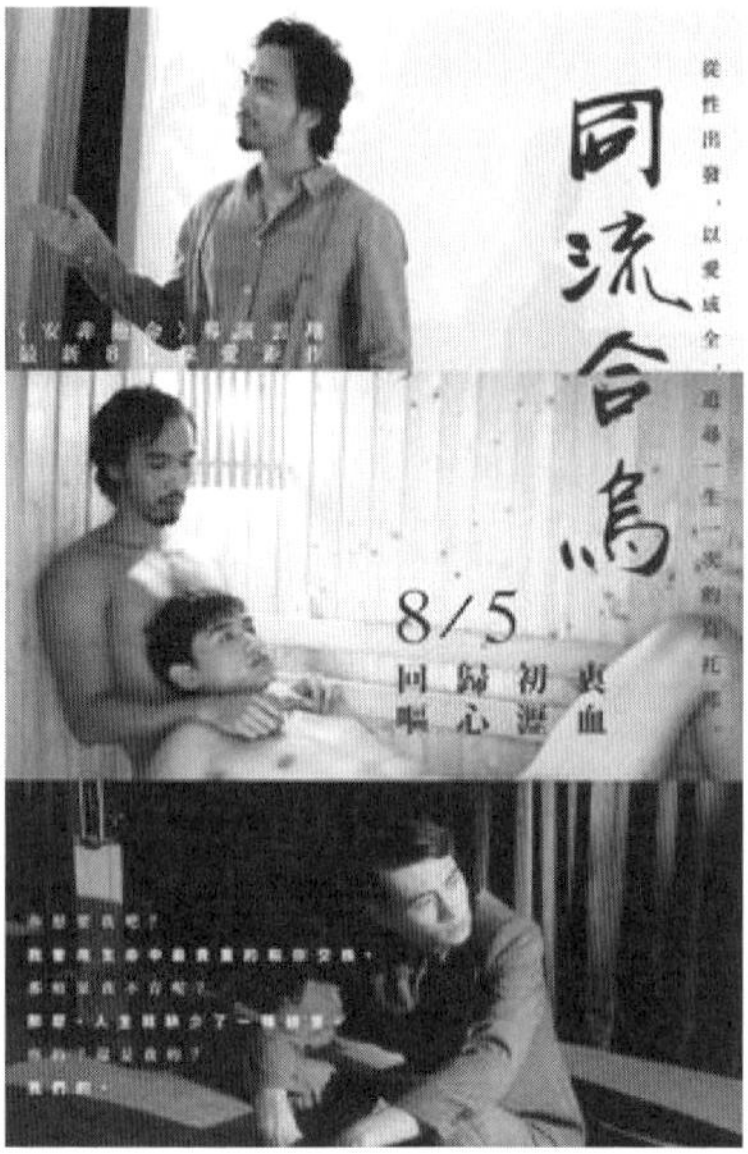

『UTOPIA』

（二〇一五年、香港映画、スカッド雲翔監督、原題：同流合鳥）

二〇一五新人監督映画祭「ワールド・プレミア優秀外国映画賞」受賞作品。二〇一六パームスプリングス国際映画祭招待作品。異性愛と同性愛の両立をテーマに、男女の新しい愛のかたちを描く官能ロマンス・ドラマ。原題や登場人物名などに〈鳥〉が登場。

（数年前に履修した香港からの留学生からのメール情報）

注

（1）　尾田栄一郎による日本の少年漫画作品。『週刊少年ジャンプ』（集英社）にて一九九七年より連載中。

（2）　坂東実子「〈鳥〉の表現でたどる日本近代文学史――超級文学日本語の試み」（『東京外国語大学留学生日本語教育センター論集』三三、二〇〇七年）。

（3）　幕府外国方英語通辞《つうじ》の頭をしていた森山多吉郎が案出したという説もあるが、「自由」という言葉や「生まれながらの自由」という概念が広まったのは福澤の『西洋事情』による。

（4）　リアル（実生活）が充実していること、および充実している人のこと。二〇〇五年頃に「2ちゃんねる」に登場し、二〇〇七年夏頃からブログやtwitterでも流行。

（5）　本名平塚明子《ひらつかはるこ》、女性解放運動家。女性による女性のための雑誌『青鞜《せいとう》』（一九一一～一九一六）を創刊。

（6）　カタルシス（ギリシャ語 κάθαρσις　英語 catharsis）。アリストテレスの著書『詩学』中の悲劇論にある、「悲劇が観客の心に怖れ（ポボス）と憐れみ（エレオス）の感情を呼び起こすことで精神を浄化する効果」。

（7）　京都アニメーション制作、二〇一三年TV放送開始のアニメーション。「躍動感あふれる美少年ぞろいの男子高校生たちの、水泳と青春と絆《きずな》の物語」（報道用資料）。

（8）　Les Ballets Trockadero de Monte Carlo.　一九七三年創設の男性だけで構成される米国のコメディ・バレエ団。「白鳥の湖」、「瀕死《ひんし》の白鳥」は人気演目。

瀧下彩子

「同志」と「腐女」と「13L」

『盗墓筆記』の成功と中国BL創作事情

中国のボーイズラブ作品について解説せよとのお題をいただきました。彼の国には歴史的に「同志文化」とも言うべき伝統があり、史記をはじめとする二十四史をひもとけば、強い信頼の絆《きずな》で結ばれた君臣や義兄弟が床をともにしているといった記述はしばしば見受けられます。あくまでも、同じベッドで寝ていると書いてあるだけなのですが、これらの記述を史料として分析した中国同性愛史の研究論文は少なくありません。[1] しかし、ここではそういった研究史については横に置き、近年の中国でのボーイズラブ系作品の創作事情について紹介してみたく思います。

一口に中国と言っても、早くから独自のオルタナティブカルチャー（既成の価値観にとらわれない独自の文化を創出しようとする試み）が育っていた香港や台湾と、中国大陸とでは、同人創作の状況が全く異なります。ここではあくまでも、大陸オトメたちのボーイズラブ（以下、BL）創作活動の成長について眺めていきます。また、なにぶん中国でBL文化が急成長したのは、ここ十年ほどのことなので、説明の根拠として、百度《バイドゥー》その他の中国系検索サイトの情報を用いることが多くなりますが、この点どうぞお許しください。

【壱】御宅族勃興す

「おたく」という言葉は、日本の漫画・アニメ文化とともに一九八〇年代に中国に流入しますが、[2] 二〇〇三年に台湾のジャーナリスト曹正明《ソウセイメイ》が『星報《シンパオ》』紙上で「御宅族」を訳語として用い、以降この標記が定着したとも言われます。[3] その後、この用語は中国で土着化し、宅男宅女、宅青（おたく青年）、宅文化などの活用形があらわれ、御宅族という言葉自体は、日本のおたくを含めた広い概念として使われるようになりました。この文章では、日本のおたくとの区別のために、中国のおたくを表現する時は「宅青」と表記します。

中国の宅青の増加と社会への認知は、インターネットの普及と密接に関係しています。[4] 二〇〇七〜〇八年は、中国のネットユーザー数が飛躍的に増加し、二億一〇〇〇万人を数え、統計上世界一になったとされる時期です。その理由としては、ブロードバンドの整備や安価な国産パソコンの登場などがあげられますが、宅青にとっての重大事案は、検索サイト百度《バイドゥー》の他に、土豆《トゥードゥー》、優酷《ユゥク》などの動画検索サービスが生まれ、日本のドラマやアニメなどが大量アップロードされる無法地帯と化したことでした。二〇〇八年の中国互聯網絡信息中心（一九七七年設立。中国のドメインを管轄するインターネット情報センター）の統計によれば、当時のネットユーザーのうち八割近くはブロードバンドを利用しており、安価なパソコンを入手した宅青たちはもはやテレビやVCD（ビデオCDと呼ばれるコンパクトディスクの一種）に頼ることなく、日本のACGコンテンツ——Anime、Comic、Game——を貪欲《どんよく》に消化しはじめます。

二〇〇八年三月に『中国青年報』という新聞が面白い調査を実施しました。[5] そのタイトルは、「あなたは〝御宅族〟の傾向がありますか?」。このタイトルからは、すでに御宅族が一般的ボキャブラリーであったことがわかります。

グラフに示した回答の他に記事の中では、対象者の四割近くが「四十才になる前におたくになると思う」と述べていると触れられており、なかなか衝撃的な結果です。この調査から三ヶ月後、六月八日に東京秋葉原で発生した連続通り魔事件が中国でも大きく報じられました。ちょうど日本で宮崎勤事件が一つの契機になったように、この秋葉原通り魔事件の後、中国では、おたくに関する記事や報告が増加しました。[6] この時期の報告は、宅青を虚構の世界に異常なまでに耽溺《たんでき》する非社会的な存在として捉《とら》え、長期におよぶネット依存や他者との関係の途絶が、青年期の道徳観に深刻なダメージを与えると分析しています。そこから、凶悪事件の要因となる可能性が指摘され、脱宅青の方法などが提示されるという流れです。また、宅青の発生を日本の文化侵略の結果であるとする見方もあり、反日論調が盛り上がった当時の世相との関連を指摘することもできるでしょう。

宅青の増加は、中国の八〇后《バーリンホウ》とよばれる世代のありかたとも深く関係しています。八〇后はもともと、一九八〇年設問1 あなたの周囲に御宅族はいますか？

①いる ②いない ③不明

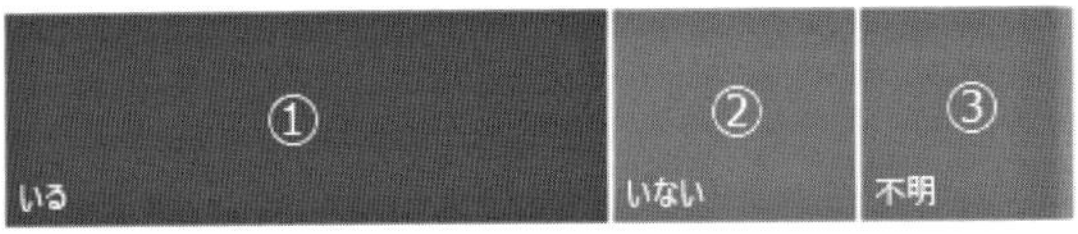

設問2 御宅族が引きこもる理由は何だと思いますか？（選択式）

①ネット依存 ②自宅のほうが自由で快適 ③友人がいない ④ACGが好き ⑤人付き合いが苦手 ⑥社会の圧力から逃避 ⑦ネットで収入を得ている ⑧その他

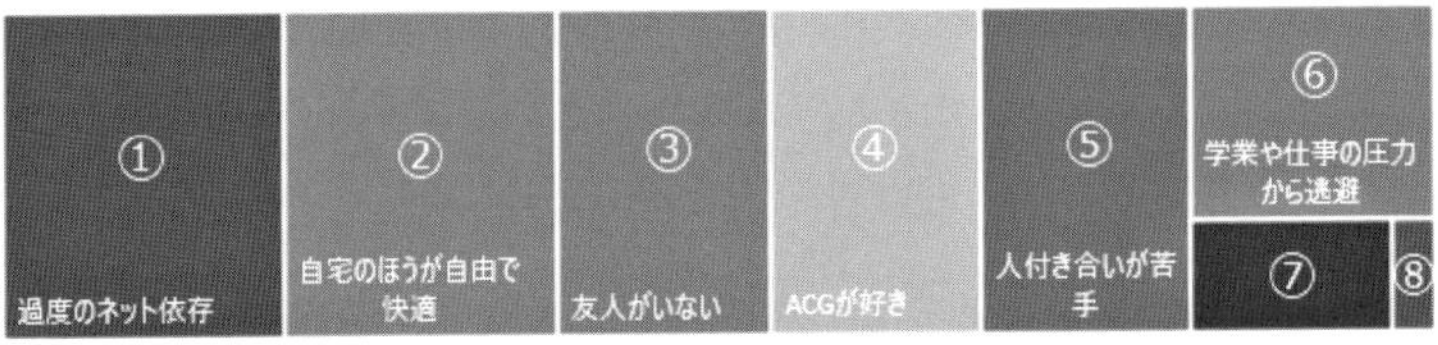

設問3 御宅族をどう思いますか？（選択式）

①若者を無気力にする深刻な問題 ②若者の成長を阻害し不健康にする ③個人の嗜好であり、気にしない ④社会の圧力が大きすぎる。共感する ⑤ネット時代の必然的現象 ⑥青少年期の一時的傾向で心配は無用

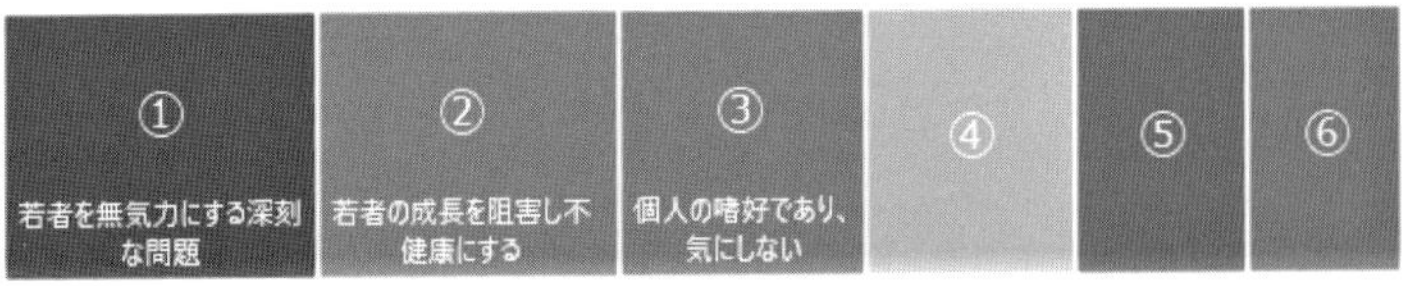

『中国青年報』の調査結果より

代に生まれた世代の新進作家をくくる言葉でしたが、後には一般にこの時期に誕生した一人っ子政策の第一世代を指すようになります。改革開放政策が始まった時期に生まれたこの世代は、両親や社会から多大な期待をかけられ、学校—家庭—補導班（補習）を往復する所謂《いわゆる》「三点一線生活」を余儀なくされます。勉強や受験の失敗にあえば、アイデンティティが崩壊しかねないようなストレスを蒙《こうむ》っていると思われるのですが、不幸なことに彼らは、少年期に文化大革命を経験した親世代としばしば比較されるのです。いわく、勉強さえしていれば良いという甘ったれた環境で育っている、無責任なくせに独りよがり、打たれ弱い、わがまま、自立しない……、などなど。このようなレッテルを貼られた八〇后の青少年が、社会の厳しさに耐えられず逃避行動として宅青になったというのが、中国での初期の宅青分析でした。それは明らかに日本で言うおたくとは異なる発生過程であり、中国の報告書にも、「日本のおたくは積極性が

あり、年長になることや社会との摩擦程度では、その趣味や嗜好《しこう》を容易に放棄しない」と、褒められているのかと勘違いするような論評が見られます。(7)

二〇一〇年以降になると、宅青の文化＝「宅文化」を一つの新文化領域として捉える見方が一般化してきました。サブカルチャー発生の前提として、人権の尊重や多様な価値観を許容する社会があるとして、宅文化の存在を、中国が民主社会として成熟し、国民の多数が高い消費水準を持つようになった証《あかし》であるとする考え方です。二〇一二年には、『現代漢語大詞典』の修訂6版に「宅男宅女」が収載されました。八〇后は二〇代後半となり、これに続く九〇后《ジョーリンホウ》が宅青の主力に大きな割合を占めるようになります。そして今日、宅人や宅族と言えば、自宅から出ずにネットで仕事をしたり日常生活全般を送る人を指し、もはやサブカルチャーとの関係はありません。陶宝《タオバオ》や阿里巴巴《アリババ》といったショッピングサイトを使い、「宅る」人々は、巨大な消費集団として認識され、経済と社会の強力な推進要素として肯定的に解釈されています。(8)

【貳】彼女が「腐」に目覚める時

中国のＢＬと聞いて、『藍宇《ランユー》』（邦題『藍宇 Lan Yu――情熱の嵐』關錦鵬《スタンリー・クワン》監督、二〇〇一年）という映画を思い出す方がいるかもしれません。共産党高級幹部の息子として奔放な人生を送っていた主人公が、金に困った地方出身の純朴な青年とゆきずりの一夜をともにする。天安門事件から粛正の嵐ふきあれる九〇年代中国を背景に、数奇な再会を繰り返し、いつしか青年を本気で愛するようになる主人公。……と書くと、なにやら安っぽい昼メロのようですが、当時まだ生々しい記憶であった天安門事件や改革開放のひずみに揺れる中国社会を背景として男性同士の愛を描いたという点で、その評価は高いものでした。また、映画のヒットによって、同性愛や腐女への関心が強まり、社会的な圧力が減退したことによってＢＬ愛好者が増加する原因になったとも言われます。(9)この映画は、一九九八年にネット同人誌『花招』に掲載された「北京故事」という小説を原作としています。作者の北京同志は後に筱禾《シャオハー》と筆名をあらため、その後もオンライン小説を発表していますが、今に至るも性別や本名などは一切判《わか》りません。

中国にはＢＬ以前に、同志小説という同性愛小説ジャンルがあります。男性同士の関係をモチーフにする場合は男同小説とも言います。「北京故事」は内容的にもＢＬよりはこちらに近いものです。男同小説は、軍人・警察もの、中年・老年もの、熊熊（おデブもの）といった設定での同性愛関係を、現実社会を背景にリアルに描写するものであり、作者自身が同性愛者である場合もあります。このような同志小説は、同性愛者の読者に向けた作品として意味をもち、現在活動している同志小説サイトのなかには、「若者おことわり」の謝絶文を載せている場合もあります。

これに対してBL作品は耽美《たんび》漫画、耽美小説とも呼ばれ、その名が示すように美形の青少年同士の恋愛関係を描くのが主流です。どちかといえば現実離れしたキャラクターやシチュエーションが売りといえますが、激しい暴力や流血を描く作品もあり、そういった表現も含めて現実離れしていると言うことができるでしょう。おたくの概念と同様に、耽美もまた一九八〇年代に漫画やアニメとともに日本から流入したと考えられます。一九九九年に漫画月刊誌『耽美季節』が創刊され、これと前後して、露西弗倶楽部（ロシュフォールクラブ）や桑桑学院などの耽美系コミュニティサイトが開設されました。同人女、腐女といった語彙《ごい》も浸透していきます。このころの耽美系同人の活動について、ハンドルネーム子期於帰さん、の友人、の告白をのぞいてみましょう。

はじめのころは『スラムダンク』を愛読してて、書店に入ったら〝番外編〟みたいなのがあったから嬉しくなって借りたんだけど……そうしたら……(-_-)……、でもその時には自覚はなかったのよ！

大学の時、親友が貸本屋の本を読んでいて、死んでも見せようとしないから無理矢理奪い取って読んだら、（吐血）、ほほほ…、それからは彼女を通じてたくさんの同人と知り合ったの。[10]

このモノローグは、あるいはBLなどに縁の無い方には、何のことやらさっぱり判らないのかもしれません。彼女は中国の貸本屋で『スラムダンク』の番外編と勘違いしてやおい同人誌を借りてしまったと思われます。[11]それを読んだ時には妙なものを読んだと思っただけだったのが、その後大学で友人が読んでいた同人誌を目にし、BLの世界に目覚めてしまったというわけです。この流れは、日本の腐女子の多くが苦笑とともにうなずくところではないでしょうか。ちなみに、九〇年代頃の中国で、本編の漫画にまぎれて日本の同人誌がおかれていることはままあることでした。また、このころから日本のコミックマーケットには台湾や香港からの一般参加者が増加しており、[12]こうした参加者の手を経た同人誌が中国大陸に流れることもあったと考えられます。先にも述べたように、この後、中国では急速にインターネットとパソコンが普及し、このような体験は、書籍上からネット上へと移っていきます。さらに、おそらくは期を同じくして、中国の腐女たちは読者から創作者へと急速に成長したと考えられるのです。

　二〇〇八年になると、宅青と同様に、腐女にも社会の注目が集まるようになり、ジェンダー研究の視点から腐女の発生要因をあつかった報告などが見られます。こういった報告書には、BL創作をめぐる当時の状況が記されていますが、驚かされるのは、露天の書店などで、二人の美形男子がムーディーに描かれた表紙や「耽美」と題する本を見かけるようになった、と書かれていることです。日本でも、BL雑紙がコンビニ店頭などで正々堂々売られるようになったのはここ数年のことだと思いますが、「後生《こうせい》畏《おそ》るべし」とはまさにこのことか。これも改革開放政策の行きつくところなのでしょうか。

図1　『腐女子的日語――エロ50音』（香港、萬聯文化事業有限公司、2011年）

　さて、今私の手元に一冊の日本語教科書があります（図1）。

　日本人なら一瞬絶句するであろうタイトルのこの書籍。その内容は、文字通り五十音順にBL的な台詞とシーンを展開し、楽しみながら日本語を学びましょうというもの。教科書というよりBL読み物ではありませんが、応用表現や各五十音からはじまる単語などが記載され、ある意味役に立つかもしれません。

内容がすべてBLがらみですので、なかなかここでご紹介するのが難しいのですが、試みに「む」の項目を開いてみると、「無修正」、「ムラムラ」、「無邪気攻め」、「無敵な僕ら」といった語彙が並び、中国語で大変的確な説明が為されています（逆に日本の腐女子が中国語を学ぶ役にも立ちそうです……）。長年、日本の漫画やアニメ文化を中国に発信する基地としての役割も果たしてきた香港ならではの出版物とも言えるでしょう。

イキの良い中国腐女たちの同人活動のなかで、ACGの二次創作とならんで目を引くのは、武侠作品の多さです。中国では、大衆文学として民国期（中華民国時期。一九一二～四九）から時代小説や武侠小説（およびその映像化作品）が非常な人気を博し続けています。特に武侠ものはファンタジーとアクションの要素をあわせもち、美男の剣士たちが固い友情・愛情に結ばれて様々な困難をくぐりぬけるという展開です。ピンと来た方もいるかもしれませんが、武侠ものは、日本の少年漫画や戦隊ヒーローのノリに非常によく似ているのです。腐女たちは、この武侠たちのドラマをBL的に読みかえ、無数の作品を生み出しています。

このように見てくると二〇一〇年頃には、中国の腐女はすっかり市民権を得たかのように見えます。ところが、二〇一一年、中国同人界を震撼《しんかん》させる一大事件が起きました。河南省鄭州市の警察が過激なBLサイトを摘発したことがきっかけとなり、芋づる式に二十名近いBL作家が逮捕されたのです。その全員が女性で二〇代前後という事実に、中国のメディアは一様に困惑した反応を示しました。これと同様の事件が二〇一四年にも報じられていますが、発生場所が河南省であることや逮捕されたサイト運営者（男性）が同一人物であることから、同一案件ではないかと思われます。BL創作活動への牽制《けんせい》の意味で、同一事件の報道が繰り返し行われているのかもしれません。

これらの事件や報道を経て、一部の腐女やBLサイトはゲリラ化します。サイトの運営に海外のIPアドレスを使ったり、頻繁にIPを変えるなどの本格的な検閲逃れのほか、検索にかからないように隠語を使うなどです。たとえば日本では、やおいの隠語は「八〇一《ヤオイ》」ですが、中国では、BLを「乩」、「13L」などと見た目を似せることで表しています。またこういった検索避けの背景には、偽腐と称される少女らがコミュニティを荒らす問題もあるようです。偽腐は、日本で言うところのゴキ腐り[13]とは異なり、無知をさらしたりやエキセントリックな言動をする人物に対して、腐女が使う呼称とされます。[14] 偽腐問題の背景には、小中学生の女子が腐女であることをステイタスとして誇ろうとする風潮を指摘する報告もあり、[15] 政府の摘発がかえってBL創作や腐女にクールなイメージを与えた可能性もあるかもしれません。

【参】『盗墓筆記』BL発掘計画

二〇〇六年六月二六日、百度のコミュニティサイトに一本のオンライン小説がアップロードされます。「七星魯王宮」と題されたこの小説こそ、この後十年あまりにわたって中国文化圏を熱狂させる『盗墓筆記』シリーズの幕開けでした。まず、その内容を少しご紹介しましょう。

主人公は骨董店の若き主、呉邪。「呉」は中国語の音では「無」に通じますから、彼の名は「無邪」を意味することになります。呉邪とともに古墓に分け入る武芸の達人、張起霊。呉邪から「なかなか出てこない油の瓶＝悶油瓶」というあだ名を奉られたこの青年は、相手が悶死するほどの無口かつポーカーフェイスですが、超人的な力で呉邪や仲間の危機を何度も救います。張起霊とともに呉邪を扶ける王胖子《ワンパンヅ》は武芸百般に秀で、銃火器を使いこなすあなどれないデブキャラでムードメーカー。呉邪の叔父で長沙〝土夫子《トゥーフーヅ》〟[16]の最後の後継者、呉三省。外人盗掘舞台の武闘派美女、阿寧、物語の途中から登場する謎のナイスミドル黒瞎子《ヘイシアヅ》（黒眼鏡）は張起霊と似通った秘密を持っています。さらに時代を超え、変わらぬ容姿で登場する呉三省の恋人、陳文珍。

そして物語はこんなふうに始まるのです――。

西湖のほとり。とある骨董店に、いわくありげな男が訪れる。

男が見せたのは戦国帛《はく》書――古代中国で絹布に記録された文書だった。

断片ですら入手困難な帛書を、男は文書一巻分そろえるつもりだという。しかも、彼は店の主、呉邪が長沙の盗墓世家の出身であることを知っていた。

呉邪は警戒しつつも、帛書に捺《お》された不可思議な狐面の印に心を奪われ、その帛書を写メにおさめる。

その夕刻、古墓発掘をなりわいとする叔父から「逸品入荷」のメールを受け、呉邪は叔父の家へと急いだ。

ところが……、

※原作者である南派三叔氏の許可を得ています。

これか……！
秦漢以前の刀剣だな。
クソッ、こどもに先をこされた

この青年二人を中軸にして、善悪多才なキャラクターが周囲を固め、得体の知れない中国古墓の奥深く、読者をサイクロンコースターばりに振り回す伝奇アクションホラー、それが『盗墓筆記』という小説です。

ネット上で話題をさらった「七星魯王宮」は、その翌年には書籍化され、その後二〇〇九年七月までに、続編の「七星魯王宮　第二部　怒海潜沙」、「秦嶺神樹」、「雲頂天宮」「蛇沼鬼城」、「謎海帰巣」が刊行され第一シーズンを終えました。二〇〇九年一二月、私はたまたま台北の書店に武侠小説を買いに行きましたが、その店先で、平積みがおいつかない勢いで売れていく『盗墓筆記』を目にしました。興味を引かれた私は一冊目を買い、翌日には残りの全冊を買うために書店に走りました。後から知ったことですが、この時はちょうど第二シーズンの一冊目「陰山古楼」が出版されたばかりだったのです。

この作品は、大陸の読者のみならず、台湾や香港、海外華僑の間でも質の高い娯楽小説として評価されました。その理由の一つは、武侠小説ばりの歯切れ良くめりはりの効いた文体にあります。また、荒唐無稽とも言える物語の中に、二〜三割ほどの史実、それも考古学や民俗学の専門知識が絶妙に加えられていることが、他のオンライン娯楽小説とは別格の印象を読者に与えたのです。中国大陸では文化大革命の影響により、時代小説や武侠小説が封建制賛美につながるとして弾圧され壊滅した時期がありました。海外の中国人にとって、中国大陸にこのような作風の作家が現れたことは、新鮮な驚きだったようです。連載当時、台湾で「こんな格調高い文章を大陸の作家が書けるわけがない。華僑の作品ではないのか」という失礼極まりない批評を見かけたこともあります。

作者のペンネームは南派三叔《ナンパイサンシュー》。主人公の叔父の通称にも見えます。本名は徐磊《シューライ》といい、一九八二年、浙江省の生まれです。紛れもない八〇后と言えるでしょう。現在では微博やフェイスブックで本名や出身地を明らかにしていますが、連載当時はペンネーム以外は謎の作家であったため、「作者は本当に長沙の土夫子の出身なのではないか？」との憶測が流れたほどでした。それほどまでに、『盗墓筆記』の考古知識や描写は真に迫っていたと言えます。『盗墓筆記』は九冊をもって完結し、百度によれば書籍版は一二〇〇万冊以上を売り上げました。南派三叔は、二〇一一年の中国作家富豪一覧で、人気ラノベ作家の郭敬明《クオジンミン》に継ぐ二位にランキングします。『盗墓筆記』の大ヒットは、類似の盗墓小説や伝奇ホラー小説を大量に生み出しました。(17)また、漫画・舞台劇・ネット配信ドラマ・映画というメディアミックス展開によって、さらなるブームを巻き起こしたのも当然と言えるでしょう。映画は、『タイム・レイダース』というタイトルで二〇一六年の東京中国映画週間で公開されています（**図2**）。

さて、閑話休題です。二〇〇八年以降の中国BL創作の状況からすれば、この作品はたちまち二次創作のネタになってもおかしくありません。呉邪と悶油瓶の関係などは、典型的なツンデレですし、黒瞎子に至っては全ての登場人物との全方位カップリングができそうなキャラクターなのです。ところが、二〇一〇年になっても二〇一一年になっても、オトメたちの反応は相当に鈍いものでした。コスプレ写真が出回りはじめたのは二〇一五年頃のことです。当時は、日中共催のアニメイベントなどで集団コスプレが流行り、台湾の出版社からは『盗墓筆記cosplay集：七星魯王宮』なるイケメン写真集が出版されています。しかし、同人創作はなかなか現れません。この小説は、腐女が読むには相当に難しいか、あるいは、彼女らがまだこれを解釈できる地平に至っていないのでしょうか。私が『盗墓筆記』BL発掘計画にそろそろ蓋《ふた》をしようと考えたころ、唐突にその波はやってきました。

図2　ネット配信ドラマ（上）と映画のポスター（下）

図3は『盗墓筆記』の二次創作サイトのトップページです。「盗むのは墓じゃない、俺たちの愛だ！」のキャッチが、いい塩梅《あんばい》の痛々しさをかもしています。予想通り「瓶邪《ピンシー》」（悶油瓶攻め・呉邪受け）は、ファンの間で不動の人気を占めているようです。検索をして驚いたのは、ファンが作ったオリジナルアニメPVまで存在することです。作

図3　盗墓筆記同人専区（http://www.u17.com/z/zt/daomubijitongren）

画のレベルはかなり高く、スタッフにはプロも加わっているのかもしれません。

同人創作が現れるまでにこれほどのタイムラグがあった理由としては、やはり原作が小説でビジュアル要素が欠如していたことが指摘できるでしょう。二〇一五年にネット配信ドラマが、二〇一六年に映画が公開されるにおよんで、『盗墓筆記』はやっと腐女らの射程にはいったと思われます。このことは、中国の宅青の二次創作動機が、文字ベースではなく動漫画ベースであることを物語っていると言えるでしょう。

現在、中国では『盗墓筆記』熱が再燃しています。ネット配信ドラマの続編が製作される一方で、小説の番外編が人気をあつめ、前伝とも言える『老九門』はオンライン連載中にもかかわらずドラマとゲームの企画が進んでいます。その批評の多くに「基腐（基の広州音はゲイ。BL風味があること）」とあることからも、ファン層に新たに加わった多くの腐女たちが、この『盗墓筆記』第二次ブームを支えていることは間違いありません。

【結】

中国の宅青は、もともと八〇后と称される世代が、両親

や社会との軋轢《あつれき》に苦しみ逃避した姿であると考えられており、日本のおたくとは異なるイメージで捉えられます。そのなかにあって、特に腐女は、中国社会が民主的に成熟した結果、女性が自らの願望を強く表現するようになった結果であると分析され、女権の伸張との関係から存在を擁護する論調も見られます。このように宅青や腐女の存在を、中国社会の民主化や言論の自由化の象徴として捉える考え方は、それ自体が中国当局の言論操作の産物である可能性もあります。しかし、中国において青少年のおたく的活動が急速に増加し、メディアや論説誌上で取り上げられるまでに、社会現象として認知されていることは疑いありません。

　中国ではBL以前に同志小説が存在しますが、これは、日本の耽美作品が小説から発展を見せたことに比することができます。これに対してBLでは、当初から日本の完成された漫画などが読書対象として存在しました。中国の腐女たちは、BL作品を映像として受容することが習慣化しているのです。

　ここまで、中国の若者文化を同人創作やBLに限定して見てきました。実はこのような文化を担う青少年層と、二〇〇〇年代に激しい反日の姿勢をみせた憤青《フェンチン》は同じ世代なのです。八〇后以降の青少年の日本意識については、宅文化や反日言論などを個別に分析するのではなく、対象や領域を超えた研究成果のすりあわせが必要であると言えるでしょう。

注

(1)　たとえば、小明雄の『中国同性愛史録』(粉紅三角出版社、一九九七年)はこの分野の草分け的研究書。近年では、張傑・断袖文編『中国古代同性恋史料集成』(天津古籍出版社、二〇一三年)など。

(2)　中国で日本の漫画やアニメが見られるようになった時期については、公式なテレビ放送の年や出版年がしばしば示される。しかし、当時の中国には安価な海賊版が貸本や貸VCDも含めて大都市を中心に出回っており、このような状況で正確な伝播の年をあげることには意味が無いと考える。文化大革命が収束し、改革開放政策がはじまる八〇年代以降と、ここでは表現したい。

(3)　趙万里、王柏村「浅析中日両国〝宅青〟的異同」(『語文学刊・外語教育教学』二〇一五年八期)。

(4)　以下、山谷剛史『中国のインターネット史――ワールドワイドウェブからの独立』(星海社、二〇一五年)を参考とした。中国のインターネット環境の整備と発展について、統計と取材に基づいた詳細な解説がなされている。

(5)　張浩「大学生〝宅文化〟的心理探索」(『社会心理科学』二六期、二〇一一年)による。張氏は「宅青、中国閃現閲居一族」(『中国青年報』二〇〇八年三月三一日、青年調査面)

を参考文献として掲げているが、該当記事には一部の数字しか掲載されておらず、別途資料があると思われる。

(6) 王艶「小議青少年〝御宅族〟的道徳危機、成因及〝出宅之道〟」(『天津教育』二〇〇八年一一期)、張根強「〝御宅族〟的三重身份」(『中国青年研究』二〇〇九年三期)など。

(7) 趙万里と王柏村「浅析中日両国〝御宅族〟的異同」(『語文学刊・外語教育教学』二〇一五年八期)。

(8)「今天、你〝宅〟了吗?」(『創新時代』二〇一二年八期)45ページ。

(9) 都睿、任敏「解読〝同人女〟文学創作群体及其社会文化根源」(『瀋陽農業大学学報・社会科学版』一二(二)二〇一〇年三期)。

(10) 王萍・劉電芝「〝同人女〟現象的分析与思考」(『青年研究』二〇〇八年一〇期)より筆者訳。文中の顔文字や……等は原文のまま。

(11)「やおい」はボーイズラブという用語が登場する以前に、男性同性愛を扱った同人作品を指した言葉。「山なし、オチなし、意味なし」を意味し、本来はセックス描写を主眼とした作品を貶《おとし》めて表現した言葉。耽美作品よりも品が劣ると認識された。

(12) 一般参加者は同人誌やグッズの購入のみを目的とした参加者。コミケットカタログでは、一九九九年から海外来場者向けの注意事項が英語で掲載されるようになり、二〇〇五年版からは、中国語と韓国語の注意書きが加わった。

(13) 同人やBLの嗜好をもたない一般人《パンピー》の前で、二次的妄想の話題を持ち出すなどの空気をよまない腐女子を指す。

(14) 百度の「偽腐」項目より。

(15) 宋佳人・王名揚「網絡上耽美亜文化盛行的心理学思考」(『黒河学刊』一六九期、二〇一一年八期)。

(16) 本来は、民国時期に長沙一帯で良質の黄泥土を掘って生計をたてていた人々をさす。良質の黄泥土は古墓から掘り出されることが多いため、彼らは黄泥土とともに掘り出した副葬品が高値で取引されることを知り、やがて土夫子は盗掘者を表す言葉になったという。以上は劉永加「長沙『土夫子』的盗墓筆記」(『文史博覧』二〇一六年三期、五二ページ)による。

(17)『大秦皇陵』、『茅山後裔』、『凶宅筆記』などがあげられる。同時期のオンライン小説には、よりホラー要素の強い『鬼吹燈』があり、『盗墓筆記』とあわせてオンライン小説の「盗墓時代」を築いたと評価される。

おわりに 男色、BL、アジアの〈性〉――〈過剰なる情熱〉のありかをめぐって

『男色大鑑』ゼミ

十年くらい前、一年かけて学生たちとひたすら西鶴の『男色大鑑《なんしょくおおかがみ》』を読むという演習を担当したことがあります。ごく一般的な国文系のゼミスタイルでした。つまり、注釈と読解を丹念に行う極めて真面目な内容ということです。二十数名の参加者のうち、男子学生はわずか三、四名ほど。彼らが毎回、これ以上ないほど身を小さくして参加していたのは(比較的コンパクトな教室であったのと)圧倒的多数の女子に囲まれての気恥ずかしさゆえであろう、と当時は素朴に思っていました。が、今から思えば、題材への気まずさもあったに違いないということがわかります。

さて、このときの学年末レポートは、二種類の課題から学生が好きな方を選ぶという出題でした。一つは、ごく一般的なレポートで、演習の成果を披露する論述課題、もう一つは、『男色大鑑』の翻案作品をオリジナルで創作するというものです。蓋《ふた》を開けてみると、この二種類の課題に対して、ほぼ半々の取り組み状況で、当初の予想よりも創作が多いという印象を受けました。そのなかで複数の学生が取り上げた話があります。それは、コミカライズ版の冒頭を飾った「夢路の月代」です。清らかな小川など存在すべくもない現代の都会で、大学生の生活実感に即して翻案小説に仕立てることに、各自知恵を絞った様子が読み取れました(多くの学生が、先輩後輩の恋愛模様に置き換えていました)。漫画への翻案もOKとしたので、果敢に挑戦した者もいます。時間切れで期限までに仕上げるのが間に合わず、肝心のラストが、ネーム(下書きのこと、漫画家が編集部に原案を提示する際のラフな割り付け)のような状態になっていたのがなんとも残念でしたが、その

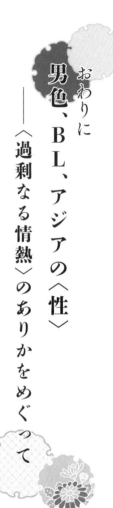

熱情には打たれるものがありました。

西鶴作品の翻案というと、太宰《だざい》が「わたしのさいかく」と表現した『新釈諸国噺《しんしゃくしょこくばなし》』のイメージが強いものです。ですが今の感覚で捉え直すなら、まさに「二次創作」。学生たちが大いに盛り上がり、〈過剰なる情熱〉を投じたのも納得のいくことであったと思われます。学生たちは心のなかで「わたしのBLサイカク」と思っていたのかもしれません。

翻案と原作の落差

翻案作品は、原作とどのように異なるのでしょうか。その関係は、翻訳と原文の関係によく似ています。どれほど原作・原文を尊重し、丹念にうつしとることを誓ったとしても、新たな創作過程を経る中で、何かが決定的に変質していくことは避けがたいことです。また、変化するからこそ、面白いとも言えます。西鶴の『男色大鑑』と、そのBLコミカライズ版とは、一体何が異なっているのでしょうか。その差異を大変分かりやすく提示してくれたのが、巻頭の特別寄稿、**篠原進**氏の**『男色大鑑』のショーケース**」です。西鶴作品に常に内包されている、読みの多様性を許す余白（隠されたパズル・ピース）が、コミカライズでは見事に埋め尽くされていて「わかりやすい」ものになっているということ、また、西鶴が決して明示的に描くことのなかった性描写ばかりがコミカライズ版では目立つということが詳細に示されています。西鶴研究サイドからの回答がここにあります。

江戸の浮世草子が現代のBLコミックスに移し換えられたとき、そこには、ジャンルの越境のみならず、文化の越境もあると言ってよいほど、超えがたく大きな落差が広がっています。また、自らの「萌え」を投ずることで「自家発熱」していく「二次創作」とも異なるのは、商業出版としての制約が抜きがたく存在しているということです。読者の嗜好《しこう》(1)と性表現規制とのはざまで、制約をギリギリまで棚上げし、各作家がそれぞれの〈過剰なる情熱〉を投じて描き上げたのが、三冊のコミカライズ版なのではないでしょうか。

座談会「男色のコミカライズをめぐって」は、ＫＡＤＯＫＡＷＡコミックビーズログ副編集長（所属は座談会当時）**斉藤由香里**さんと、執筆陣のお一人である**大竹直子**さんをお招きして行ったものです。大竹さんの該博な知識と掘り下げ方の深さ・鋭さ、いずれの面を取っても驚きに包まれる時間でした。ＢＬ創作やアンソロジー編集の舞台裏を垣間見《かいまみ》る貴重な機会ともなりました。

早川由美氏の**「針のある梅――ボクのために死ねますか？」**は、『男色大鑑』のなかでも特に注目に値する二話を軸に、衆道世界の魅力を余すところなくすくい取ったものです。西鶴世界に仄《ほの》見える嗜虐《しぎゃく》性への傾きは、現代だったらさしずめ『ダブルミンツ』（中村明日美子、茜新社）の世界観と言ったところでしょうか。

浜田泰彦氏の**「あまりにもか弱い美少年のあまりにも強い愛情――井原西鶴の「香木男色譚」二題」**は、香木の珍しい香りに引き寄せられて、離れ離れになっていた男たちがピタリと一つになるという、なんともロマンティックな設定に着目して、西鶴の二作品に見られる共通項を浮かび上がらせたほか、身代わりのモチーフを縁に『トーマの心臓』（萩尾《はぎお》望都《もと》）までを視野に収めるという離れ業を見せてくれています。「か弱い」身体と「強い」心根の対比は、早川氏の言う「針のある梅」に通ずるもので、美少年という存在のえもいわれぬ魅力をよく捉えています。「あまりにも強い愛情」というところに、やはり〈過剰なる情熱〉を見て取ることができそうです。

濱口順一氏の**「涙と笑いの男色セレクション――『男色大鑑』の影響下に生まれた作品より」**は、西鶴同時代の男色話から選《え》りすぐりの三話を紹介したものです。「この時代の風俗や文学を語る上で、男色話は欠かせないものであるにもかかわらず」「これまで男色話が取り上げられなかったのは、要するに男色というものがタブー視されていたから」と述べたのち、濱口氏は「今の時代、そのような偏見はもう無用」と宣言して、コミカルな中にピリッと皮肉の効いた話、悲恋のせつなさが胸に迫る話などを次々と披露してくれています。また、さらに多くの男色話に触れたいと思う読者のために、読書案内も丁寧に添えてくださいました。

畑中千晶の**「アダプテーションから読む『男色大鑑』――「萌え」を共振・増幅させていく「創作」」**は、まさに筆者の「萌えツボ」とも言える映画『ブエノスアイレス』と、それを映画吟行という形で俳句にうつしとることに成功した、なかやまななさんの句に触発されて書いたものです。コミカライズ版において九州男児さんが活写した「二次創作」同人の持つ〈過剰なる情熱〉こそ、西鶴『男色大鑑』を再考する手がかりであると考えました。翻訳を通して西鶴を読むということをこれまで試みてきた筆者が、今度は、アダプテーション（翻案）を通じて西鶴を読み直してみたというものです。

染谷智幸氏の**「二次創作は虹創作」**は、実はブログ記事から出発しています。本書の編集過程で、我々編者の間で新たに発見されるに至った重要な文学概念「二次創作」が焦点となっています。従来の文学研究が読み落としてきたものが、「二次創作」という概念を梃子《てこ》にして新たに掘り起こせるのではないか、との期待が込められています。これについては、今後さらに慎重に検討を続ける必要がありますが、それはまたの機会を待たなくてはなりません。

第二部　男色とアジア文化圏

アジアと言っても実に広大な範囲ですから、そのごく一部だけを取り出して、これがアジアだと語ることなどとてもできません。今回、幸いにして我々が出会うことができたのは、タイ、インド、カンボジア、そして中国の話題です（もっとも、日本について語る言葉が一人一人異なるように、それぞれの国について語る言葉は、あくまでも論者固有のものという前提付きです）。西鶴も天竺《てんじく》（＝インド）、震旦《しんたん》（＝中国）の名を『男色大鑑』末尾に描き込み、男色文化をワールドワイドなスケール感で捉《とら》えようと試みていましたので、我々もアジア文化圏へと視野を広げることにした次第です。

座談会「タイとインドの男色文化、その多様性をめぐって」は、タイ人日本文学研究者の**ナムティップ・メータセート**さん、インド人日本文学研究者の**ラージ・ラキ・セン**さん、そして、タイの大学における日本語教育の経験を有し、現在も留学生と日本人学生の混合クラスで日本近代文学を講義している**坂東（丸尾）実子**さんをお招きして行ったものです。ナムティップさんには、仏教思想を背景としてジェンダーフリーの方々がごく自然に社会に溶け込んでいるというタイの生活実感と、それと同時に、実は深い部分に偏見や不平等も存在するというダブルスタンダードの実態について語って頂きました。ラージさんには、イギリス統治後のインドにおけるソドミー法のこと、統治前のはるか昔、神々の物語の中で自在に変化を遂げていた〈性〉のありよう、また、現代のインド映画における男色表象というように、盛りだくさんの話題を提供して頂きました。男色について語ること自体、ある種の覚悟なしには難しいという厳しい現実も、ラージさんの言葉から浮かび上がってきて、改めて今回の企画の意味を問い直す機会となりました。坂東さんには、留学生が日本に関心を寄せる際にポピュラーカルチャーがいかに重要な役割を果たしているかを語って頂きました。

ナムティップ・メータセート氏の**「タイにおける性的多様性と文学の読みの可能性について――男色表象からBL解釈まで」**は、座談会の内容を補完し、さらに発展させたもので、多数の図版とともに貴重な情報の数々が盛り込まれています。そして、現在のタイのY女子（「やおい」のY、つまり「腐女子」）たちが「柔軟な心と発想」を持って新たな読みの可能性を切り拓《ひら》いていくことへの期待が最後に記されています。「LGBT文学とBLは似て非なるもの」との認識を前提としながらも、受け取り手の認識においては境界があいまいになっているタイの現状があるといいます。本書前半部のBLコミカライズの話題と、後半部の〈性〉の多様性の話題とが、ナムティップ氏のエッセイにおいてゆるやかに融《と》け合っているのを確かめることができます。

平松秀樹氏の**「タイの男色とLGBT」**は、タイで生活する筆者自身の見聞と、研究最前線の知見、そして、映画におけるLGBTの描かれ方とが相互に照らし合わされ、興味深い事例の数々が紹介されています。「映画と実社会の関係はどちらが先行しているであろうか」との平松氏の問いは、LGBT表象に触れる際の普遍的な問いと言えそうです。また、「タイではLGBTsの分類が年ごとに深化して、現在では十六種類」との記述には、facebookの性別選択が（カスタムジェンダーという設定において）五十種類以上の中から選べるという話題と連動していることを感じます。

染谷智幸氏の**「アンコール・ワットの「二形《ふたなり》」」**は、元《げん》の時代にアンコール・トムに滞在した中国人の書き残した文章に「二形《ふたなり》」とあることに着目し、クメール王朝当時のインドシナ半島に「二形」の文化が展開していた可能性を示唆しています。さらに、この「二形」文化は、観音信仰（三十三身に身を変え、そのうちの七身が女性の身体を持つとされる観音菩薩《ぼさつ》への信仰）とも深く関わっているのではないかとの仮説も提示し、大胆に問題提起を行っています。座談会での話題とも連動しており、東南アジアにおける男色文化を考えるための重要な手がかりと言えます。
坂東（丸尾）実子氏の「〈鳥〉の文学——渇望される〈自由〉の時代的変化とＬＧＢＴ文学」は、坂東氏のライフワークとも言える「〈鳥〉の文学」史の研究成果と、それを基盤とした教育実践から紡ぎ出された知見が集積されたものです。〈鳥〉が自由への渇望の表現であることは、よく了解されることでありますが、学生レポートの課題として「〈鳥〉の登場する作品を紹介・考察」することを課した結果、「数年前から顕著になった傾向として」「ＬＧＢＴまたはＢＬに関連する作品を取り上げるレポートが増えた」ということは、実に興味をそそられる話題と言えます。それがなぜなのかとの結論部分は、ぜひ本文を開いて確かめてみてください。今日、なぜこれほどＢＬが注目を集め、活力に満ちあふれているのだろうかとの問いに、一つの答えを与えてくれています。

瀧下彩子氏の**「「同志」と「腐女」と「13Ｌ」——『盗墓筆記』の成功と中国ＢＬ創作事情」**は、日本のポピュラーカルチャーが中国でどのように受容・消費され、そのなかで新たにどのような展開を遂げつつあるのか、つぶさにリポートした貴重なコラムです。また、もう一つ特筆すべきこととして、瀧下氏自身が、研究者であると同時に漫画の実作者でもあるということが挙げられます。今回は、コラムとともに、大人気小説『盗墓筆記』のＢＬコミカライズも披露してくださいました。中国の宅文化（オタク文化）に触れることを通じて、日本のオタク文化、ＢＬ文化を捉え直す視点が得られるものと考えます。また、コラム末尾において、中国研究への新視点の提示もなされています。

ＬＧＢＴの術語について

本書では、ＬＧＢＴ、ＬＧＢＴＱなど、術語表記に揺れが見られます。これはあえて統一を避けたものです。「ＬＧＢＴ」という語で性的マイノリティを一括《ひとくく》りすることへの抵抗や、「ＬＧＢＴ」という語の包摂する範囲の不完全さなどへの反省を込めて「ＬＧＢＴＸ」「ＬＧＢＴＱ」「ＬＧＢＴＡ」等の術語が使われる場合があります。「Ｘ」や「Ｑ」や「Ａ」には、「ＬＧＢＴ」のいずれの頭文字でも表現できないケースがあることへの自覚を表明する意図があります。その際に、「Ｘジェンダー」（エックス・ジェンダー、男性でも女性でもない性別の人）の「Ｘ」を用いるのか、それとも「クィア・スタディーズ」の重要概念「クィアqueer」の「Q」を用いるのか、あるいは、性愛の対象となる性別のないことを示す「アセクシャル」の「A」を用いるのかというところにも、論者の思想が滲《にじ》み出ているように思われます。よって、どのような術語を用いるのかということまでを含めて論者の姿勢と捉え、それをそのまま掲載することにしました。なお、LGBTについてさらに詳しい知識を得たいと考える人に最適の良書が二〇一七年春に刊行されました。森山至貴《のりたか》『LGBTを読みとく――クィア・スタディーズ入門』(ちくま新書、二〇一七年)です。「良心ではなく知識が必要」とする立場で、何をどのように理解していったら良いかが丹念に記述されています。

「最後の秘境」か「アウトリーチ」か

ポピュラーカルチャーの活力を古典文学教育に取り込もうとする方向性は、いまや至るところで顕著に見られる動きとなっています。『源氏物語』のコミカライズとして有名な『あさきゆめみし』(大和和紀)は、いまや受験古文の定番参考書の一つです。『ちはやふる』(末次由紀)や『うた恋い』(杉田圭)の大ヒットで、百人一首に親しみを感ずる大学生はかなり増えてきました。次は、近世文学の出番です。『男色大鑑』のBLコミカライズだけでなく、次に続くものが欲しいところです。この二〇一七年四月よりアニメ『カブキブ!』が放映され、じわじわと浸透しつつあるようです。『ちはやふる』が競技カルタに打ち込む女子高校生の物語とすれば、『カブキブ!』は歌舞伎に打ち込む男子高校生の物語です。「知らざあ言ってきかせやしょう」を合い言葉にする大学生が、続々と登場してくる可能性だってゼロとは言えません。『カブキブ!』には、BL的な香りはさほど感じられませんが、それでも男性性・女性性に自覚的であるところは感じられます。新しい時代の物語です。

ポピュラーカルチャー、なかんずくBLは、〈過剰なる情熱〉の詰まった「最後の秘境」であり、研究者から一般読者への「アウトリーチ」の場であり、そして衰退の憂き目を見ている人文学が息を吹き返すための、魅惑に富んだ仕掛けになり得ると考えます。

執筆陣の人的ネットワーク

本書執筆陣の人的ネットワークについて、最後に触れましょう。発端はすでに記してきたごとく、筆者（畑中）がコミカライズ版『男色大鑑』の解説を引き受けたことにあります。そして、編集者の斉藤由香里さんと出会い、斉藤さんを通じて大竹直子さんの知遇を得たことで、前半の座談会開催の運びとなりました。また、特別寄稿と前半エッセイの執筆陣は、本書の編者二人と同様、西鶴研究会のメンバーでもあります。

後半の座談会については、筆者の大学時代の同期である坂東実子さんが鍵になっています。ある日、坂東さんとイタリアンを楽しんでいた晩に、ナムティップさんのタイ語訳『きらきらひかる』が、タイで大変にヒットしたことを教えてもらいました。ジェンダーフリーの方々の間で、この本を持ち歩くことがある種のファッションにまでなったといいます。そして、ナムティップさん自身がBLやジャニーズなど日本のポピュラーカルチャーに慣れ親しんだ方であると知り、ぜひとも座談会を開いてお話を伺ってみたいと思ったのです。そして、その数ヶ月後に出会ったのが、もう一人の座談会参加者、ラージさんです。日本比較文学会東京支部大会の懇親会で、偶然にもラージさんと話をする機会に恵まれました。その際、ラージさんがBLに関する研究実績をお持ちであることを知り、これはぜひ協力をお願いしたいと思ったのです。実際には、インドにおけるBLというよりも、インド映画・小説における男色表象についてご報告頂くことになりました。平松秀樹さんはナムティップさんの同僚で、このたび新たにご紹介頂き、タイ映画における男色表象についてご執筆頂きました。このエッセイのために大量にゲイ・シネマを購入して視聴されたと伺い、頭の下がる思いです。平松さんのエッセイとナムティップさんのエッセイとが互いに補完し合い、タイの男色表象が立体的に浮かび上がってくるように思われます。

最後に、本書の編集にご尽力くださった武内可夏子さんもまた、BLと宝塚をこよなく愛する乙女心の持ち主として、豊富な知識を惜しげもなく披露してくださり、さまざまな局面で大いに力となってくださいました。また、同じく勉誠出版編集部の吉田祐輔さんが、中国BL事情に詳しい東洋文庫図書部の瀧下彩子さんをご紹介くださったことも大変有難いことでした。この場を借りて勉誠出版編集部の皆様に御礼を申し上げます。

私は、思わず知らずのうちに、さまざまな方々を繋《つな》ぎ合わせるリエゾン役(2)を担うことになっていました。これからは、本書を手に取ってくださった皆様が、また新たな繋がりを生み出してくださることを期待し、本書をお届けいたします。

二〇一七年七月二十八日

畑中千晶

注

(1) コミカライズ版刊行当初のネット上の反応には「なんだショタばかりじゃないか」というものがありました(「ショタ」は少年、さらには少年愛)。若衆道だから当然ではないかと思うのは近世文学研究者の見解であって、現代読者は美「少年」だけを求めているのではないということに改めて気付かされます。もっとも、西鶴は老人カップルの話も書き残している点がさすがです。これが「枯れ専」を自称する読者層の嗜好に合致し、注目を集めることとなりました。なお、執筆陣からぜひ書いてみたいとの「ご指名」を受けた第一人気の話も、この老人カップルの話であったようです。

(2) リエゾンとはフランス語の liaison、連音のことで、転じて、組織間の連絡、連携の意。

執筆者一覧

編者

染谷智幸（そめや・ともゆき）

茨城キリスト教大学文学部教授。専門は日本近世文学、日韓比較文学。

主な著書に『西鶴小説論――対照的構造と〈東アジア〉への視界』（翰林書房、二〇〇五年）、『韓国の古典小説』（共編、ぺりかん社、二〇〇八年）、『冒険・淫風・怪異――東アジア古典小説の世界』（笠間書院、二〇一二年）、『日本近世文学と朝鮮』（共編、勉誠出版、二〇一三年）などがある。

畑中千晶（はたなか・ちあき）

敬愛大学国際学部教授。専門は日本近世文学・比較文学。主な著書・論文に『鏡にうつった西鶴――翻訳から新たな読みへ』（おうふう、二〇〇九年）、「西鶴が『男色大鑑』に登場するのはなぜか」（国文学研究資料館編『もう一つの日本文学史』勉誠出版、二〇一六年三月）などがある。コミック版『男色大鑑』武士編・歌舞伎若衆編・無惨編（B's-LOVEY COMICS / KADOKAWA）では、原作の解説を執筆。近日刊行予定の西鶴研究会編『現代語で読む西鶴（仮）』（笠間書院）で、『男色大鑑』の一話をノベライズすることに挑戦している。

執筆者（掲載順）

篠原　進（しのはら・すすむ）

青山学院大学文学部教授（副学長）。専門は日本近世文学。主な著書・論文に「二つの笑い――『新可笑記』と寓言」（『国語と国文学』八五巻六号、二〇〇八年六月）、『ことばの魔術師西鶴――矢数俳諧考』（中嶋隆と共編、ひつじ書房、二〇一六年）、「怒れる小町――西鶴1686」（『文学・語学』二一五号、二〇一六年四月）などがある。

早川由美（はやかわ・ゆみ）

奈良女子大学博士研究員、愛知淑徳大学非常勤講師。専門は江戸期の文芸・文学。

主な著書・論文に『西鶴考究』（おうふう、二〇〇八年）、「西鶴矢数俳諧の付合――紀子・三千風・西鶴それぞれの「西行」の付合をめぐって」（篠原進・中嶋隆編『ことばの魔術師西鶴――矢数俳諧再考』、ひつじ書房、二〇一六年十一月）などがある。

浜田泰彦（はまだ・やすひこ）

佛教大学文学部専任講師。専門は井原西鶴の浮世草子作品研究を中心とした日本近世文学研究。

主な論文に「「慰改て咄しの点取」考――西鶴の「物は尽し」」（『西鶴と浮世草子研究』第三号、二〇一〇年五月）、『世間親仁形気』〈祝言〉の方法――「老を楽しむ果報親父」の『文正草子』利用をめぐって」（『京都語文』第二三号、二〇一六年十一月）、「『色里三所世帯』の再検討――「天子」を真似る外右衛門」（『鯉城往来』第一九号、二〇一六年十二月）などがある。

濱口順一（はまぐち・じゅんいち）

男色文学研究家。専門は近世文学。

主な論文に「野傾物の発生と消滅――江島其磧の作品を中心に」（『日本文学』五二巻六号、二〇〇三年六月）、「『男色子鑑』と『男色大鑑』――西鶴と山八を巡って」（『解釈』五〇巻九・一〇号、二〇〇四年十月）などがある。

ナムティップ・メータセート（Namthip Methasate）

チュラーロンコーン大学文学部助教授。専門は日本文学、比較文学、翻訳。

主な論文に「タイにおける日本文学受容と研究」（『近代文学』第四六集、二〇〇七年五月）、「日本文学にみるタイ表象――オリエンタリズムなまなざしから観光のまなざしへ」（『立命館言語文化研究』二一巻三号、二〇一〇年）、「三島文学との出会い――原書と翻訳の間」（『21世紀の三島由紀夫』翰林書房、二〇一五年）などがある。その他、夏目漱石から江国香織まで日本近現代文学の翻訳書多数。

平松秀樹（ひらまつ・ひでき）

京都大学東南アジア地域研究研究所連携准教授。専門はタイ文学・文化、比較文学比較文化（日・タイ）。

主な論文に「日本におけるタイ表象／タイにおける日本表象――異文化受容の前提となる相互認識を目指して」（『比較日本文化研究』第一六号、二〇一三年）、「タイ文学にみる女性の「解放」――『ワンラヤーの愛』を中心として」（武田佐知子編『交錯する知――衣装・信仰・女性』思文閣出版、二〇一四年）、「ノラの如く、自由を求める――『天地果てるまで』：ヒロインの飛翔と失墜」（『たたかうヒロイン　混成アジア映画研究2015』（CIAS Discussion Paper 60、京都大学地域研究統合情報センター、二〇一六年）などがある。

坂東（丸尾）実子（ばんどう・まるお・じつこ）

東京外国語大学、敬愛大学非常勤講師。専門は日本近代文学、文章表現・口頭表現、大学初年次教育など。

主な著書・論文に「『三四郎』に吹く〈風〉――明治40年の

事物物と経済」（翰林書房『漱石研究』第五号、一九九五年）、「民法制定下の『道草』」（『漱石研究』第九号、翰林書房、一九九七年）、『大学生のための文章表現練習帳』（国書刊行会、二〇一六年）などがある。

瀧下彩子（たきした・さえこ）

公益財団法人東洋文庫研究員、法政大学国際文化学部兼任講師、学習漫画作家。専門は中国漫画史、日本人の東アジア観光史。

主な著書・論文に「抗日漫画宣伝活動と『国家総動員画報』の作家達――醸成される「抗日」イメージ」（平野健一郎編『日中戦争期の中国における社会・文化変容』東洋文庫、二〇〇七年）、「抗戦プロパガンダとしての広東語漫画――戦え！　何老大」（アジア遊学一一一号『戦争とメディア、そして生活』勉誠出版、二〇〇八年）、「戦場のStarSystem――李凡夫の抗日戦争漫画」（『連環画研究』三号、北海道大学連環画研究会、二〇一四年三月）、『学研まんがＮＥＷ世界の歴史　第3巻　アジアの古代文明と東アジア世界の成立』（Gakken、二〇一六年）、「魯少飛漫画人生指南――戦後中国と漫画作家たち」（『連環画研究』六号、北海道大学連環画研究会、二〇一七年三月）などがある。

男色《なんしょく》を描《えが》く
西鶴のBLコミカライズとアジアの〈性〉

2017年9月1日　初版発行

編　者　染谷智幸《そめやともゆき》・畑中千晶《はたなかちあき》
発行者　池嶋洋次
発行所　勉誠出版株式会社
〒101-0051　東京都千代田区神田神保町3-10-2
TEL：(03)5215-9021(代)　FAX：(03)5215-9025
〈出版詳細情報〉http://bensei.jp/

編　集　武内可夏子・福井幸
営　業　山田智久

印刷・製本　太平印刷社

ISBN978-4-585-23058-8　C0030